Digitalfotos
ganz einfach!

von
Frank Treichler

Sie haben Fragen, Wünsche oder Anregungen zum Buch?
Gerne sind wir für Sie da:

Anmerkungen zum Inhalt des Buches: *alexandra.bachran@vierfarben.de*
Bestellungen und Reklamationen: *service@vierfarben.de*
Rezensions- und Schulungsexemplare: *sophie.herzberg@vierfarben.de*

Das vorliegende Werk ist in all seinen Teilen urheberrechtlich geschützt. Alle Rechte vorbehalten, insbesondere das Recht der Übersetzung, des Vortrags, der Reproduktion, der Vervielfältigung auf fotomechanischem oder anderen Wegen und der Speicherung in elektronischen Medien.

Ungeachtet der Sorgfalt, die auf die Erstellung von Text, Abbildungen und Programmen verwendet wurde, können weder Verlag noch Autor, Herausgeber oder Übersetzer für mögliche Fehler und deren Folgen eine juristische Verantwortung oder irgendeine Haftung übernehmen.

Die in diesem Werk wiedergegebenen Gebrauchsnamen, Handelsnamen, Warenbezeichnungen usw. können auch ohne besondere Kennzeichnung Marken sein und als solche den gesetzlichen Bestimmungen unterliegen.

An diesem Buch haben viele mitgewirkt, insbesondere:

Lektorat Alexandra Bachran
Korrektorat Katja Treu, München
Herstellung Janina Brönner
Einbandgestaltung Daniel Kratzke
Coverbilder Shutterstock: 100623526 © Anastasiia Markus, 10´523292 © Anastasiia Markus
Bilder im Buch Frank Treichler; Fotolia: 89963710 © piaskun (Seite 200, »Blende«)
Typografie und Layout Vera Brauner
Satz Tilly Mersin, Großerlach
Druck Media-Print Informationstechnologie, Paderborn

Gesetzt wurde dieses Buch aus der Linotype Syntax (10,25 pt/14,25 pt) in Adobe InDesign CC 2015. Und gedruckt wurde es auf mattgestrichenem Bilderdruckpapier (115 g/m²).
Hergestellt in Deutschland.

Bibliografische Information der Deutschen Nationalbibliothek
Die Deutsche Nationalbibliothek verzeichnet diese Publikation in der Deutschen Nationalbibliografie; detaillierte bibliografische Daten sind im Internet über *http://dnb.d-nb.de* abrufbar.

ISBN 978-3-8421-0169-2

© Vierfarben, Bonn 2016
1. Auflage 2016

Vierfarben ist eine Marke der Rheinwerk Verlag GmbH
Rheinwerkallee 4, 53227 Bonn
www.vierfarben.de

Der Verlagsname Vierfarben spielt an auf den Vierfarbdruck, eine Technik zur Erstellung farbiger Bücher. Der Name steht für die Kunst, die Dinge einfach zu machen, um aus dem Einfachen das Ganze lebendig zur Anschauung zu bringen.

Liebe Leserin, lieber Leser,

kennen Sie das auch? Viel zu viele Ihrer Digitalfotos schlummern irgendwo auf der Festplatte Ihres Computers oder sogar noch auf der Speicherkarte Ihrer Kamera. Dabei wollten Sie die Bilder doch schon lange einmal anschauen, vielleicht ein bisschen verschönern und eventuell sogar ausdrucken, damit sich auch andere daran erfreuen können!

Sie haben sich für genau das richtige Buch entschieden. Frank Treichler erklärt Ihnen hier haarklein und Schritt für Schritt, wie Sie Ihre Digitalfotos kopieren, begutachten, gekonnt nachbearbeiten und schließlich präsentieren können. Und das alles mit den Bordmitteln Ihres Windows-Computers. Sie brauchen also keine zusätzlichen Programme – es sei denn, Sie sind auf tolle Effekte aus. Wie Sie ein einfaches Zusatzprogramm für Filter und Effekte einrichten, zeigt Ihnen der Autor ebenfalls Schritt für Schritt.

Fangen Sie also am besten gleich an: Nichts wie ran an dieses Buch und Ihre Bilder, und holen Sie Ihre Schätzchen ans Tageslicht! Falls unterwegs Fragen auftauchen oder Sie Anmerkungen oder Kritik loswerden möchten, so freue ich mich, wenn Sie mir schreiben.

Ihre Alexandra Bachran
Lektorat Vierfarben

alexandra.bachran@vierfarben.de
www.facebook.de/vierfarben

Inhalt

1 Fotos auf dem Computer speichern 8

Ordner für die Fotos anlegen 10
Die Kamera direkt an den Computer anschließen 12
Fotos von der Speicherkarte kopieren 15
Fotos in Ordner verschieben 16
Fotos markieren 19
Ein Foto als Kopie speichern 20
So benennen Sie Fotos richtig 22
Ordner umbenennen: So finden Sie Ihre
Bilder schneller 23
Die Fotos zusätzlich sichern 24
Fotos von der Kamera löschen 26
Die Speicherkarte formatieren 27

2 Bilder betrachten 28

Bilder betrachten mit der Fotos-App 30
Die Fotos-App direkt starten 32
Bilder drehen 34
Bildeigenschaften betrachten 35
Alben anlegen 36
Alben anpassen 38
Eigenes Album anlegen 40
Eine Diashow zeigen 42
Ein eigenes Foto als Hintergrund einstellen 43
Hintergrundbild über die Bildschirmanpassung 44

Inhalt

3 Bilder bearbeiten mit Windows 46

Bearbeitete Bilder richtig abspeichern 48
Bilder automatisch korrigieren lassen 49
Bilder mit der Fotos-App bearbeiten 51
Fotos motivgerecht zuschneiden 53
Störende Bildteile entfernen 56
Schiefe Bilder ausrichten 58
Die Bildfarben verbessern: Temperatur 60
Die Bildfarben verbessern: Farbton 62
Einzelne Farben behandeln 64
Mehrere Farben behandeln 66
Bilder dunkler und heller machen 67
Rote Augen bei Porträts retuschieren 70
Ein Bild mit Filtern aufwerten 72
Bilder mit Effekten versehen 73
Bildbereiche hervorheben: der »Selektive Fokus« 74
Änderungen widerrufen 77

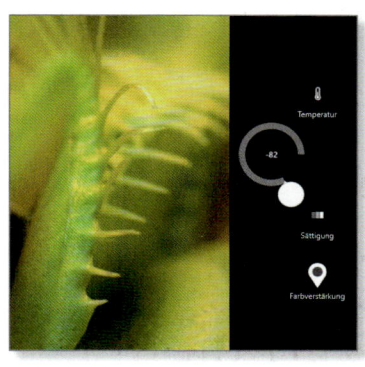

4 Die Möglichkeiten erweitern mit PhotoScape 78

PhotoScape herunterladen und installieren 80
Ihre Bilder mit PhotoScape betrachten 84
Bildbearbeitung mit PhotoScape 85
Bilder schärfen 87
Größe ändern 89
Mehrere Bilder gleichzeitig verkleinern 92

Inhalt

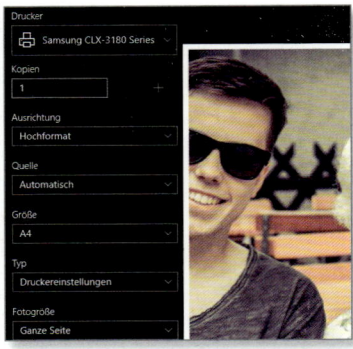

Bilder mit Effekten versehen	96
Bilder mit Text versehen	99
Sprechblasen erstellen	102
Collagen erstellen	106
Ein Bildschirmfoto erstellen	109

5 Bilder drucken, brennen, scannen 110

Bilder zu Hause ausdrucken	112
In der Fotos-App drucken	114
Bilderdruck über PhotoScape	117
Bilder über das Internet bestellen	120
Fotos auf CD/DVD brennen	124
Bilder auf einem USB-Stick weitergeben	128
Fotos und Dokumente einscannen	130
Fotos abfotografieren	133

6 Fotos verwenden 134

Fotos per E-Mail versenden	136
Foto online versenden	138
Ein Fotoprojekt vorbereiten	142
Ein Fotobuch online erstellen	145
Einen Fotokalender gestalten	152
Fotogeschenke erstellen	158
Fotos auf Facebook zeigen	163
Eine Bildergalerie im Netz präsentieren	165

Inhalt

7 Tipps für bessere Fotos 168

Die richtige Bildqualität einstellen 170
Motivprogramme nutzen 173
Gegenlichtfotos verbessern 176
Das Motiv gekonnt platzieren 180
Bildeffekte direkt aus in der Kamera 184

8 Fotofehler vermeiden 188

Nur das Wesentliche fotografieren 190
Verwackelte Bilder vermeiden 192
Schiefe Linien vermeiden 196
Nie wieder Rote-Augen-Fotos 197
Die Kamera richtig halten 198

Glossar 200
Stichwortverzeichnis 208

Kapitel 1
Fotos auf dem Computer speichern

Ihre digitale Kamera speichert die aufgenommenen Bilder auf einer sogenannten Speicherkarte. Um die fotografische Ausbeute betrachten und bearbeiten zu können, sollten Sie diese auf Ihrem Computer speichern. Sehen Sie in diesem Kapitel, welche Möglichkeiten Ihnen Windows 10 anbietet, um diese Aufgabe zu meistern. Sie werden sehen, es ist einfacher, als es sich anhört.

Kamera verbinden
Die Kamera kann direkt mit dem Computer verbunden werden, oder Sie übertragen die Bilddateien mittels Kartenlesegerät ❶.

Fotos übertragen und ordnen
Um mit der Bilderflut zurechtzukommen, ist es sehr empfehlenswert, die Bilder gleich so abzulegen, dass Sie sie ohne viel Mühe wiederfinden. Hilfreich ist hier eine durchdachte Ordnerstruktur ❷.

Umgang mit der Speicherkarte
Die Speicherkarte hat ihre Aufgabe erledigt, sobald die dort abgelegten Dateien auf den Computer übertragen sind. Damit Ihre Speicherkarte bereit für neue Aufnahmen ist, gibt es ein paar Dinge zu beachten ❸.

Übertragen Sie die Bilder Ihrer Speicherkarte auf Ihren Rechner, zum Beispiel mit Hilfe eines Kartenlesegeräts. ①

Eine durchdachte Ordnerstruktur erleichtert die Suche nach Ihren Fotos. ②

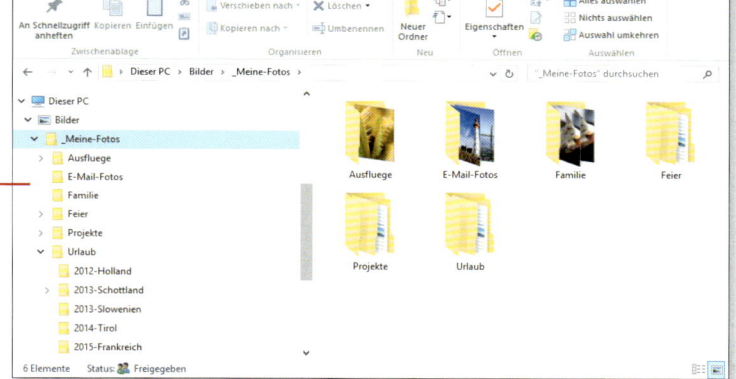

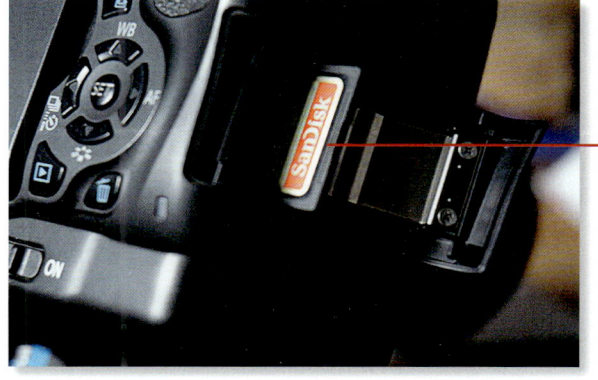

③ Auf den PC übertragene Bilder können Sie anschließend von der Speicherkarte löschen.

Ordner für die Fotos anlegen

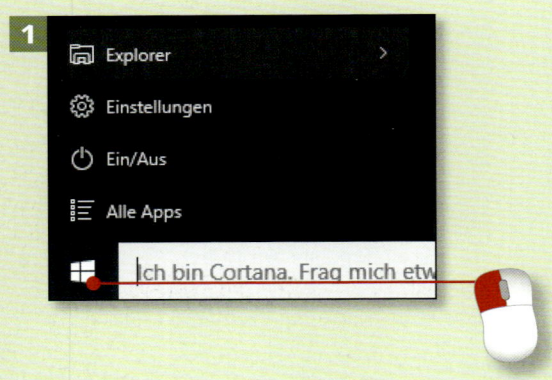

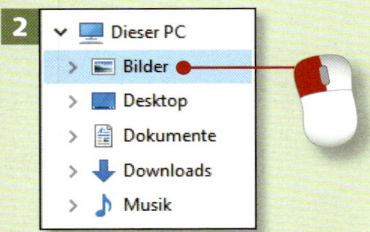

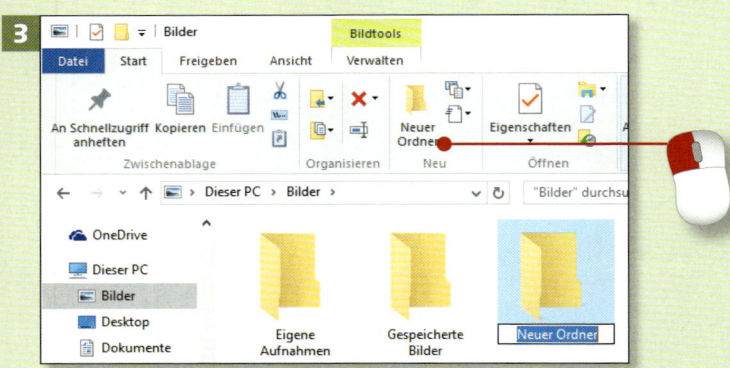

Die Lebensweisheit »Ordnung ist das halbe Leben« findet auch auf Ihrem Computer Anwendung. Darum ist es wichtig, dass Sie sich dort eine Ordnerstruktur aufbauen, die das spätere Auffinden Ihrer Fotos erleichtert. Legen Sie also in den folgenden Schritten den Grundstein für Ihre Dateiablage.

1 Explorer starten

Klicken Sie auf die Windows-Schaltfläche in der linken unteren Ecke und dann im oberen Bereich auf **Explorer**. Daraufhin öffnet sich der Explorer.

2 Bilderordner wählen

Klicken Sie im linken Bereich unterhalb von *Dieser PC* auf *Bilder*. Hierbei handelt es sich um einen Standardordner von Windows. Er dient grundsätzlich zur Ablage Ihrer Bilddateien.

3 Neuen Ordner anlegen

Gehen Sie in der oberen Registerkarte **Start** auf **Neuer Ordner**. Nun wird ein neuer Ordner angelegt, dessen Name (**Neuer Ordner**) blau unterlegt ist.

Kapitel 1: Fotos auf dem Computer speichern

4 Ordner benennen

Tippen Sie »_Meine-Fotos« ein, um den Namen (**Neuer Ordner**) zu überschreiben. Drücken Sie die ⏎-Taste. Durch den Unterstrich am Anfang des Ordnernamens ist der Ordner immer ganz oben im Fenster zu sehen. Das beschleunigt später das Auffinden des Ordners.

5 Ordner öffnen

Führen Sie einen Doppelklick auf den neuen Ordner _Meine-Fotos aus, um diesen zu öffnen. Dieser Ordner ist momentan leer. Der Name des Ordners kommt im Explorer-Fenster mehrfach vor.

6 Ordner verlassen

Klicken Sie auf den Pfeil **Hoch nach "Bilder"**, um in den übergeordneten Ordner zu gelangen.

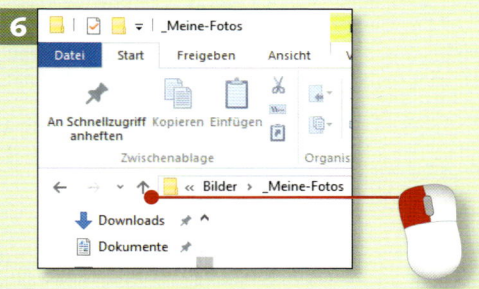

➕➕ Explorer schneller starten

In der unteren Leiste, der sogenannten Taskleiste, finden Sie standardmäßig das Symbol  für den Explorer. Durch einen einfachen Klick auf das Symbol öffnet sich auch hier der Explorer.

Die Kamera direkt an den Computer anschließen

Ihrer Kamera liegt ein sogenanntes USB-Kabel bei, das für den Anschluss an einen Computer vorgesehen ist. Damit lassen sich ganz einfach Bilder auf Ihren Computer übertragen

1 Kabel einstecken

Stecken Sie das USB-Kabel in Ihre Kamera. Meist ist der Anschluss unter einem Deckel versteckt. Stecken Sie das andere Ende des USB-Kabels in eine USB-Buchse Ihres Computers und schalten Sie dann erst die Kamera ein.

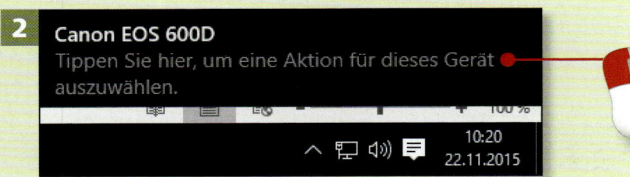

2 Bekanntmachung am Computer

Es erscheint ein kleines Fenster, in dem Sie durch einen Klick die Aktion für das angeschlossene Gerät bestimmen können.

3 Aktion wählen

Wählen Sie im daraufhin erscheinenden Fenster die erste Option **Fotos und Videos importieren**. Daraufhin wechseln Sie automatisch in die App **Fotos**.

12

Kapitel 1: Fotos auf dem Computer speichern

4 Bilder auswählen

Die **Fotos**-App zeigt alle neuen Fotos an, die auf der angeschlossenen Kamera gefunden wurden. Um alle Bilder ohne Auswahl zu übertragen, klicken Sie direkt auf **Fortfahren**. Durch einen Klick auf die Häkchen ❶ an den einzelnen Bildern können Sie gezielt Bilder vom Import ausnehmen.

5 Ordner wechseln

Die **Fotos**-App importiert standardmäßig in den Ordner *Bilder*. Damit der Import aber in einen anderen Ordner vorgenommen wird, klicken Sie auf **Ordner für den Import ändern**.

6 Bilderordner wählen

Es öffnet sich daraufhin das Dialogfeld **Ordner auswählen**. Wählen Sie hier im linken Bereich *Dieser PC*, dann *Bilder* und abschließend *_Meine-Fotos* ❷. Klicken Sie dann auf **Diesen Ordner zu "Bilder" hinzufügen**.

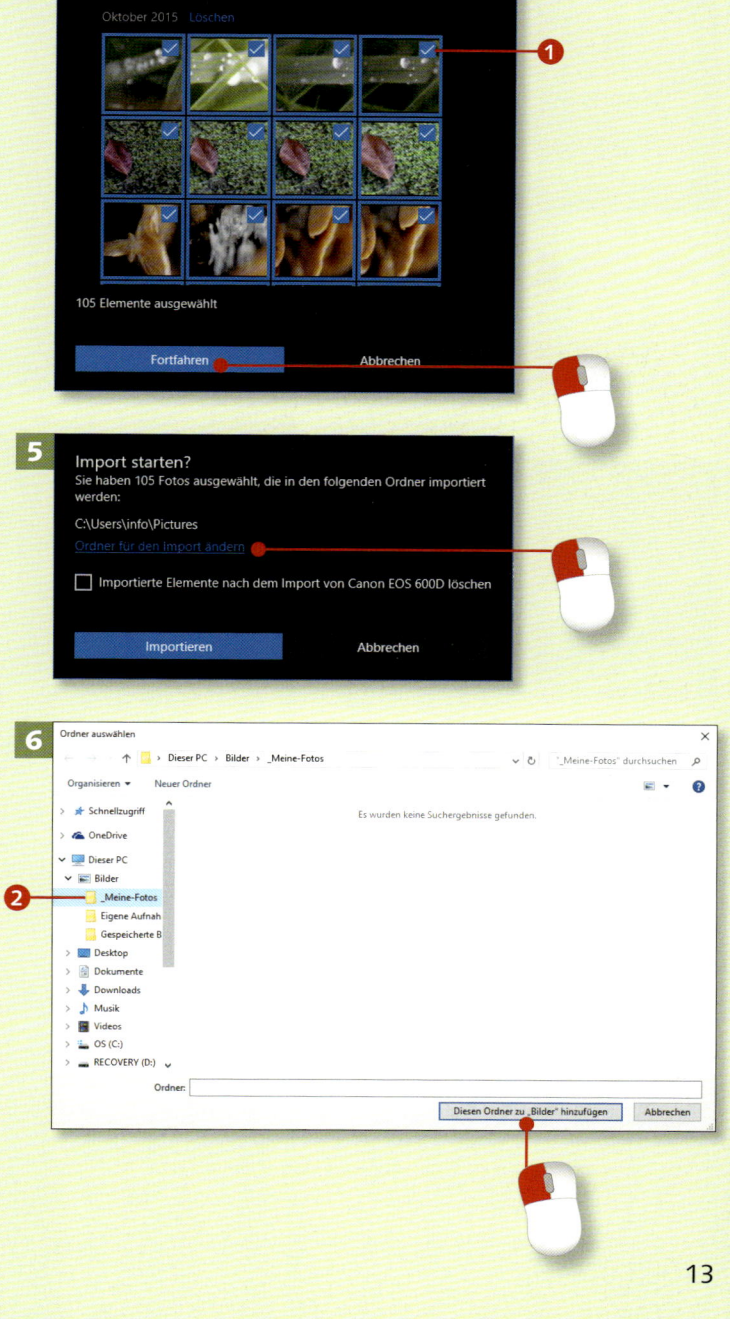

Die Kamera direkt an den Computer anschließen (Forts.)

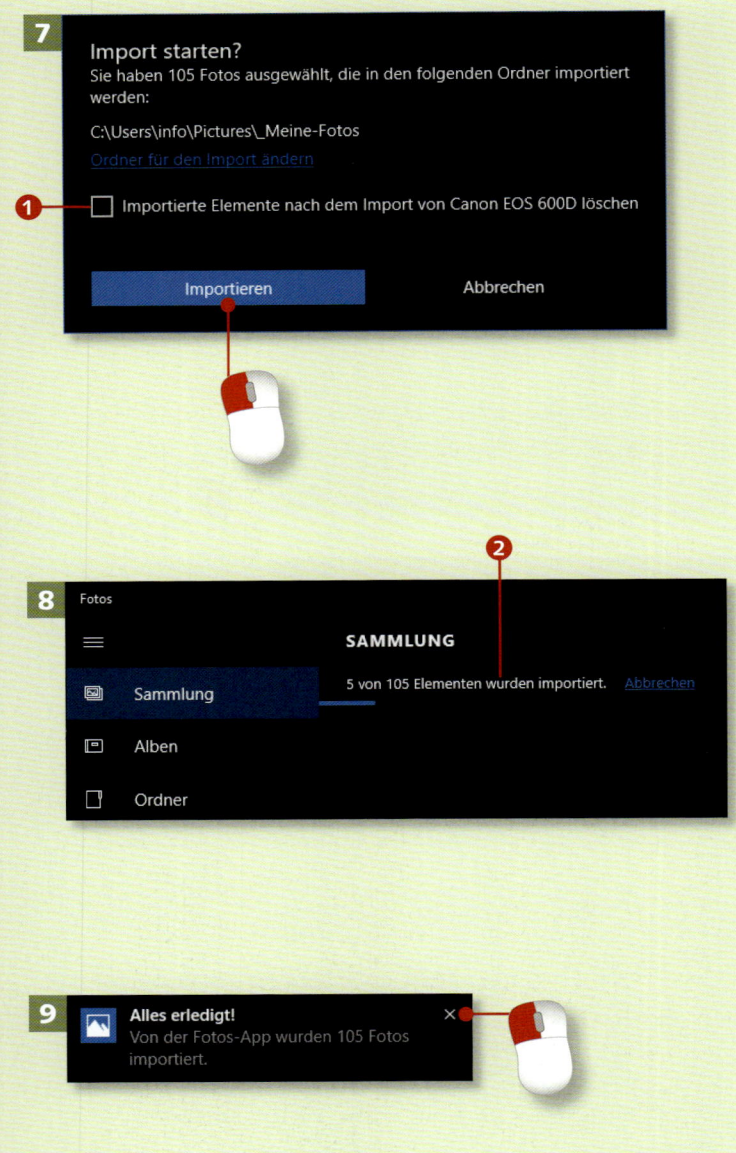

7 Bilderordner festlegen

Ihr eigener Ordner wird nun angezeigt. Aktivieren Sie auf keinen Fall die Option **Importierte Elemente nach dem Import von [Kamera] löschen** ❶. Diesen Vorgang sollten Sie später separat durchführen. Mit einem Klick auf **Importieren** starten Sie den Importvorgang. Die Übertragung der Bilddateien kann eine kleine Weile dauern.

8 Importvorgang beobachten

Die **Fotos**-App zeigt im oberen Bereich den Fortschritt des Importvorgangs an ❷. Nach und nach werden die importierten Fotos im Hauptfenster angezeigt.

9 Alles erledigt!

Nach erfolgreichem Import Ihrer Fotos erscheint im unteren rechten Bereich eine Erfolgsmeldung. Diese können Sie mit Klick auf das **X** schließen – ansonsten verschwindet die Meldung nach kurzer Zeit auch von allein.

Fotos von der Speicherkarte kopieren

Anstatt die Kamera an den Computer anzuschließen, können Sie auch ein Kartenlesegerät verwenden, in das Sie die Speicherkarte Ihrer Kamera stecken.

1 Speicherkarte einstecken

Nehmen Sie die Speicherkarte aus Ihrer Kamera heraus und stecken Sie sie in den passenden Kartenleseschacht. Daraufhin erscheint im unteren rechten Bereich die Frage nach der Aktion. Klicken Sie dieses Feld mit der Maus an.

2 Aktion wählen

Wie auch beim Import über eine angeschlossene Kamera erscheint die Auswahlmöglichkeit für eine Aktion. Wählen Sie hier **Fotos und Videos importieren**.

3 Karte wählen

Da die meisten Kartenlesegeräte die Möglichkeit bieten, verschiedene Arten von Karten einzulesen, erscheint möglicherweise die Frage nach dem Gerät für den Import. Ich hatte hier eine SD-Karte eingesteckt, darum wählte ich das entsprechende Gerät. Weiter geht es wie in der vorigen Anleitung ab Schritt 4 (Seite 13).

Fotos in Ordner verschieben

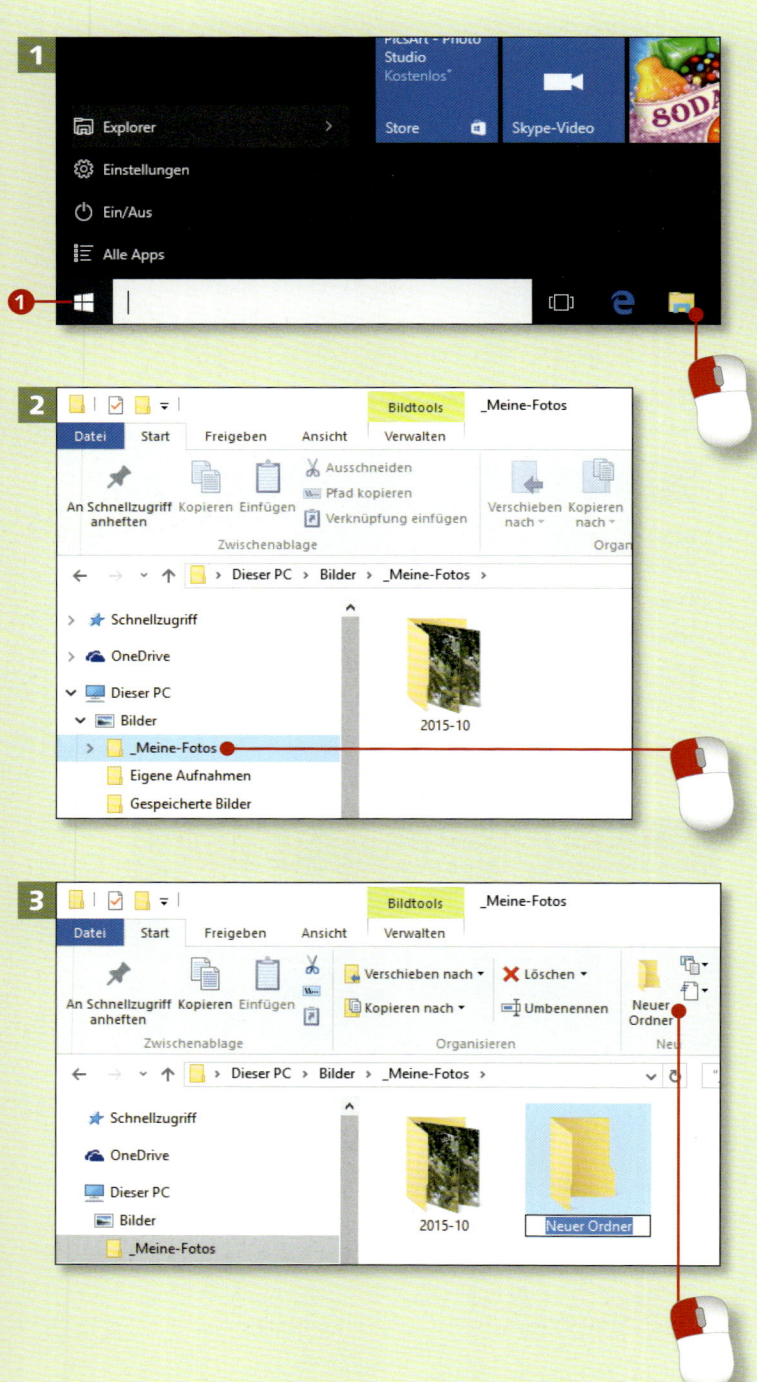

*Sie haben Ihre Fotos erfolgreich importiert, und die **Fotos**-App hat sich automatisch um die Dateiablage gekümmert. Da diese nach Datum unterteilt ist, ist es manchmal schwierig, im Nachhinein einzelne Bilder zu finden. Es sei denn, Sie sammeln bestimmte Fotos in einem speziellen Ordner.*

1 Explorer starten

Starten Sie den Explorer durch einen Klick auf das entsprechende Symbol oder durch einen Klick auf die Windows-Startschaltfläche ❶ und einen anschließenden Klick auf **Explorer**.

2 Bilderordner öffnen

Es startet der Explorer. Klicken Sie hier im linken Bereich auf *Dieser PC*, dann auf *Bilder* und anschließend auf *_Meine-Fotos*. Hier sehen Sie den Ordner mit Ihren zuvor importierten Fotos.

3 Neuen Ordner anlegen

Hier sollen alle Bilder, auf denen Familienmitglieder zu sehen sind, in einem Ordner gesammelt werden. Klicken Sie dazu zunächst auf **Neuer Ordner**. Es wird ein Ordner mit dem Namen **Neuer Ordner** angelegt.

Kapitel 1: Fotos auf dem Computer speichern

4 Ordner umbenennen

Überschreiben Sie den blau unterlegten Namen **Neuer Ordner** mit »Familie« ❷, und drücken Sie die Taste ⏎. Führen Sie einen Doppelklick auf den Ordner mit den importieren Bildern aus (im Beispiel *2015-10*).

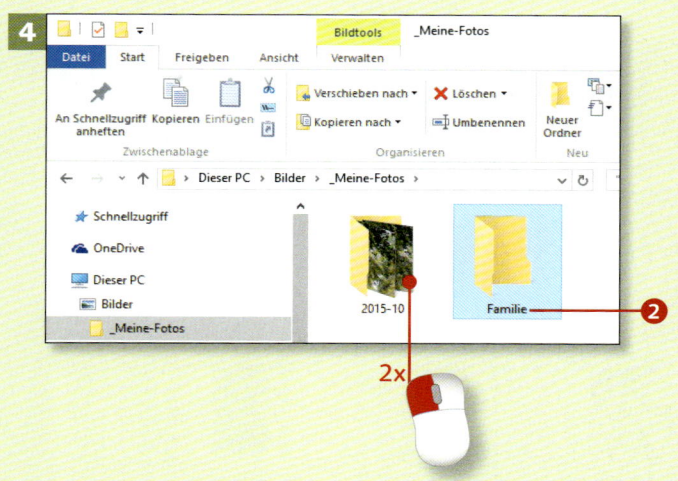

5 Bild auswählen

Klicken Sie auf das gewünschte Bild ❸ und anschließend auf das Symbol für **Ausschneiden**.

6 Bild verschieben

Klicken Sie auf den Pfeil **Hoch nach "_Meine-Fotos"** ❹, und führen Sie anschließend einen Doppelklick auf den Ordner *Familie* aus, um diesen zu öffnen. Klicken Sie dann auf das Symbol für **Einfügen**. Damit haben Sie das Foto erfolgreich verschoben.

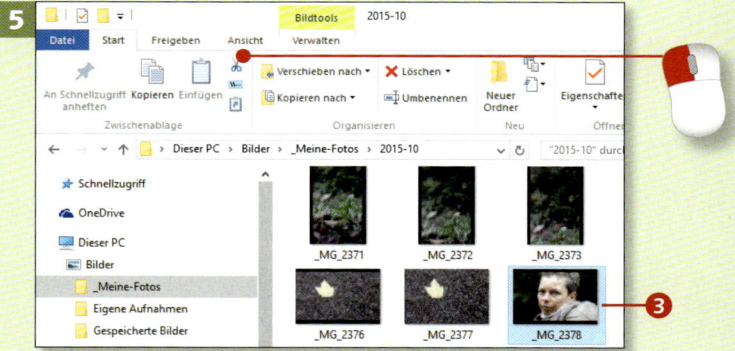

> **Keine Sonderzeichen verwenden**
>
> Verzichten Sie bei der Benennung von Ordnern und Dateien auf Sonderzeichen (zum Beispiel /, ?, \, !). Einige dieser Zeichen sind für interne Bezeichnungen des Betriebssystems vorgesehen. Der Explorer weist Sie auch auf diese Besonderheit hin. Es empfiehlt sich auch, Leerzeichen durch einen Binde- oder Unterstrich zu ersetzen.

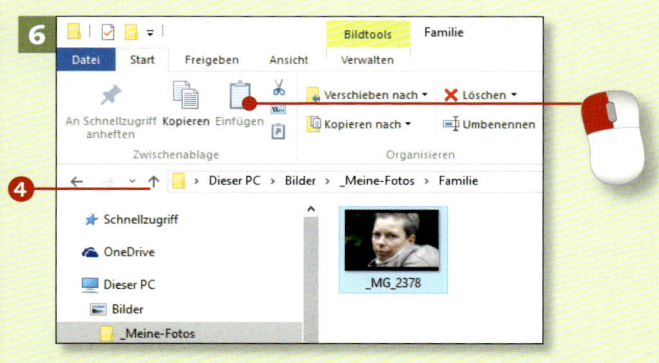

Fotos in Ordner verschieben (Forts.)

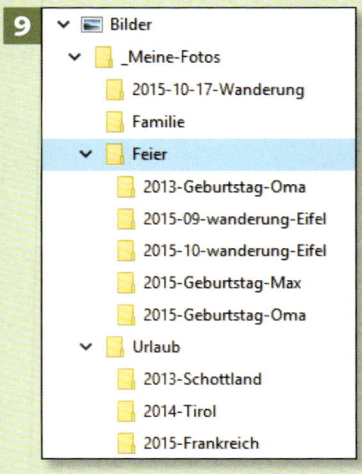

7 Ordner übersichtlich halten

Um die Übersichtlichkeit zu wahren, ist es empfehlenswert, mehrere Ordner mit wenigen Bildern als einen Ordner mit vielen Bildern anzulegen. Statt einen Ordner *Urlaub* mit allen Urlaubsbildern zu erstellen, ist es sinnvoll, für jeden Urlaub einen eigenen Ordner zu verwenden.

8 Datum belassen

Gerade bei Unternehmungen, die Sie häufig in Fotos festhalten, sollten Sie beim Ordnernamen das Datum belassen ❶. Bei Urlauben genügt meist das Jahr des Urlaubs, bei mehrfach im Jahr vorkommenden Aktionen sollten dann auch der Monat und/oder der Tag ergänzt werden.

9 Ordner strukturieren

Arbeiten Sie mit Unterordnern, legen Sie also Ordner innerhalb von Ordnern an. So ist es sinnvoll, einen Ordner *Urlaub* zu erstellen und darunter alle Ordner mit Urlaubsbildern abzulegen.

Fotos markieren

Einzelne Bilder lassen sich rasch verschieben oder kopieren. Um diese Prozeduren auf mehrere Bilder gleichzeitig anzuwenden, müssen diese zuvor markiert werden.

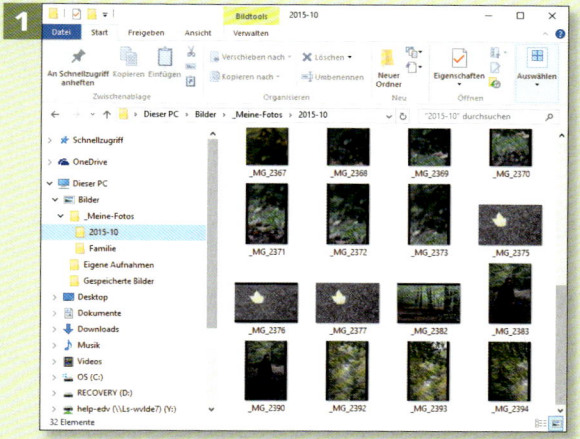

1 Ordnerinhalt anzeigen

Öffnen Sie im Explorer einen Ordner mit Bildern. Im Beispiel ist es der Ordner *2015-10* innerhalb von *_Meine-Fotos*.

2 Zusammenhängende Bilder markieren

Stehen die Bilder, die Sie kopieren oder verschieben wollen, nebeneinander, klicken Sie auf das erste Bild, halten Sie die ⇧-Taste gedrückt, und klicken Sie auf das letzte gewünschte Bild.

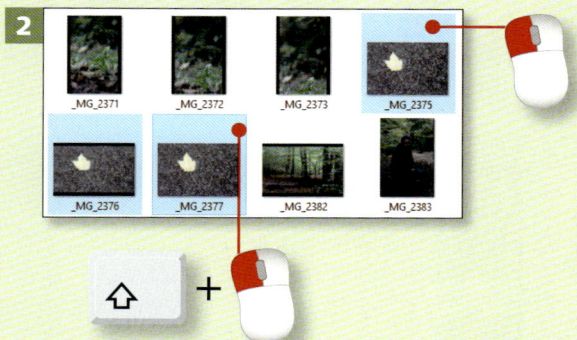

3 Vereinzelte Bilder markieren

Stehen die Bilder nicht zusammen, klicken Sie auf das erste Bild, halten Sie dann die Strg-Taste gedrückt und klicken Sie auf jedes Bild, das Sie ebenfalls markieren wollen. Lassen Sie nach der erfolgten Auswahl die Taste Strg wieder los.

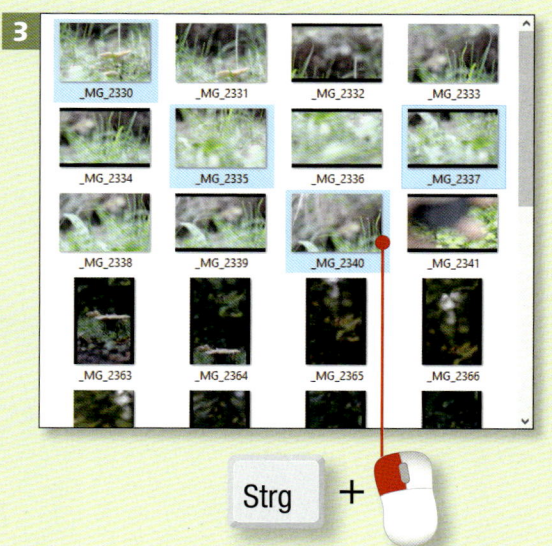

Ein Foto als Kopie speichern

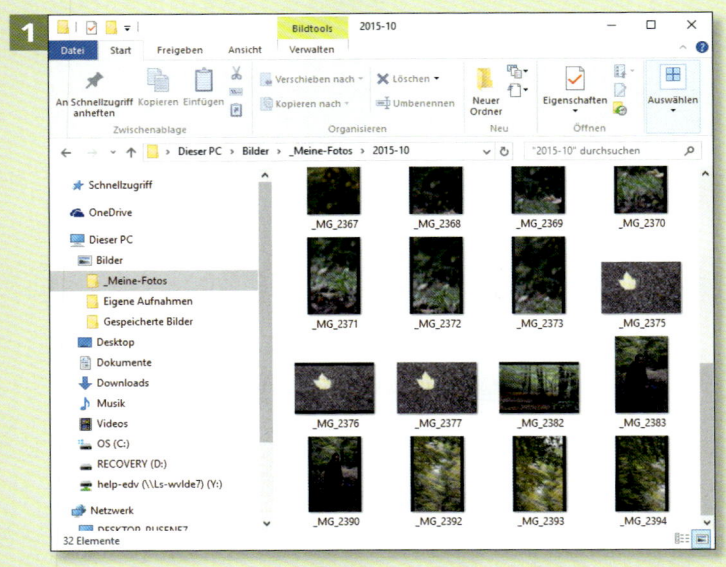

Beim Verschieben von Fotos werden diese aus dem Quellordner entfernt und an einer anderen Stelle eingefügt. Um das Foto aber an anderer Stelle zusätzlich einzufügen, müssen Sie es kopieren.

1 Quellordner öffnen

Im Explorer wechseln Sie in den Ordner, in dem sich das Bild befindet, das Sie kopieren wollen.

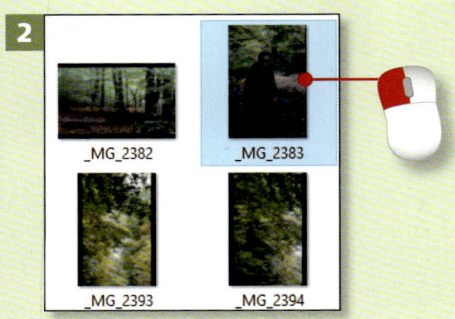

2 Bild auswählen

Klicken Sie auf das Bild, welches Sie gerne kopieren wollen. Es wird daraufhin farbig hinterlegt. Falls Sie gleich mehrere Bilder verschieben wollen, müssen Sie sie zunächst markieren. Gehen Sie dazu so vor, wie in der Anleitung »Fotos markieren« auf Seite 19 beschrieben.

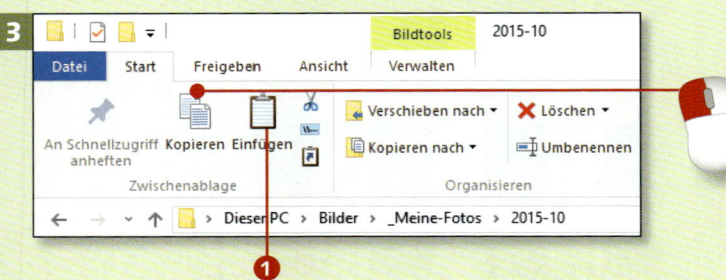

3 Bild kopieren

Klicken Sie auf das Symbol für **Kopieren**, um eine Kopie des Bildes zu erstellen. Wundern Sie sich nicht, dass Sie keinen großen Unterschied bemerken. Es wird lediglich das Symbol für **Einfügen** aktiv ❶ und farbig dargestellt.

4 Ordner wechseln

Klicken Sie auf den Pfeil **Hoch nach "_Meine-Fotos"**, um in den übergeordneten Ordner zu wechseln. Alternativ dazu können Sie auch im linken Bereich auf den Ordner _Meine-Fotos klicken.

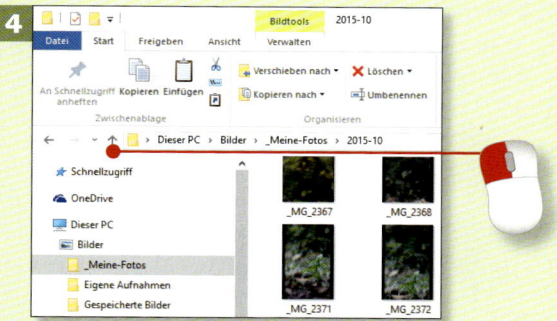

5 Zielordner öffnen

Klicken Sie doppelt auf den Ordner *Familie*, um ihn zu öffnen. Der Inhalt des Ordners wird dann angezeigt.

6 Bild einfügen

Klicken Sie auf das Symbol für **Einfügen**, um das kopierte Bild in den Zielordner *Familie* einzufügen. Das Bild ist nun sowohl in diesem Ordner als auch im Quellordner enthalten.

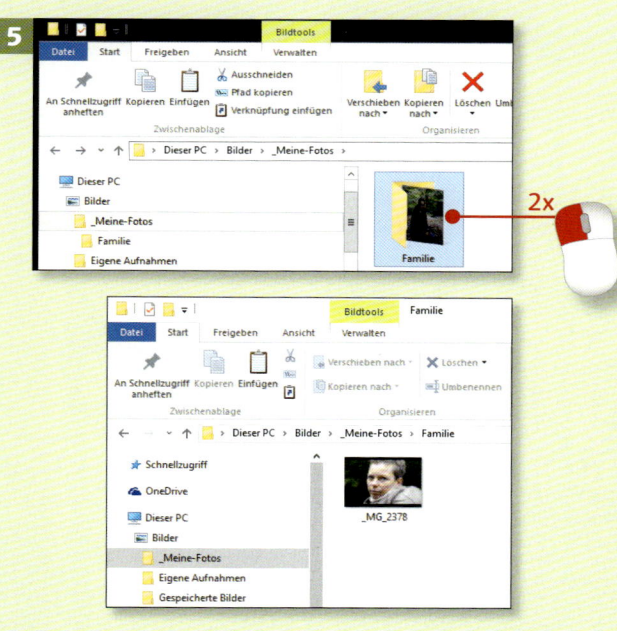

Ansichtsart ändern

Im Explorer lassen sich verschiedene Darstellungsweisen für Ordner und Dateien wählen, die sogenannte *Ansicht*. Klicken Sie dafür auf den gleichnamigen Menüpunkt ❷, und wählen Sie hier eine gewünschte Ansichtsart aus. Für die schnelle Übersicht bei Fotos eignen sich besonders die beiden Ansichten **Große Symbole** oder **Extra große Symbole**. Für Ordner bietet die Ansicht **Details** die meisten Informationen.

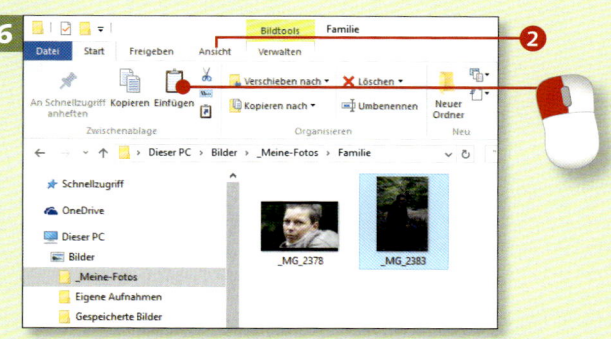

So benennen Sie Fotos richtig

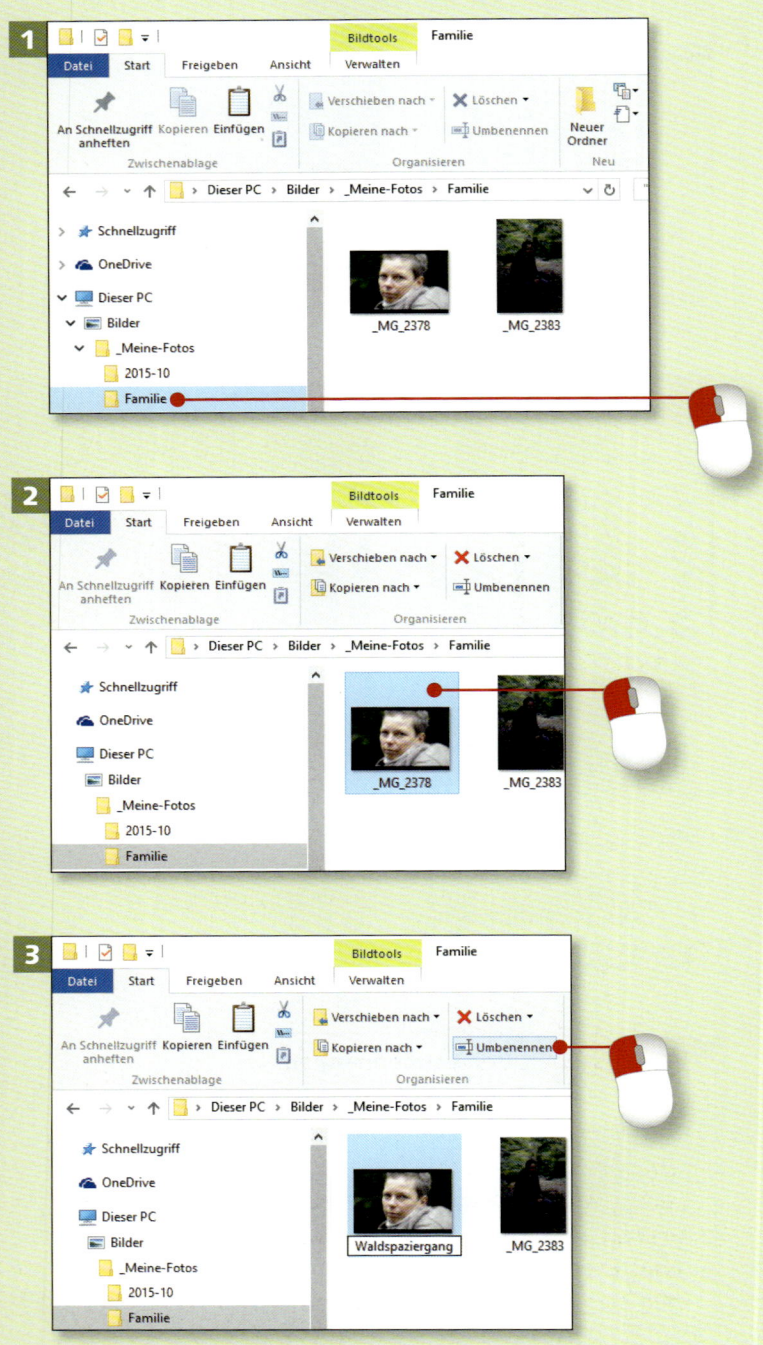

Der Dateiname eines Fotos aus Ihrer Kamera ist nicht sehr aussagekräftig. Daher ist es sinnvoll, beschreibende Namen zu vergeben, damit Sie Ihre Bilder später leichter wiederfinden.

1 Ordnerinhalt anzeigen

Wählen Sie einen Bilderordner im Explorer mit einem Mausklick aus, um sich dessen Inhalt anzeigen zu lassen.

2 Foto auswählen

Klicken Sie auf ein Bild, das Sie umbenennen wollen. Das Bild wird farbig unterlegt, um die Auswahl anzuzeigen.

3 Foto umbenennen

Klicken Sie auf das Symbol für **Umbenennen**. Der Name der Bilddatei wird farbig hervorgehoben. Tippen Sie nun den gewünschten Namen ein. Im Beispiel ist es »Waldspaziergang«. Drücken Sie die ⏎-Taste.

> **Keine Punkte verwenden**
> Punkte trennen in Dateinamen die Bezeichnung von der Dateiendung (zum Beispiel *Waldspaziergang.jpg*). Verwenden Sie daher beim eigentlichen Dateinamen keine Punkte, das könnte sonst zu Problemen beim Öffnen der Datei führen.

Ordner umbenennen:
So finden Sie Ihre Bilder schneller

Das Umbenennen von Bildern haben Sie in der vorigen Anleitung kennengelernt. Diese eindeutige Benennung können Sie auch für Ihre Bilderordner vornehmen, damit Sie später auf einen Blick wissen, welche Bilder sich in einem Ordner befinden.

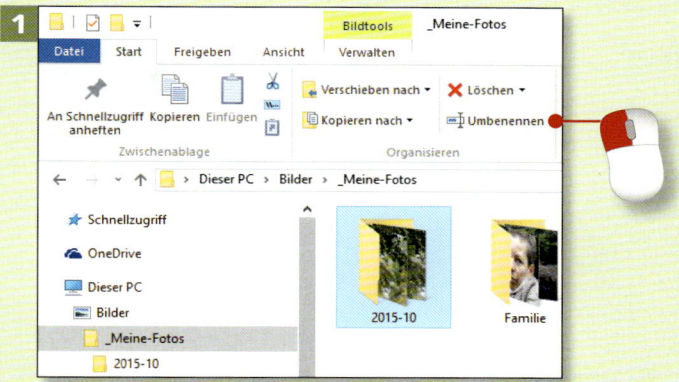

1 Ordner anzeigen

Wechseln Sie im Explorer zum Ordner, den Sie umbenennen wollen. In meinem Beispiel ist es der Ordner *2015-10*. Klicken Sie in der Registerkarte **Start** auf das Symbol für **Umbenennen**.

2 Ordner umbenennen

Der Name des Ordners ist nun markiert (farbig unterlegt) und kann direkt überschrieben werden.

3 Neuen Namen vergeben

Tippen Sie den Namen ein. Ich habe mich für »2015-10-17-Wanderung« entschieden. So habe ich einerseits das Datum sowie die Unternehmung im Ordnernamen untergebracht. Nach der Eingabe des neuen Namens drücken Sie die ⏎-Taste.

Besonderheit beim Umbenennen

Wenn Sie einen Ordner im linken Bereich des Explorers umbenennen wollen, funktioniert dies nicht über das Symbol für **Umbenennen** (dieses ist dann nicht aktiv). Klicken Sie in diesem Fall mit der *rechten Maustaste* auf den Ordner und wählen Sie den Befehl **Umbenennen** aus dem Kontextmenü. Danach können Sie den neuen Namen eintippen.

Die Fotos zusätzlich sichern

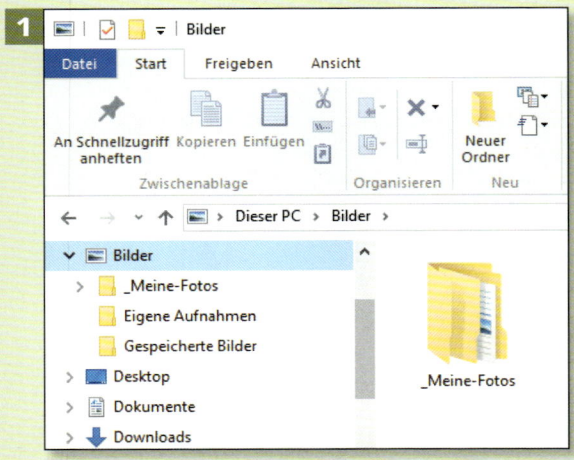

Nach einer gewissen Zeit werden sich viele Bilder auf Ihrem Rechner befinden. Kommt es dann zu einem Festplattendefekt, sind Ihre Bilder möglicherweise nicht mehr zu retten. Denken Sie daher schon früh an eine Datensicherung. Hier zeige ich Ihnen, wie Sie Ihren Bilderschatz auf einer externen Festplatte in Sicherheit bringen.

1 Explorer starten

Starten Sie den Explorer, und wechseln Sie in den Ordner, dessen Inhalte Sie sichern wollen. Im Beispiel ist es der gesamte Inhalt des Ordners *_Meine-Fotos*.

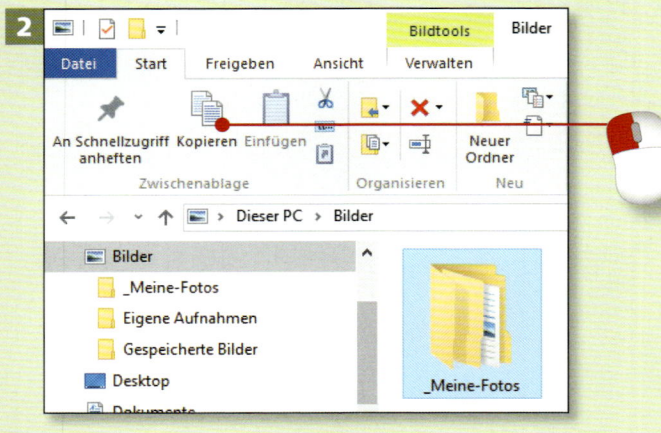

2 Ordner kopieren

Klicken Sie auf den Ordner, um diesen zu markieren, und anschließend auf **Kopieren**. Eine Kopie des Ordners befindet sich nun in der sogenannten *Zwischenablage*.

3 Externe Festplatte anschließen

Schließen Sie die externe Festplatte über das dazugehörige USB-Kabel an Ihren Rechner an.

Kapitel 1: Fotos auf dem Computer speichern

4 Externe Festplatte auswählen

Nach einer kurzen Wartezeit erscheint die externe Festplatte im linken Bereich des Explorers (im Beispiel *Unterwegs-3-0 (K:)*). Klicken Sie den Eintrag an, er wird daraufhin farbig unterlegt.

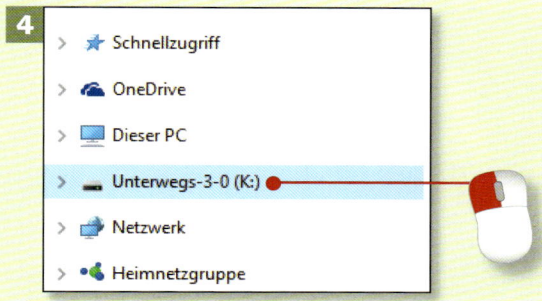

5 Kopierten Ordner einfügen

Klicken Sie in der Registerkarte **Start** auf das Symbol für **Einfügen**, damit der kopierte Ordner auf die externe Festplatte übertragen wird. Sobald die Übertragung abgeschlossen ist, sind Ihre Fotos auf der externen Festplatte gesichert.

6 Externe Festplatte auswerfen

Um die externe Festplatte wieder vom Computer zu trennen, klicken Sie im unteren rechten Bereich auf den nach oben zeigenden Pfeil und anschließend auf das Symbol für **Hardware sicher entfernen und auswerfen** ❶. Es erscheint dort der Name Ihrer externen Festplatte, die Sie mit einem Klick trennen können. Windows nennt diesen Vorgang *Auswerfen*.

25

Fotos von der Kamera löschen

Damit Sie für die nächste Fototour gerüstet sind, sollten Sie Ihre Fotos nach dem Übertragen von der Speicherkarte löschen. Werfen Sie gegebenenfalls einen Blick in die Bedienungsanleitung Ihrer Kamera, um den Vorgang für Ihr eigenes Modell nachzuvollziehen.

1 Speicherkarte einlegen
Legen Sie die Speicherkarte nach der erfolgreichen Übertragung wieder in Ihre Kamera ein. Falls Sie die Fotos direkt von der Kamera übertragen haben, entfernen Sie das USB-Kabel. Schalten Sie die Kamera dann ein.

2 Bild wählen
Wechseln Sie in den Betrachtungsmodus. Die Bildwiedergabetaste ist oft mit einem Pfeilsymbol versehen. Navigieren Sie zu dem Foto, das Sie löschen wollen.

3 Bild löschen
Drücken Sie die Löschtaste, die meist mit einem Papierkorb-Symbol markiert ist. Bestätigen Sie den Löschauftrag.

Die Speicherkarte formatieren

Das Löschen von Dateien auf einem Datenträger (etwa der Speicherkarte) bietet sich vor allem dann an, wenn Sie gezielt etwas entfernen wollen. Sollen allerdings alle auf dem Datenträger befindlichen Dateien gelöscht werden, geht dies wesentlich schneller, wenn Sie sich für das Formatieren entscheiden.

1 Kameramenü öffnen

Schalten Sie Ihre Kamera ein und wechseln Sie in das Kameramenü. Meist gelangen Sie über einen gleichnamigen Knopf in das Menü.

2 Befehl »Formatieren« aufrufen

Navigieren Sie durch das Menü, um zum Befehl **Formatieren** zu gelangen. In einigen Kameras ist der Befehl unter dem Begriff **Format** zu finden.

3 Formatierung starten

Sie starten die Formatierung meist, indem Sie die **OK**-Taste drücken. Da dabei alle Ihre Fotos unwiderruflich gelöscht werden, erhalten Sie eine Sicherheitsfrage, ob die Formatierung wirklich gewünscht ist. Bestätigen Sie diese mit **OK** oder **Ja**.

Kapitel 2
Bilder betrachten

Ihre Fotos sind nun auf dem Computer gespeichert, und Sie können sie betrachten und in Alben einsortieren. Kreieren Sie Diashows, die Ihren Bildern Leben einhauchen und die Betrachter begeistern.

Fotos-App verwenden
Mit der Windows-Anwendung **Fotos** können Sie Ihre Fotos nicht nur in Form von Alben verwalten, sondern sehr komfortabel betrachten und vorführen ❶.

Diashow präsentieren
Oft kommt gerade von Gästen die Frage nach Bildern aus dem letzten Urlaub. Umso besser, dass Sie mit Windows 10 ohne viel Aufwand eine ansprechende Diashow vorzeigen können ❷.

Den Computer mit Ihren Bildern verschönern
Gestalten Sie die Oberfläche von Windows mit Ihren eigenen Bildern. So sehen Sie schon beim Start des Computers Ihre Lieblingsfotos ❸.

① Die **Fotos**-App von Windows 10 bietet Ihnen jede Menge Möglichkeiten zur Bildbearbeitung.

② Starten Sie eine Diashow in der **Fotos**-App, und präsentieren Sie Ihre Fotos ansprechend.

③ Zur Verschönerung Ihrer Arbeitsfläche können Sie einfach ein eigenes Foto verwenden.

Bilder betrachten mit der Fotos-App

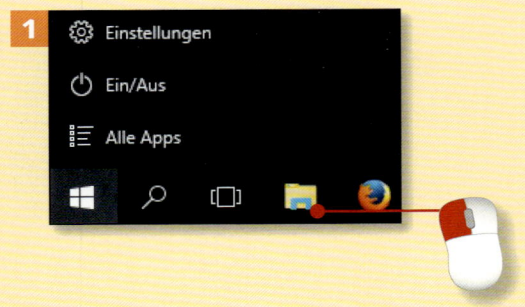

Um Ihre Fotos auf dem Computer zu betrachten, benötigen Sie kein zusätzliches Programm. Windows 10 hat mit der **Fotos**-App ein leistungsstarkes und effektives Programm an Bord.

1 Explorer starten

Klicken Sie im unteren Bildschirmbereich auf das Symbol für den Explorer. Daraufhin öffnet sich der Explorer zur Anzeige Ihrer Dateien.

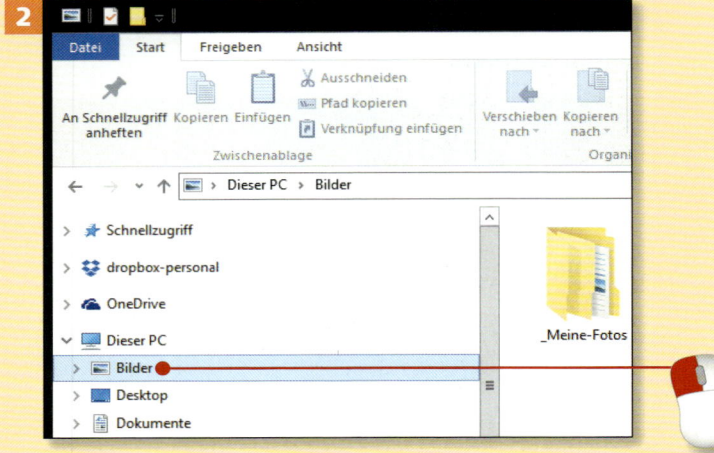

2 Bilderordner auswählen

Im Explorer klicken Sie im linken Bereich auf *Dieser PC* und anschließend auf *Bilder*. Im rechten Bereich des Explorer-Fensters erscheinen alle Bilderverzeichnisse.

3 Gewünschtes Bild anzeigen

Wechseln Sie im rechten Bereich durch einen Doppelklick in den Ordner Ihrer Wahl. Im Beispiel ist es der Ordner *_Meine-Fotos*. Daraufhin wird der Inhalt des Ordners in der rechten Hälfte des Fensters angezeigt.

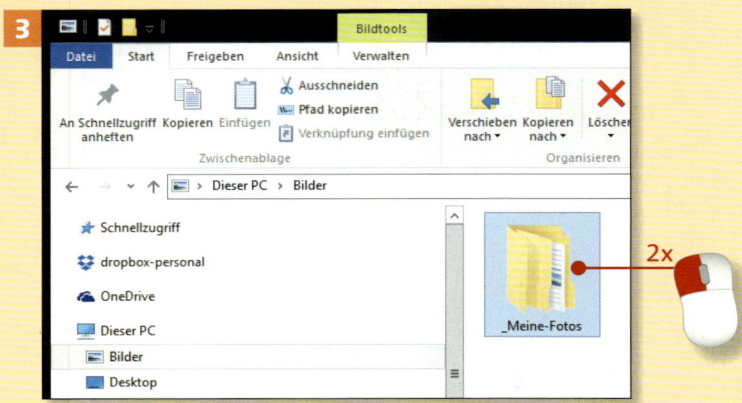

Kapitel 2: Bilder betrachten

4 Bild öffnen

Klicken Sie auf ein Bild Ihrer Wahl und anschließend auf das Symbol für **Öffnen**. Sie starten damit die **Fotos**-App.

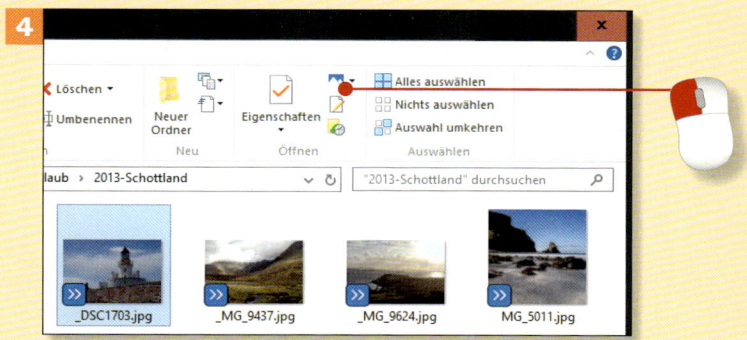

5 Bild betrachten

Das ausgewählte Foto wird in der **Fotos**-App angezeigt. Bewegen Sie die Maus in den rechten mittleren Bereich, und klicken Sie auf den Pfeil, um zum nächsten Foto zu wechseln.

6 Fotos-App schließen

Klicken Sie im rechten oberen Bereich auf das Symbol **X** für **Schließen**, um die **Fotos**-App zu beenden.

Bedienung mit der Tastatur

Den Bildwechsel, den Sie in Schritt 5 durch einen Klick auf den Pfeil vorgenommen haben, können Sie auch mit der Tastatur vollziehen. Klicken Sie dafür auf die Taste →, um ins nächste Bild zu gelangen, beziehungsweise die Taste ←, um zum vorherigen Bild zu gelangen. Mit der Esc-Taste schließen Sie die **Fotos**-App und sparen sich dadurch den Klick auf das Symbol **X** für **Schließen**.

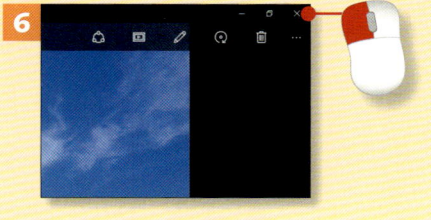

Die Fotos-App direkt starten

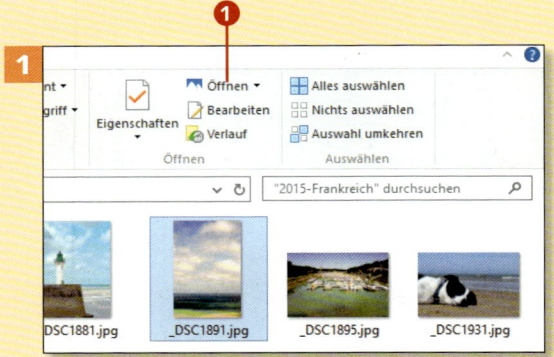

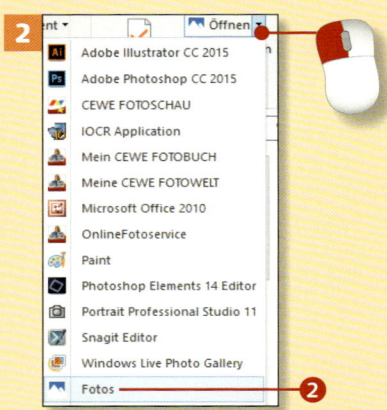

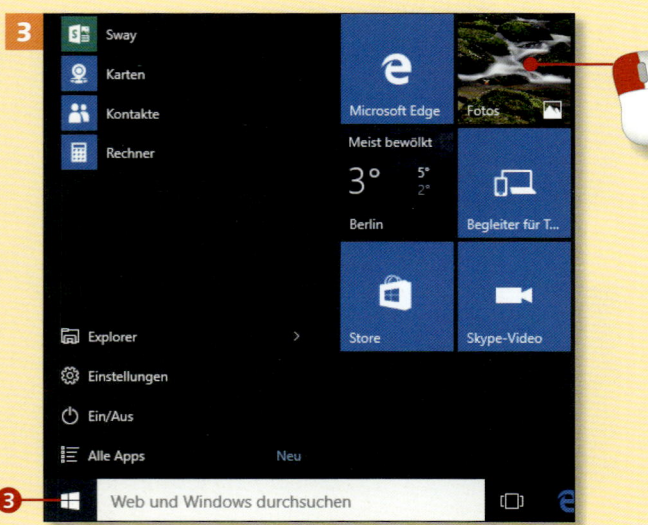

*Beim Öffnen von Bildern in der **Fotos**-App über den Explorer wird das ausgewählte Bild direkt als Vollbild angezeigt. Alternativ dazu können Sie das Bild auch in der **Fotos**-App aufrufen.*

1 Über den Explorer starten

Im Explorer wird bei ausgewähltem Bild das Symbol für **Öffnen** aktiv ❶. Damit wird die **Fotos**-App gestartet. Erkennbar ist dies daran, dass das **Öffnen**-Symbol das gleiche ist wie das der **Fotos**-App.

2 Als Standard festlegen

Durch einen Klick auf den Pfeil neben dem **Öffnen**-Symbol gelangen Sie in eine Liste aller Programme auf Ihrem PC, mit denen Bildbearbeitungen möglich sind. Mit einem Klick auf eines der Programme ❷ wird dieses zum Standard erklärt.

3 Im Startmenü aufrufen

Da es sich bei der **Fotos**-App um eine normale Windows-Anwendung handelt, können Sie sie auch über die Windows-Schaltfläche öffnen. Sobald Sie links unten das Symbol ❸ anklicken, erscheint rechts die **Fotos**-App, die Sie mit einem Klick starten können.

Kapitel 2: Bilder betrachten

4 Sammlung einsehen

Sie erhalten dann eine Übersicht aller Ihrer Bilder, die sogenannte *Sammlung*. Ihre Bilder werden darin chronologisch geordnet und nach Monaten unterteilt angezeigt.

5 Sammlung durchsuchen

Durch Scrollen mit der Maus oder durch Drücken der Tasten ← → ↓ ↑ ❹ können Sie nun die Sammlung durchforsten.

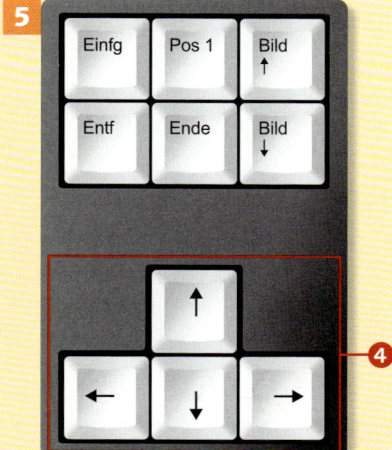

6 Zum Bild wechseln

Das gewünschte Bild können Sie einfach mit der Maus anklicken. Es wird dann in der Vollansicht angezeigt. Neben dem Mausklick können Sie ein ausgewähltes Bild auch durch Drücken der Taste ↵ in der Vollbildansicht öffnen.

Schneller Wechsel

In der Sammlung werden die Bilder nach Monaten unterteilt. Wenn sich dort jeweils viele Bilder befinden, kann das Auffinden eines bestimmten Monats lästig werden. Schneller geht's, wenn Sie einen beliebigen Monat anklicken. Daraufhin werden alle Bilder ausgeblendet, und Sie sehen lediglich die Monate. Klicken Sie dann auf den Monat Ihrer Wahl, und schon springt die Anzeige auf die dazugehörigen Bilder.

Bilder drehen

Normalerweise werden Ihre Bilder in der **Fotos**-App automatisch gedreht, da die Information, ob es sich um ein Hoch- oder Querformatfoto handelt, Bestandteil der Bilddatei ist. Falls ein Bild doch einmal falsch angezeigt wird, ist mit der **Fotos**-App eine Drehung schnell durchgeführt.

1 Fotos-App starten

Starten Sie die **Fotos**-App wie in der vorigen Anleitung beschrieben. Scrollen Sie zu dem Foto, das Sie drehen wollen. Im Beispiel ist es ein eingescanntes Foto, das fälschlich im Hochformat angezeigt wird. Führen Sie einen einfachen Mausklick auf das betreffende Bild aus, um es in der Vollbildansicht zu sehen.

2 Foto im Vollbildmodus

In der Vollbildansicht stehen Ihnen im oberen, rechten Bildschirmbereich verschiedene Symbole zur Verfügung. Klicken Sie in der Symbolleiste auf das Symbol für **Drehen**.

3 Drehung durchführen

Das Bild wird dann um 90° im Uhrzeigersinn gedreht. Klicken Sie anschließend oben links auf den Pfeil vor dem Dateinamen, um zur Sammlung zurückzukehren.

Bildeigenschaften betrachten

Ihre Kamera speichert nicht nur das eigentliche Foto, sondern auch die Bildeigenschaften. So können Sie später noch in Erfahrung bringen, mit welcher Kamera und welchen Einstellungen ein Foto gemacht wurde.

1 Fotos-App starten

Starten Sie die **Fotos**-App wie ab Seite 30 beschrieben, indem Sie ein Foto auswählen und auf das Symbol für **Öffnen** klicken.

2 Dateiinfo aufrufen

Klicken Sie in der **Fotos**-App im oberen rechten Bereich auf das Symbol für **Weitere Infos** und dort auf den Eintrag **Dateiinfo** ❶.

3 Dateiinformationen lesen

Die Infos zum aktiven Foto erscheinen nun im linken Bereich. So sehen Sie dort unter anderem das Aufnahmedatum, die Abmessungen, mit welcher Belichtungszeit und welcher Brennweite das Bild erstellt wurde etc. ❷. Durch einen Klick auf **Schließen** blenden Sie die **Dateiinfo** wieder aus.

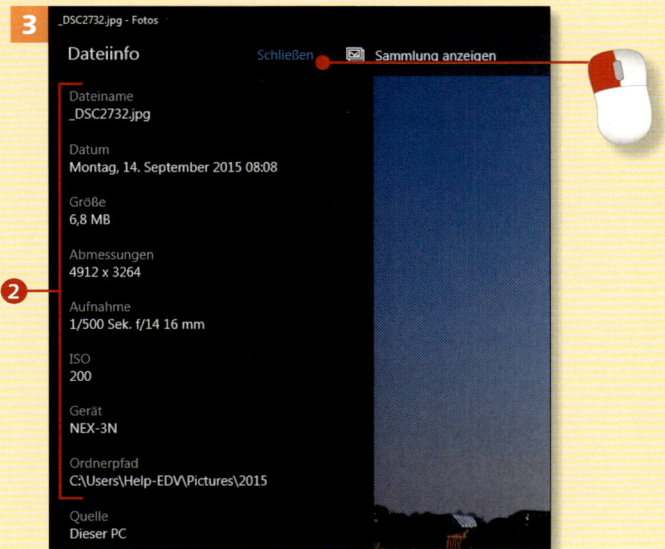

35

Alben anlegen

*Neben der Sammlung, die Sie in der Anleitung auf Seite 32 kennengelernt haben, bietet Ihnen die **Fotos**-App noch sogenannte Alben an, um Ihre Bilder zu organisieren.*

1 Alben einsehen

Klicken Sie in der **Fotos**-App im linken Bereich auf **Alben**. Falls Sie den Begriff **Alben** nicht sehen, so ist das Menü auf die Symbole reduziert, Klicken Sie dann zunächst einmal auf das Symbol ❶.

2 Alben verstehen

Es werden daraufhin verschiedene Alben in einer Übersicht angezeigt, die jeweils durch ein Foto vertreten werden. Der Name des Albums steht unter dem Foto. Um den Inhalt eines Albums einsehen zu können, klicken Sie in der Albumübersicht mit der Maus einmal auf ein Albumbild.

3 Album einsehen

Das ausgewählte Albumbild wird nun groß im oberen Bereich angezeigt, darunter befinden sich weitere Fotos aus dem Album.

Kapitel 2: Bilder betrachten

4 Album erweitern

Die **Fotos**-App präsentiert jeweils nur ein Foto aus einer gleichartigen Serie von Bildern. Wenn Sie dem Album weitere Fotos hinzufügen wollen, scrollen Sie mit der Maus unter die Bilder in der Albumansicht. Klicken Sie dort auf die Schaltfläche **Fotos hinzufügen oder entfernen**. Hier sehen Sie auch, wie viele gleichartige Fotos von der **Fotos**-App entdeckt wurden.

5 Weitere Bilder wählen

Bilder, die bereits im Album erhalten sind, erkennen Sie an einem blau unterlegten Häkchen ❷. Um weitere Bilder hinzuzufügen, klicken Sie jeweils in das Kästchen auf jedem Bild. Solcherart markierte Bilder erhalten dann auch ein blau unterlegtes Häkchen und werden in das Album aufgenommen.

6 Änderung speichern

Nachdem Sie Ihr Album geändert haben, müssen Sie diese Änderung bestätigen. Klicken Sie dafür im oberen Bereich auf das Häkchen. Sie gelangen dann wieder zum Album und können von hier aus durch einen Klick auf **Fotos** in der oberen, linken Ecke zur Übersicht aller Alben wechseln.

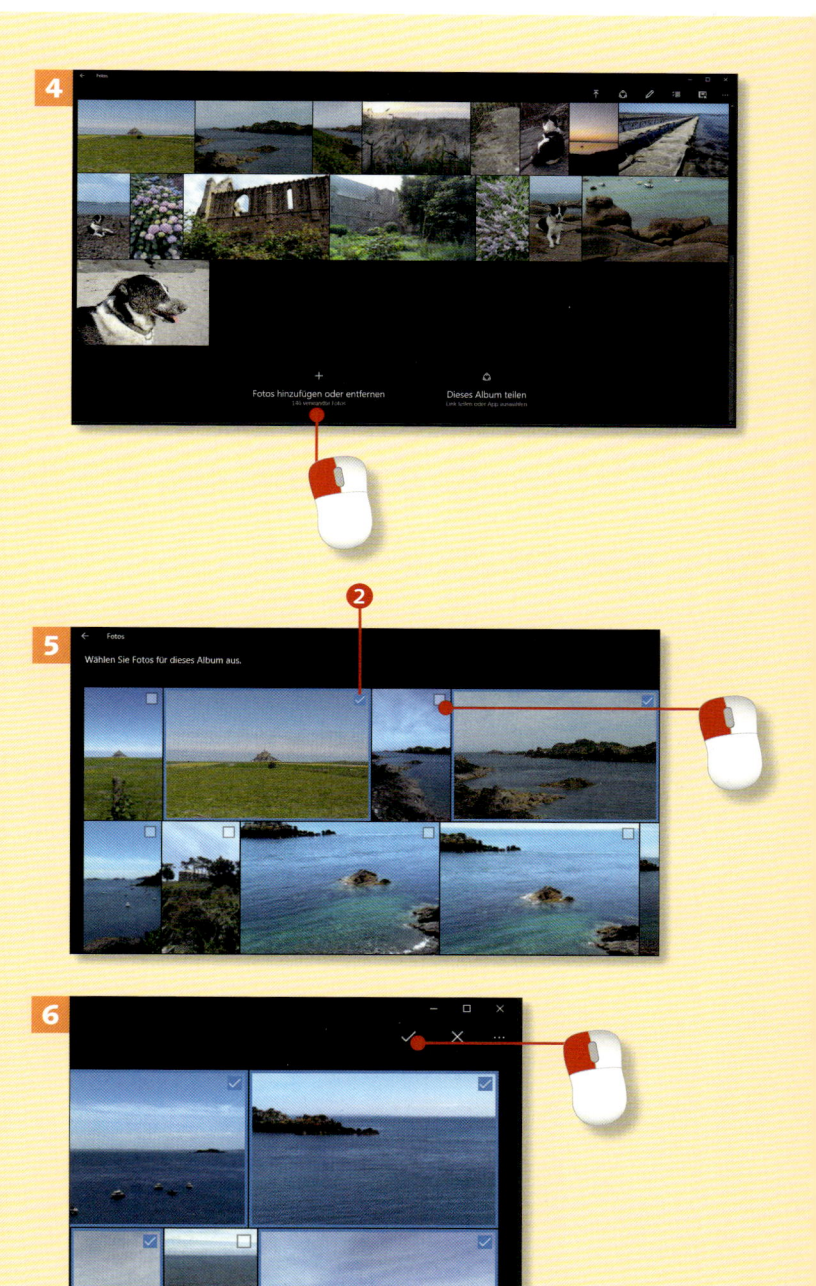

37

Alben anpassen

Die automatisch erzeugten Namen der Alben bestehen aus dem Aufnahmedatum eines Bildes. Sie können hier aber auch eigene, aussagekräftigere Namen vergeben.

1 Album auswählen

Klicken Sie in der **Fotos**-App im linken Bereich auf **Alben**. Sie gelangen in die Albumübersicht und können hier ein beliebiges Album anklicken, um es zu öffnen.

2 Album bearbeiten

Im Album angelangt, klicken Sie mit der rechten Maustaste ins große Albumbild. Wählen Sie aus dem daraufhin erscheinenden Kontextmenü den Eintrag **Album bearbeiten**.

3 Titel ändern

Der Titel des Albums erscheint nun farbig unterlegt. Sie können nun direkt einen neuen Titel eingeben. So habe ich im Beispiel den Text »Am Strand in Frankreich« eingetippt.

Kapitel 2: Bilder betrachten

4 Titelbild ändern

Möglicherweise ist das Titelbild des Albums nicht aussagekräftig genug. Klicken Sie in solch einem Fall auf die Schaltfläche **Titelbild ändern** (unterhalb des Titels). Sie gelangen in eine Übersicht aller Bilder, die für das Album vorgesehen sind.

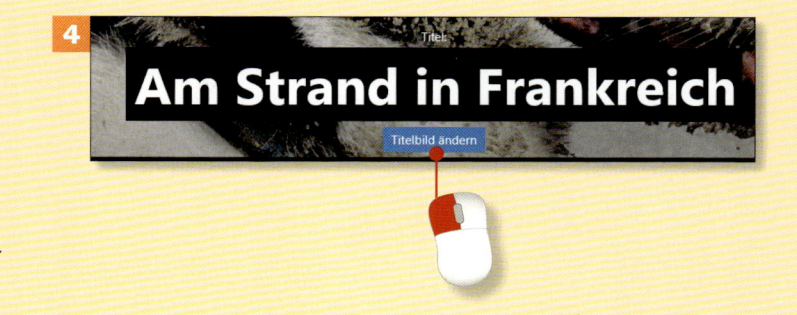

5 Titelbild auswählen

Suchen Sie ein Bild aus, das sich als Titelbild eignet, und klicken Sie mit der Maus auf das Kästchen in der oberen rechten Ecke. Damit wählen Sie dieses Bild aus, und es wird mit einem blau unterlegten Häkchen markiert.

6 Titelbild bestätigen

Klicken Sie im oberen rechten Bereich des Bildschirms auf das Häkchen, um das neue Titelbild zu bestätigen. Sie gelangen zurück zum Album, wo Sie oben rechts erneut auf das Häkchen klicken müssen, um alle Änderungen im Album zu akzeptieren.

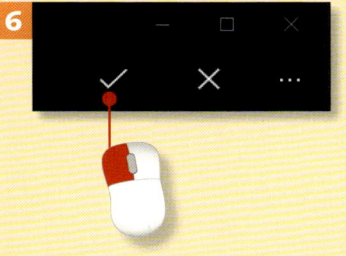

> **Wie Alben entstehen**
>
> Alben werden von der **Fotos**-App automatisch erzeugt. Sie beinhalten Fotos, die als zusammengehörend eingestuft werden. Allerdings werden nahezu identische Fotos nur einmal in einem Album abgelegt. Die Erzeugung von Alben erfolgt erst dann, wenn eine bestimmte Anzahl von Fotos vorliegt.

Eigenes Album anlegen

Die automatisch erzeugten Alben sind eine große Erleichterung, um zusammenhängende Bilder schneller zu finden. Sie können aber auch leicht selbst Alben erstellen und bestimmen, welche Bilder zusammengehören.

1 Zu »Alben« wechseln

Klicken Sie in der **Fotos**-App im linken Bereich auf **Alben**, um zur Albumübersicht zu gelangen. Falls Sie das Wort **Alben** nicht sehen, wurde es möglicherweise durch einen Klick auf das Symbol ❶ ausgeblendet. Ein einfacher Klick auf das Symbol blendet den Text wieder ein.

2 Neues Album erstellen

In der Albumübersicht klicken Sie oben rechts auf das Pluszeichen. Dadurch gelangen Sie in das Menü zur Erstellung eines neuen Albums.

3 Bilder auswählen

Im Beispiel möchte ich ein Album mit Bildern meines Hundes erstellen. Daher suche ich mir in der Übersicht aller Fotos die richtigen Bilder aus. Die Auswahl erfolgt durch einen einfachen Klick auf das gewünschte Foto, das daraufhin ein farbig unterlegtes Häkchen erhält.

Kapitel 2: Bilder betrachten

4 Bildauswahl bestätigen

Nachdem alle Fotos ausgewählt sind, klicken Sie oben rechts auf das Häkchen, um die Bildauswahl anzunehmen. Sie gelangen dann zur Anzeige Ihres neuen Albums.

5 Album anpassen

Sie können Ihr Album nun noch anpassen. Klicken Sie dafür vor den ersten Buchstaben des automatisch erzeugten Titels und entfernen Sie diesen durch Drücken der `Entf`-Taste. Geben Sie dann einen eindeutigen Titel ein. Im Beispiel habe ich »Tammy« eingetippt. Wie Sie das Titelbild ändern, können Sie in Schritt 4 der vorigen Anleitung nachlesen (Seite 39).

6 Album speichern

Damit Sie Ihr Album auch in Zukunft aufrufen können, müssen Sie dieses noch speichern. Klicken Sie dafür auf das Symbol für **Speichern** oben rechts. Danach gelangen Sie durch einen Klick auf den Pfeil neben dem Schriftzug **Fotos** ❷ im oberen linken Bereich zurück zur Albumübersicht.

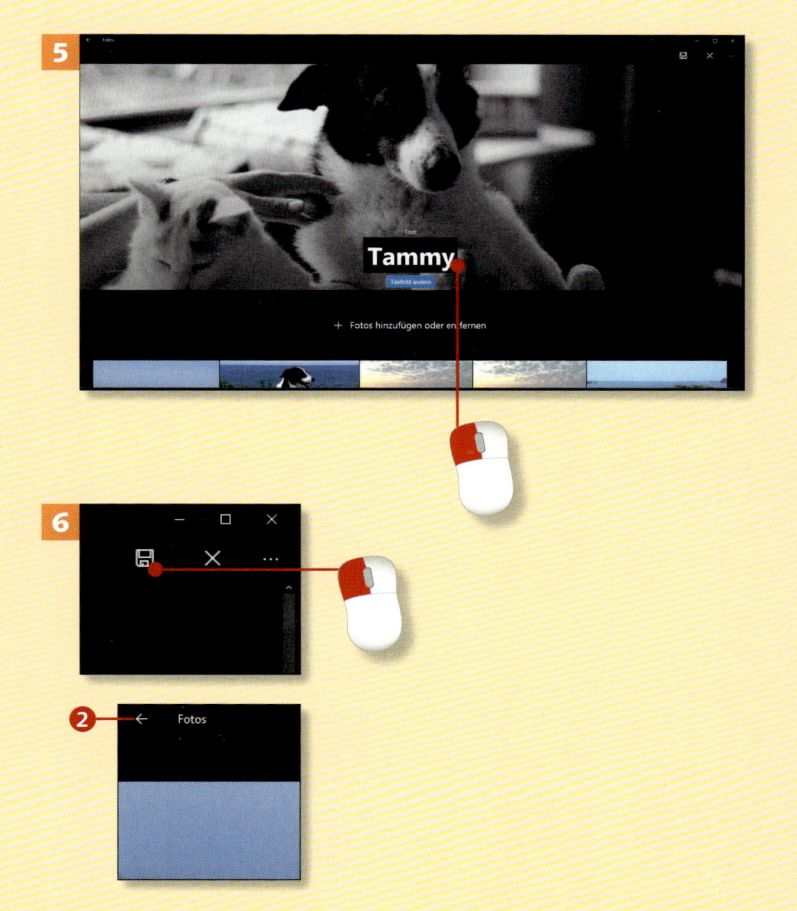

Eine Diashow zeigen

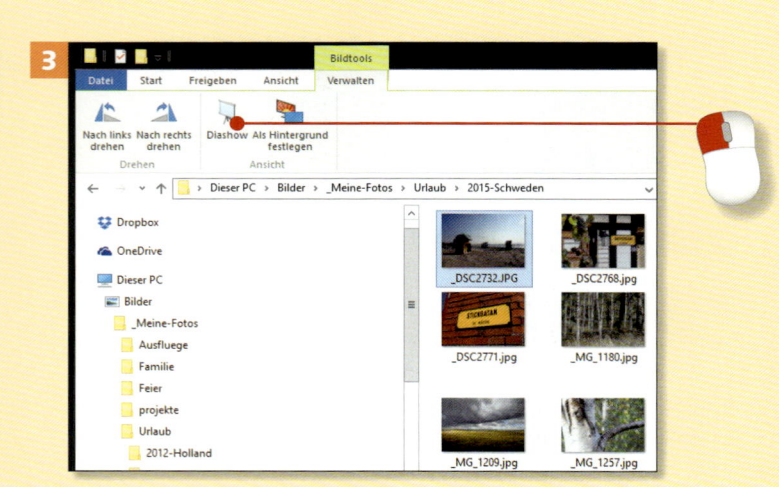

*Wenn Sie Ihre Fotos in der **Fotos**-App präsentieren, stört es Sie vielleicht, dass Sie den Wechsel zum nächsten Bild immer von Hand anstoßen müssen. Dies umgehen Sie, wenn Sie Ihren Bilderordner als Diashow vorführen.*

1 Diashow starten

Klicken Sie in der **Fotos**-App auf das Symbol für **Diashow**, oder drücken Sie die Taste F5 im oberen Bereich Ihrer Tastatur. Die Diashow beginnt mit dem aktiven Foto und wechselt nach kurzer Zeit zum nächsten Foto.

2 Diashow beenden

Um die Diashow zu beenden, genügt ein Mausklick auf den Bildschirm, oder Sie drücken die Esc-Taste. Dadurch endet die Diashow, und Sie sehen das zuletzt aktive Foto in der normalen Ansicht.

3 Diashow im Explorer

Auch im Explorer können Sie eine Diashow starten. Wählen Sie dafür ein Bild aus, und klicken Sie im oberen Bereich auf **Verwalten** unterhalb von **Bildtools**. Dort finden Sie das Symbol für **Diashow**. Durch einen einfachen Mausklick beginnt die Diashow.

Ein eigenes Foto als Hintergrund einstellen

Wollen Sie Ihren Computer personalisieren und statt des normalen Hintergrundbildes ein eigenes Bild sehen? Windows 10 macht es Ihnen hier sehr leicht.

1 Explorer starten

Klicken Sie im unteren linken Bereich auf die Explorer-Schaltfläche. Daraufhin öffnet sich das Fenster des Explorers, der die Dateien und Ordner auf Ihrem Computer anzeigt.

2 Gewünschtes Bild wählen

Wechseln Sie zum Verzeichnis *Bilder*, da hier Ihre importierten Fotos liegen. Sollten Sie sich für einen anderen Ordner entschieden haben, wählen Sie diesen Ordner aus.

3 Als Hintergrund festlegen

Klicken Sie auf das gewünschte Foto. Windows erkennt den Inhalt automatisch als Bild und wechselt daher direkt zur Registerkarte **Bildtools**. Klicken Sie hier auf **Verwalten** und anschließend auf **Als Hintergrund festlegen** – und schon ist Ihr Bild das neue Hintergrundbild.

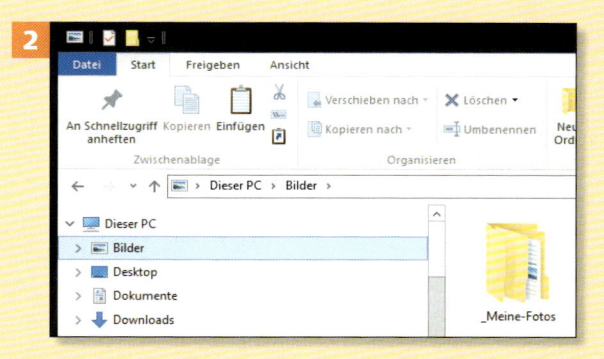

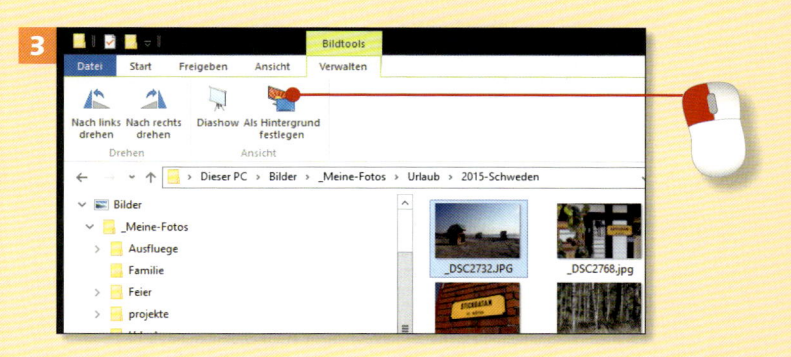

Bildschirmhintergrund mit der Maus
Statt über die Registerkarte **Bildtools** können Sie auch mit der *rechten Maustaste* auf ein Bild klicken und im daraufhin erscheinenden Menü den Befehl **Als Desktophintergrund festlegen** auswählen.

Hintergrundbild über die Bildschirmanpassung

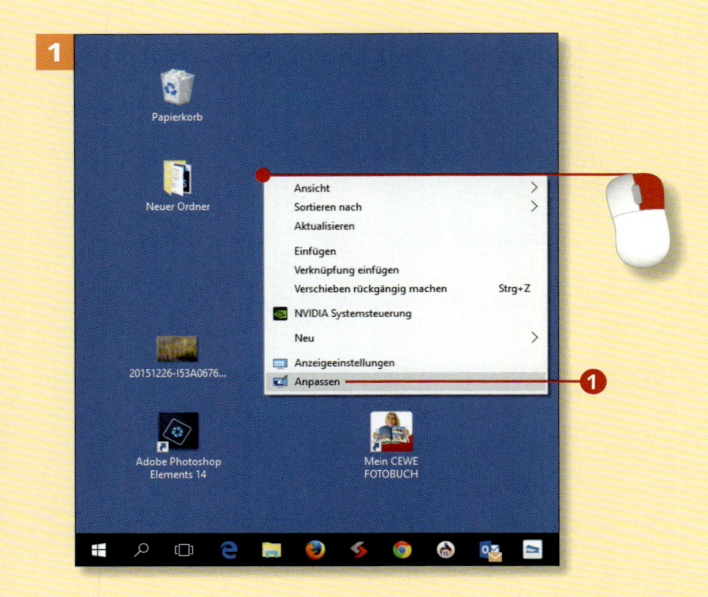

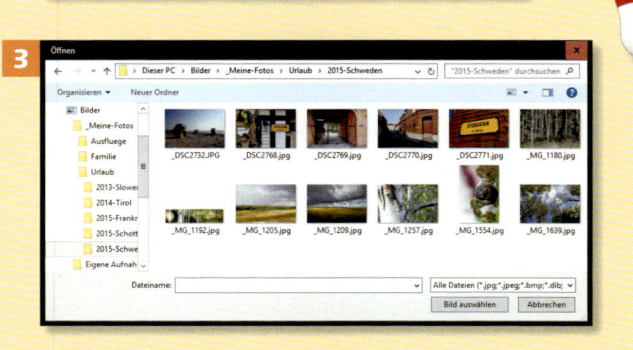

Windows 10 bietet Ihnen mit der Bildschirmanpassung die Möglichkeit an, eigene Fotos als Hintergrundbild festzulegen – daneben haben Sie dort aber auch Zugriff auf viele voreingestellte Hintergrundbilder.

1 Bildschirmanpassung starten

Klicken Sie mit der rechten Maustaste auf eine leere Stelle auf Ihrem Desktop. Wählen Sie dann aus dem erscheinenden Kontextmenü den Befehl **Anpassen** ❶.

2 Desktophintergrund anpassen

Im Bereich **Hintergrund** klicken Sie unterhalb von **Bild auswählen** auf **Durchsuchen**, um in den Explorer zu gelangen und Ihre Bilddateien durchsuchen zu können.

3 Bildpfad öffnen

Wechseln Sie im linken Bereich des Explorer-Fensters in den Ordner *Bilder* und dann in den Ordner mit dem gewünschten Foto.

Kapitel 2: Bilder betrachten

4 Bildauswahl vornehmen

Klicken Sie auf das Foto, das Sie gerne als Desktophintergrund verwenden wollen.

5 Bild auswählen

Klicken Sie im unteren Bereich auf **Bild auswählen**, um das gewünschte Foto als Desktophintergrund zu verwenden.

6 Bildposition festlegen

Wählen Sie aus dem Klappmenü **Anpassung auswählen** die Option **Ausfüllen**. Dadurch füllt Ihr Foto den gesamten Desktop aus.

Ein geeignetes Bild aussuchen

Es ist eine schöne Sache, die Oberfläche Ihres Computers mit einem eigenen Foto zu verzieren. Dennoch sollten Sie im Blick behalten, dass Sie Ihren Computer auch für ganz andere Dinge einsetzen, als einfach nur Ihre Bilder anzuzeigen. Wählen Sie daher für den Hintergrund ein Bild aus, das nicht zu viele Details aufweist und eher große, möglichst einfarbige Flächen hat. Dann können Sie alle Programmsymbole immer noch am besten erkennen.

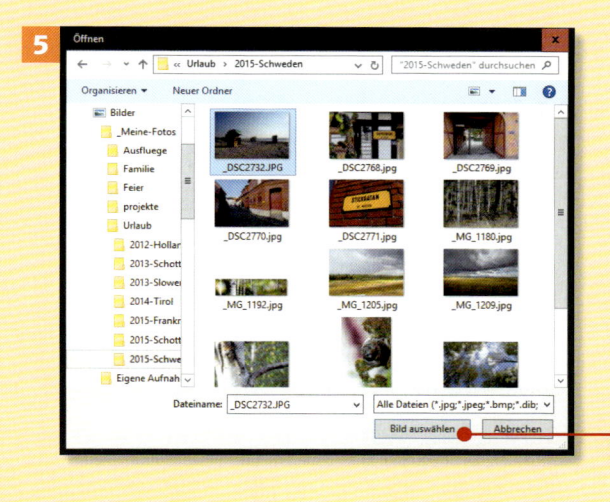

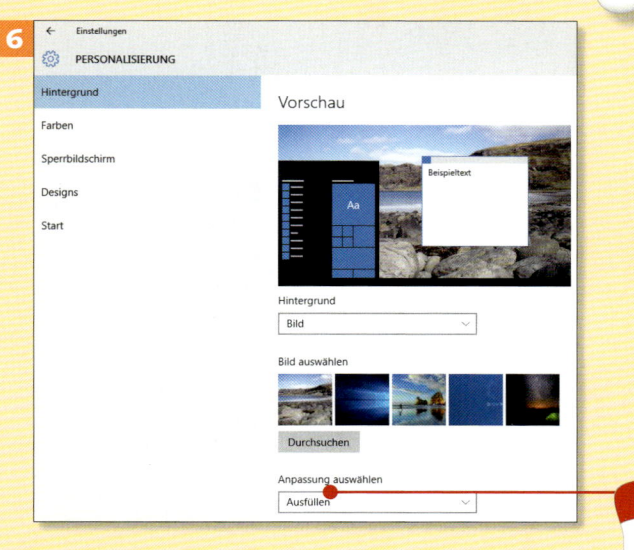

Kapitel 3
Bilder bearbeiten mit Windows

Ganz stolz kommen Sie nach Hause, laden Ihre Fotos auf Ihren Rechner und bewundern Ihre fotografischen Ergebnisse. Doch dann der Schreck: Ein Fleck, ein hässliches Stück Papier auf dem Boden oder ein anderer, störender Bereich im Bild machen die Freude zunichte. Aber keine Sorge, kleine Problemstellen lassen sich ganz einfach beheben.

Typische Fehler beseitigen
Auch wenn viele Kameras Sie beim Fotografieren unterstützen, ist es doch schnell passiert, dass Ihr Bild einen schiefen Horizont zeigt. Mit dem Ausrichten-Werkzeug der **Fotos**-App können Sie solche Bilder wieder geraderichten ❶.

Ihre Fotos zu etwas Besonderem machen
Dank der verschiedenen Möglichkeiten der Bildbearbeitung in der **Fotos**-App können Sie aus Ihren Bildern kleine Kunstwerke gestalten. So können Sie zum Beispiel eine bestimmte Farbe betonen, indem Sie die anderen Farben abschwächen. Ein Effekt, der sich sehr gut für Blumenfotos eignet ❷.

Ihre Originale verwahren
Damit Sie immer auch auf Ihre Originalbilder zugreifen können, selbst wenn Sie Bildbearbeitungsschritte durchgeführt haben, bietet Ihnen die **Fotos**-App die Möglichkeit, Kopien zu speichern. So können Sie ganz einfach mehrere Versionen Ihrer Bilder anlegen ❸.

Einen schiefen Horizont können ❶ Sie ganz einfach begradigen.

Erzeugen Sie reizvolle Fotos, indem Sie nur ❷ bestimmte Farben anzeigen lassen.

❸ Speichern Sie Ihre bearbeiteten Fotos als Kopien ab. So bewahren Sie Ihre Originalbilder.

47

Bearbeitete Bilder richtig abspeichern

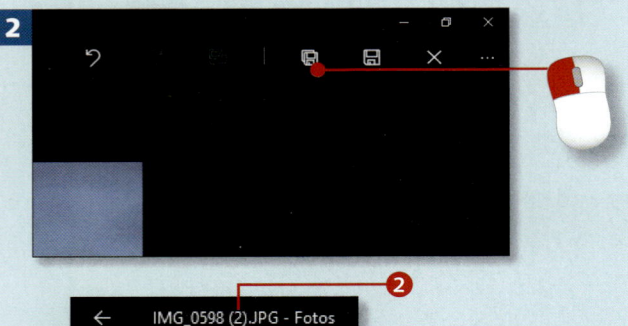

*In den folgenden Anleitungen werden Sie Korrekturen an Ihren Bildern vornehmen und diese speichern. Damit Sie dabei nicht Ihr Originalbild überschreiben, sollten Sie sich vorab kurz mit der wichtigen Funktion **Kopie speichern** befassen.*

1 Änderungen vornehmen

Sobald Sie in der **Fotos**-App eine Bearbeitung Ihres Bildes vornehmen, erscheinen im oberen Bereich zwei Symbole, hinter denen sich die Funktionen **Speichern** beziehungsweise **Kopie speichern** ❶ verbergen.

2 Kopie speichern

Klicken Sie auf das Symbol für **Kopie speichern**, wird eine Kopie Ihres Bildes angelegt. Sie erkennen dies an der eingeklammerten Zahl hinter dem Dateinamen in der oberen linken Ecke ❷. Ihr Originalbild bleibt erhalten.

3 Änderung speichern

Durch einen Klick auf das Symbol für **Speichern** dagegen werden die Änderungen übernommen, und Ihr Originalbild wird damit überschrieben. Sie haben dann keine Möglichkeit mehr, den Ursprung wiederherzustellen!

Wie heißt das Symbol?

In der Leiste mit den Symbolen finden Sie ganz rechts ein Symbol mit drei Punkten. Wenn Sie dieses anklicken, werden die Namen der Symbole jeweils darunter angezeigt. Nach der Wahl eines Symbols verschwinden die Bezeichnungen wieder.

Bilder automatisch korrigieren lassen

Es wird immer wieder vorkommen, dass Sie mit einem aufgenommenen Foto nicht ganz zufrieden sind. Entweder sind die Farben zu flau oder aber der Horizont ist schief. Für derartige »Standardprobleme« hat die **Fotos**-App automatische Korrekturmöglichkeiten an Bord.

1 Bild im Explorer markieren

Wechseln Sie im Explorer zu dem Ordner, in dem sich das Foto befindet, das Sie gerne korrigieren wollen. Klicken Sie einmal auf dieses Foto, um es zu markieren.

2 Bild in der Fotos-App öffnen

Klicken Sie in der Registerkarte **Start** auf den kleinen Pfeil neben **Öffnen**, und wählen Sie im Klappmenü den Eintrag **Fotos** aus. Daraufhin wird Ihr Bild in der **Fotos**-App geöffnet.

3 Bild bearbeiten in der Fotos-App

Sie sehen Ihr Bild nun in der **Fotos**-App. Klicken Sie hier oben rechts auf das Symbol für **Bearbeiten**, das einen Bleistift darstellen soll. Sie wechseln dadurch in die Bildbearbeitung.

> **i Bildbearbeitung abbrechen**
>
> Sollten Sie mit dem Ergebnis einer Bildbearbeitung nicht zufrieden sein oder die Bildbearbeitung versehentlich gestartet haben, können Sie den Vorgang abbrechen. Dies ist mit einem Klick auf das **X** in der oberen, rechten Ecke schnell erledigt. Achten Sie darauf, das richtige **X** zu treffen, nämlich das auf Höhe der Symbole für **Speichern** etc. Das **X** ganz oben rechts im Fenster würde die **Fotos**-App ganz beenden.

49

Bilder automatisch korrigieren lassen (Forts.)

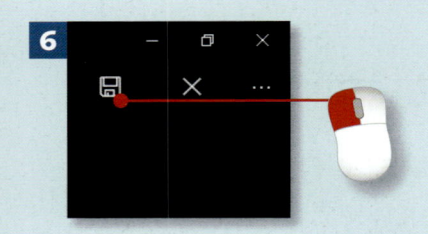

4 Automatische Verbesserung starten

Klicken Sie jetzt mit der Maus auf das Symbol für **Verbessern**, das einen Zauberstab darstellen soll. Die **Fotos**-App versucht nun, das Bild zu verbessern.

5 Verbesserung abgeschlossen

Nach der Verbesserung Ihres Bildes wird das Symbol für **Verbessern** mit einem Häkchen versehen. So erkennen Sie, dass eine automatische Verbesserung stattgefunden hat. Durch die Verbesserung werden zum Beispiel Farben stärker gesättigt und das Bild wird begradigt.

6 Bild speichern

Falls Sie mit der automatischen Verbesserung zufrieden sind, klicken Sie auf das Symbol für **Speichern**, das eine Diskette darstellt. Damit werden die Änderungen übernommen. Ansonsten klicken Sie ein weiteres Mal auf das Symbol für **Verbessern**, damit die Verbesserung widerrufen wird.

> **Ihre Fotos in guten Händen**
>
> Mit der Funktion **Verbessern** in der **Fotos**-App werden Ihre Bilder mit nur einem Klick optimiert. So werden flaue Fotos gesättigt und somit farbenfroher, schief aufgenommene Fotos werden begradigt. Ebenso versucht die **Fotos**-App beim Verbessern rote Augen zu entfernen.

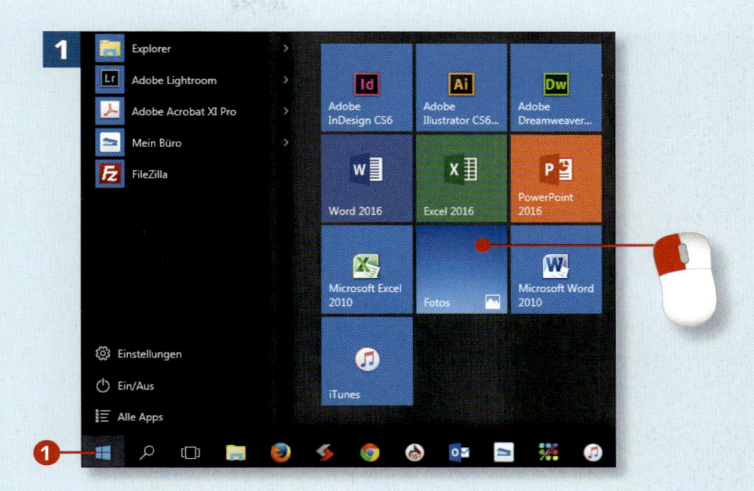

Bilder mit der Fotos-App bearbeiten

Neben der automatischen Korrektur Ihrer Bilder können Sie viele Bearbeitungsmöglichkeiten auch selbst vornehmen. Sehen Sie hier, wie Sie die Bildbearbeitung in der **Fotos**-App starten. Diese Schritte bilden die Grundlage für die folgenden Anleitungen.

1 Fotos-App aufrufen

Klicken Sie im unteren linken Bereich des Desktops auf die Windows-Schaltfläche ❶. Daraufhin sehen Sie rechts die verfügbaren Apps. Klicken Sie auf die Kachel **Fotos**. Je nach Einstellung Ihres Windows 10 wird diese Kachel auch mit einem Ihrer Fotos gefüllt sein.

2 Sammlung einsehen

In der **Fotos**-App sehen Sie jetzt alle Ihre Bilder in der Sammlungsansicht, geordnet nach Aufnahmezeitpunkt. Wählen Sie durch einen einfachen Klick ein Bild aus, das Sie bearbeiten wollen.

3 Bild auswählen

Ihr Bild wird jetzt vergrößert angezeigt. Durch Drücken der Tasten → oder ← gelangen Sie zum nächsten oder vorherigen Bild der Sammlung.

Bilder mit der Fotos-App bearbeiten (Forts.)

4 Bildbearbeitung starten

Um die Bildbearbeitung zu starten, klicken Sie oben rechts auf das Symbol für **Bearbeiten**.

5 Bildbearbeitungsoptionen

In der Bildbearbeitung sehen Sie nun auf der linken Seite Symbole für Kategorien ❶ (zum Beispiel **Allgemeine Korrekturen**), die jeweils auf der rechten Seite gestartet werden können ❷.

6 Bildbearbeitung verlassen

Um die Bildbearbeitung zu beenden, klicken Sie entweder oben rechts auf das **X** oder links oben auf den Pfeil ❸.

> **Das Symbol für »Erweitern«**
> Wenn Sie die **Fotos**-App starten und ein Bild mit einem Doppelklick vergrößern, finden Sie oben rechts das Symbol für **Erweitern**, das einen Zauberstab darstellen soll. Mit einem Klick auf **Erweitern** führen Sie eine automatische Verbesserung durch. Die resultierende Änderung des Fotos können Sie jederzeit rückgängig machen, indem Sie das Symbol für **Erweitern** ein weiteres Mal anklicken. Im Gegensatz dazu müssen Sie bei der Anwendung der Funktion **Verbessern** die Korrektur speichern oder widerrufen.

52

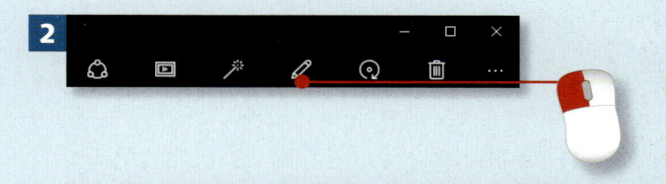

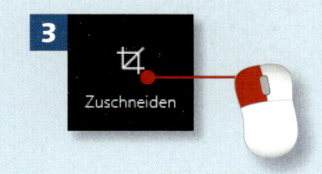

Fotos motivgerecht zuschneiden

*Manchmal benötigen Sie vielleicht ein Foto im Hochformat, doch das gewünschte Motiv liegt nur im Querformat vor. Oder es ist versehentlich ein unerwünschtes Objekt am Bildrand zu sehen, etwa ein Papierkorb. Dies lässt sich mit der **Fotos**-App sehr leicht beheben.*

1 Bild auswählen

Starten Sie die **Fotos**-App, und klicken Sie in der Sammlung auf das Bild, das Sie zurechtschneiden wollen. Im Beispiel ist es das Foto mit dem Hund ❹, das ich statt im Querformat gerne im Hochformat hätte.

2 Bearbeitung starten

Das Bild wird nun in der großen Ansicht angezeigt. Klicken Sie oben rechts auf das Symbol für **Bearbeiten**. Damit wechselt die **Fotos**-App in den Bildbearbeitungsmodus.

3 Bildbereich zuschneiden

Klicken Sie im rechten mittleren Bereich auf das Symbol für **Zuschneiden**. Damit aktivieren Sie den Modus zum Beschneiden Ihres Bildes.

53

Fotos motivgerecht zuschneiden (Forts.)

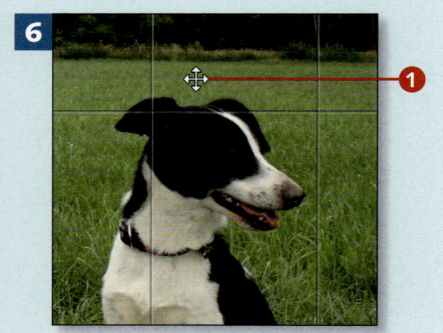

4   Seitenverhältnis schützen

Auf dem Bild erscheint nun ein Rahmen, der in neun gleich große Rechtecke unterteilt ist. Der Bereich innerhalb des Rahmens wird später aus dem Bild ausgeschnitten. Damit das Seitenverhältnis des Bildes beim Zuschneiden beibehalten wird, klicken Sie oben rechts auf das Symbol für **Seitenverhältnis**. Wählen Sie aus dem Klappmenü den Eintrag **Original**.

5   Zuschnitt bestimmen

Bewegen Sie die Maus auf einen der Eckpunkte, der Mauszeiger wird zu einem diagonalen Pfeil. Klicken Sie, halten Sie die Maustaste gedrückt, und ziehen Sie damit den Rahmen in die gewünschte Richtung. Im Beispiel konnte ich so das Auto im Hintergrund ausblenden.

6   Bildausschnitt verschieben

Um den Bildausschnitt zu positionieren, klicken Sie mit der Maus in den Rahmen. Der Mauszeiger wird zu einem Vier-Pfeile-Symbol ❶. Hiermit können Sie mit gedrückter Maustaste den Ausschnitt verschieben.

Kapitel 3: Bilder bearbeiten mit Windows

7 Zuschnitt bestätigen

Wenn Ihnen der neue Ausschnitt gefällt, bestätigen Sie diesen durch einen Klick auf das Häkchen oben rechts. Alternativ dazu können Sie auch die Taste ⏎ drücken. Daraufhin wird der ausgewählte Bereich ausgeschnitten, die umliegenden Bildbereiche also gelöscht.

8 Bearbeitung als Kopie speichern

Damit die Änderung an Ihrem Bild angewendet wird, aber das Originalbild erhalten bleibt, klicken Sie auf das Symbol für **Kopie speichern**. Lesen Sie hierzu auch die Anleitung »Bearbeitete Bilder richtig abspeichern« auf Seite 48.

9 Zurück zur Sammlung

Klicken Sie oben links auf den Pfeil, der sich vor dem Dateinamen befindet. Damit gelangen Sie zurück zur Sammlung und können weitere Bilder bearbeiten.

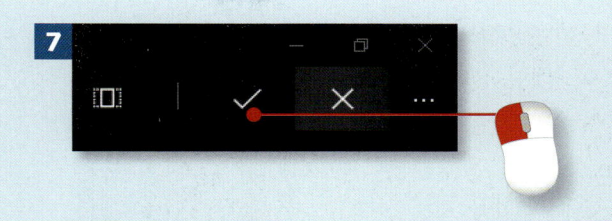

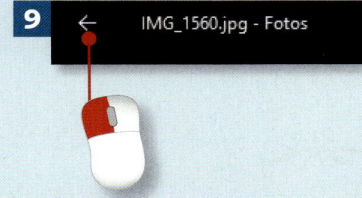

Beim Zuschneiden gestalten

Ist Ihnen beim Zuschneiden in Schritt 4 das Raster aufgefallen, das die **Fotos**-App über Ihr Bild gelegt hat? Die Unterteilung in neun gleich große Teile folgt der sogenannten *Drittelregel*, die Sie dabei unterstützt, harmonischere Bilder zu komponieren (siehe auch die Anleitung »Das Motiv gekonnt platzieren« auf Seite 180). Dafür müssen Sie lediglich wichtige Motivteile auf den Kreuzungspunkten platzieren.

Störende Bildteile entfernen

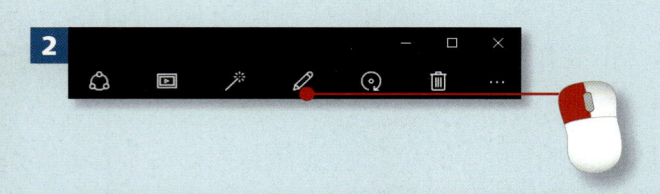

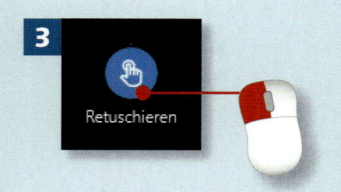

Mit dem Zuschneiden, wie Sie es in der vorigen Anleitung gesehen haben, lassen sich störende Elemente ausblenden. Was ist aber, wenn sich der Störfaktor mitten im Bild befindet? Hier sehen Sie, wie Sie solche Probleme ganz schnell in den Griff bekommen.

1 Bild öffnen

Klicken Sie in der **Fotos**-App auf das Bild, das eine Problemstelle hat. Im Beispiel sind es die Bäume im Hintergrund, die eine störende Farbmarkierung besitzen.

2 Bearbeitung starten

Klicken Sie im oberen Bereich auf das Symbol für **Bearbeiten**, um zur Bildbearbeitung zu gelangen.

3 Bearbeitungsschritt wählen

Klicken Sie im rechten unteren Bereich auf das Symbol für **Retuschieren**. Das Symbol wird daraufhin eingefärbt, um Ihnen zu signalisieren, dass es jetzt aktiv ist.

Kapitel 3: Bilder bearbeiten mit Windows

4 Retusche-Werkzeug anwenden

Der Mauszeiger wird als blauer Punkt dargestellt. Klicken Sie mit der Maus auf eine Problemstelle. Im Beispielbild ist das die Farbmarkierung auf dem Baumstamm. Nach dem Mausklick verschwindet der Strich und wird durch Bereiche aus dem umgebenden Bild ersetzt. Wiederholen Sie diesen Schritt auch für die anderen Farbmarkierungen.

5 Ergebnis verfeinern

Möglicherweise hat die Retusche an manchen Stellen nicht einwandfrei gearbeitet. So kann es passieren, dass die vorherige Farbe noch im bearbeiteten Bereich sichtbar bleibt. In solch einem Fall klicken Sie einfach erneut mit der Maus an diese Stelle.

6 Korrektur widerrufen

Manchmal wirkt sich eine Änderung aber auch negativ aus, da sich durch die Retusche unschöne Bereiche ergeben. Aber auch das ist kein Problem: Klicken Sie mit der Maus auf das Symbol für **Rückgängig** ❶, um den letzten Arbeitsschritt zu widerrufen. Speichern Sie das Bild durch einen Klick auf das Symbol für **Speichern** ab.

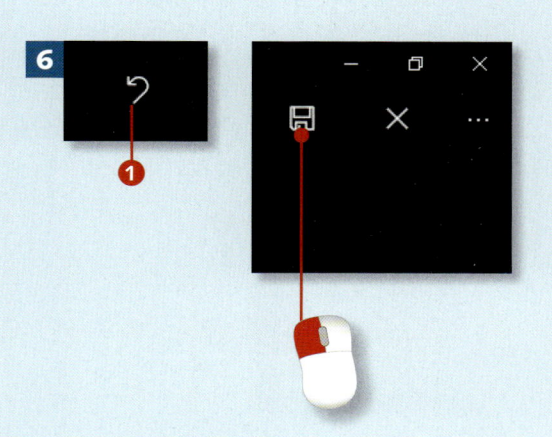

57

Schiefe Bilder ausrichten

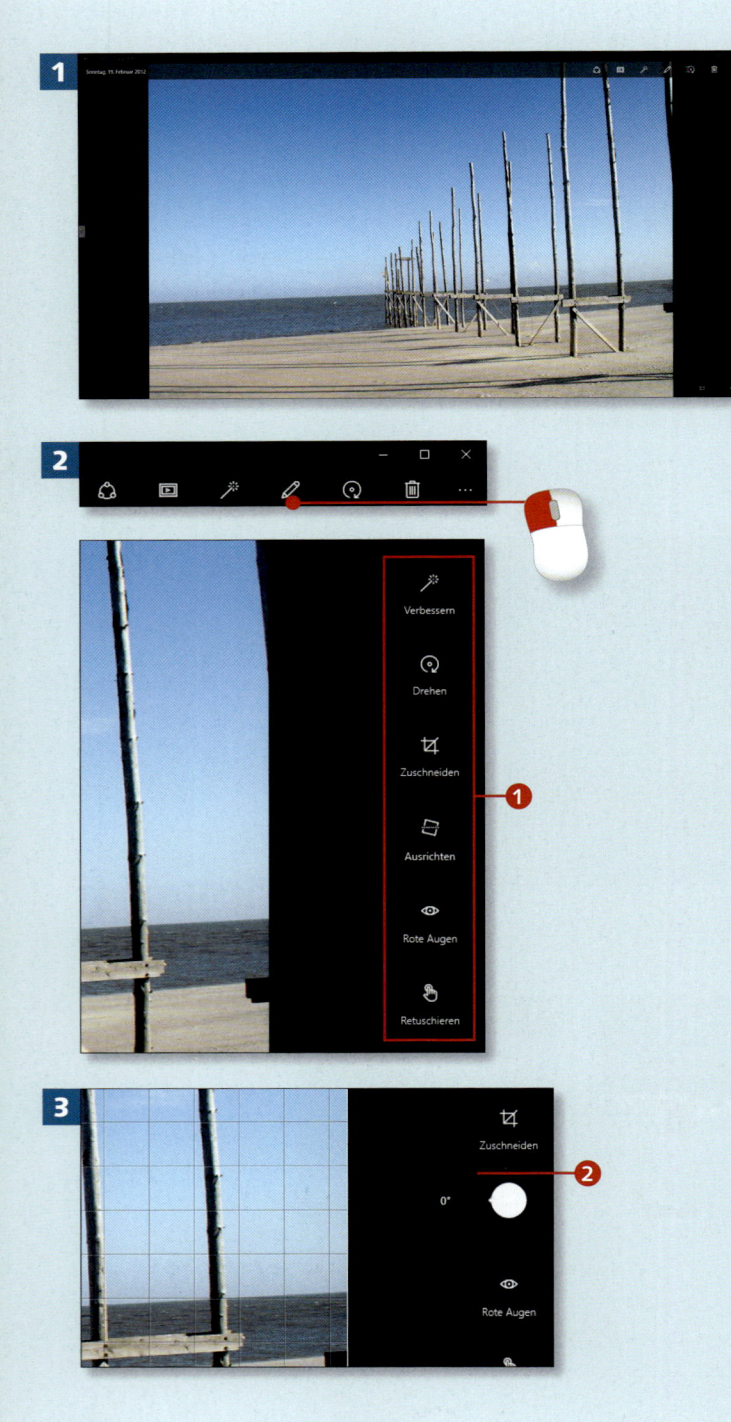

Wer kennt das nicht? Da fotografieren Sie eine schöne Landschaft und sehen erst später, dass Sie die Kamera etwas schief gehalten haben. Rettung bringt hier das Geradeausrichten!

1 Bild öffnen

Starten Sie die **Fotos**-App wie in der Anleitung »Die Fotos-App direkt starten« auf Seite 32 beschrieben, und klicken Sie auf ein Foto mit einem schiefen Horizont.

2 Bearbeitung starten

Klicken Sie oben rechts auf das Symbol für **Bearbeiten**, um die Bildbearbeitung zu starten. Daraufhin werden am rechten Rand des Fensters die Bearbeitungsmöglichkeiten angezeigt ❶.

3 Ausrichten wählen

Klicken Sie auf das Symbol für **Ausrichten**, und halten Sie die Maustaste gedrückt. Auf dem Foto erkennen Sie nun ein Raster, und neben dem Symbol für **Ausrichten** erscheint ein Kreis mit einer Gradzahl ❷.

58

Kapitel 3: Bilder bearbeiten mit Windows

4 Ausrichten anwenden

Ziehen Sie die Maus mit gedrückter Maustaste nach unten oder oben, bis das Raster parallel zum Horizont beziehungsweise zur schiefen Linie steht. Dabei verändert sich die Gradzahl im Symbol für **Ausrichten**. Im Beispiel ist es der Wert **2°**.

5 Ausrichten bestätigen

Damit sich das Ausrichten auch auf das Bild auswirkt, müssen Sie den Vorgang bestätigen. Klicken Sie dafür einfach auf das Bild. Alternativ dazu können Sie auch die Taste ⏎ drücken.

6 Änderung speichern

Klicken Sie schließlich auf das Symbol für **Kopie speichern** oder **Speichern** ❸, um die Änderungen in der Datei zu hinterlegen. Lesen Sie hierzu auch die Anleitung »Bearbeitete Bilder richtig abspeichern« auf Seite 48.

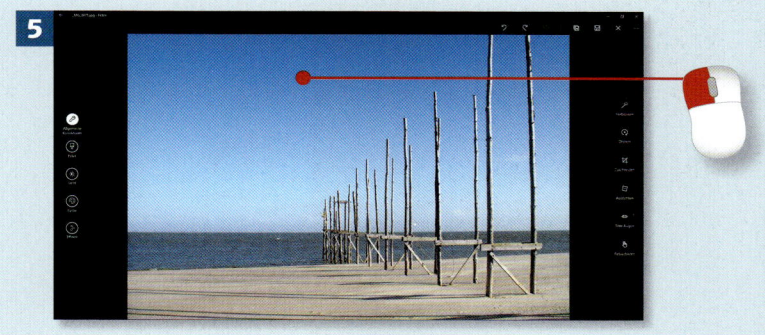

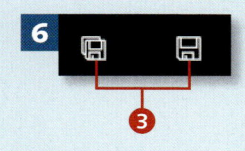

> **!** **Achten Sie auf die Bildränder**
> Leider werden Bilder beim Geradeausrichten gleichzeitig an den Kanten abgeschnitten. Achten Sie also bei Ihren Bildern darauf, dass keine wichtigen Details Ihres Fotos beschnitten werden. Idealerweise versuchen Sie bereits beim Fotografieren, einen schiefen Horizont oder ähnliche ungewollte Schräglagen zu vermeiden.

Die Bildfarben verbessern: Temperatur

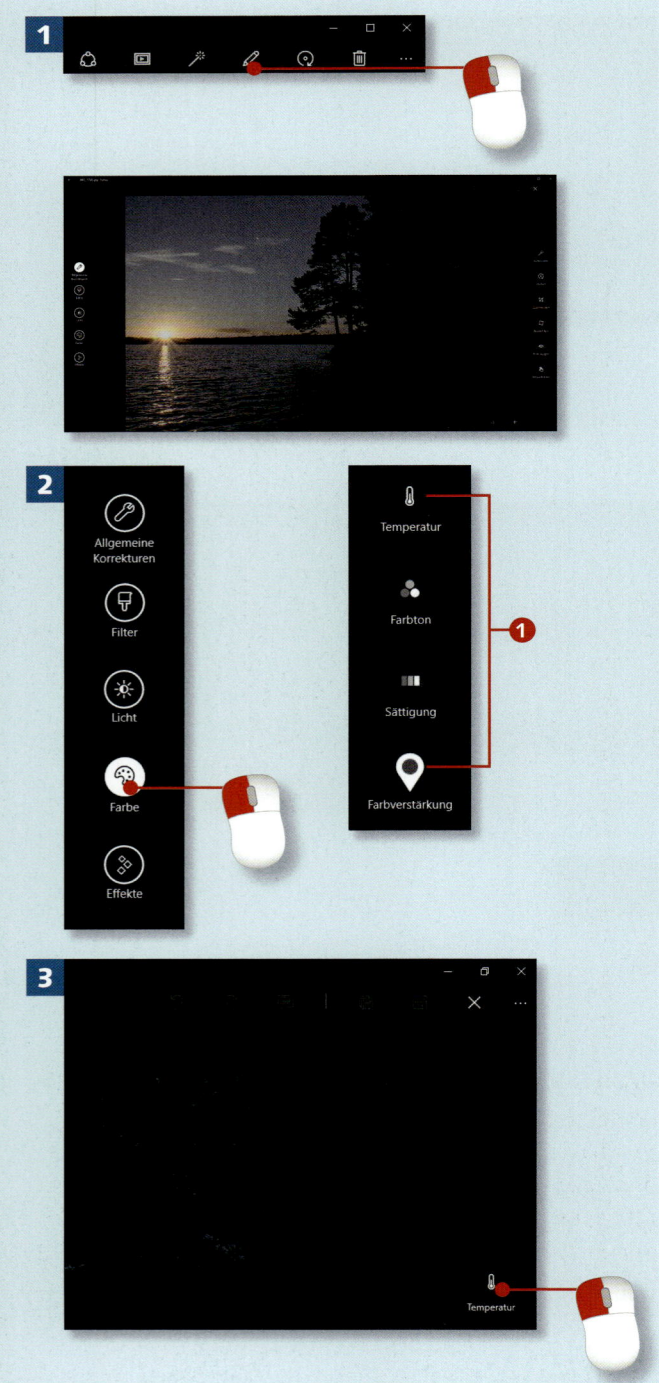

*Nicht immer deckt sich die Stimmung eines Bildes mit der selbst erlebten Atmosphäre. So wirkt das schöne Seefoto, das am Abend aufgenommen wurde, viel kälter als vor Ort empfunden. Dies können Sie aber mit der **Fotos**-App optimieren.*

1 Bildbearbeitung starten

Starten Sie die **Fotos**-App wie in der Anleitung »Die Fotos-App direkt starten« auf Seite 32 beschrieben, und klicken Sie beim gewünschten Bild auf das Symbol für **Bearbeiten**. Bei meinem Beispielfoto handelt es sich um einen Sonnenuntergang an einem See in Schweden.

2 Farbbearbeitung öffnen

Klicken Sie im linken Bereich auf das Symbol für **Farbe**. Die Symbole am rechten Fensterrand verändern sich dann, und Sie sehen Ihre Optionen für die Farbbearbeitung ❶.

3 Temperatur bearbeiten

Klicken Sie im rechten Bereich auf das Symbol für **Temperatur**. Damit können Sie den sogenannten *Weißabgleich* beeinflussen. Das Symbol wird durch den Klick weiß gefüllt, und daneben erscheint ein Kreis mit einer Null in der Mitte.

Kapitel 3: Bilder bearbeiten mit Windows

4 Temperatur ändern

Klicken Sie auf den weiß gefüllten Kreis, und ziehen Sie die Maus mit gedrückter Maustaste nach unten. Das Bild erscheint daraufhin wärmer (zum Beispiel werden die Brauntöne verstärkt). Durch Ziehen mit der Maus nach oben wird das Bild kühler (die Blauanteile werden verstärkt).

5 Vorher und nachher vergleichen

Klicken Sie auf das Symbol für **Vergleichen** oben rechts, und halten Sie die Maustaste gedrückt. Sie sehen dann, wie das Bild vor der Bearbeitung aussah.

6 Änderung speichern

Klicken Sie zu guter Letzt oben rechts auf das Symbol für **Kopie speichern** oder **Speichern**, um Ihre Änderungen anzunehmen. Lesen Sie hierzu auch die Anleitung »Bearbeitete Bilder richtig abspeichern« auf Seite 48.

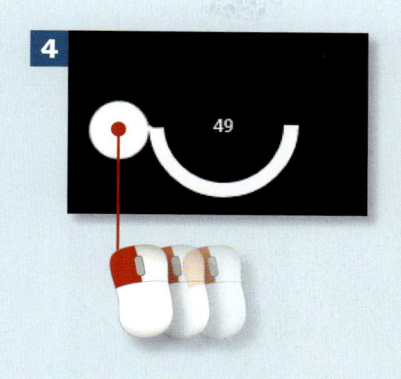

> **Weißabgleich**
>
> Der Weißabgleich ist in der Fotografie wichtig, da damit versucht wird, Farben einer Szene farbecht wiederzugeben. Dadurch soll verhindert werden, dass zum Beispiel ein Foto einer winterlichen Szene den Schnee mit einem Blaustich darstellt. Lesen Sie hierzu auch den Glossareintrag auf Seite 207.

Die Bildfarben verbessern: Farbton

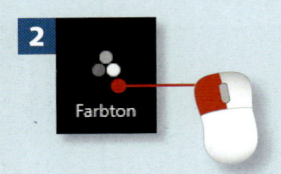

Genau wie die **Temperatur**, die Sie in der vorigen Anleitung kennengelernt haben, spielt auch der **Farbton** eine Rolle für den sogenannten Weißabgleich. Sichtbar wird ein falscher Farbton durch einen Farbstich, also Fehlfarben im Bild. Schaffen Sie schnelle Abhilfe mit der **Fotos**-App!

1 Bildbearbeitung starten

Führen Sie die Schritte 1 und 2 aus wie in der vorangegangenen Anleitung beschrieben, öffnen Sie also ein Bild mit Farbstich in der **Fotos**-App. In meinem Beispielfoto kam es zu einem Farbstich, da die fleischfressende Pflanze von einer Wärmelampe angestrahlt wurde.

2 Farbtonbearbeitung starten

Klicken Sie im rechten Bereich auf das Symbol für **Farbton**. Das Symbol wird daraufhin weiß gefüllt und mit einem Kreis und dem Wert **0** versehen.

3 Farbton verändern

Klicken Sie auf den weißen Kreis, und ziehen Sie mit gedrückter Maustaste die Maus nach oben oder nach unten. In meinem Beispiel musste ich nach oben ziehen, um den **Farbton** auf den Wert **−82** zu bringen.

Kapitel 3: Bilder bearbeiten mit Windows

4 Mit vorher vergleichen

Klicken Sie oben rechts auf das Symbol für **Vergleichen**, und halten Sie die Maustaste gedrückt. Sie sehen dann, wie Ihr Bild vor der Änderung aussah.

5 Nachbessern

Durch den Vergleich zum Original wird möglicherweise klar, dass die Änderung zu intensiv war oder aber noch weiter angehoben werden muss. Wiederholen Sie in diesem Fall Schritt 3 dieser Anleitung. Der vorherige Wert ist noch vorhanden und kann verändert werden.

6 Änderung speichern

Klicken Sie oben rechts auf die Symbole für **Kopie speichern** oder **Speichern** ❶, damit Ihre Änderungen übernommen werden.

Effekt gefällig?

Die Regler **Temperatur** und **Farbton** eignen sich natürlich nicht nur für Korrekturen. Spielen Sie einmal kräftig damit und überdrehen Sie die Regler ganz bewusst, um interessante Farbverfremdungen zu fabrizieren. Falls das Ergebnis nicht gefällt, müssen Sie das Bild ja nicht abspeichern. Wichtig bei allen Effekten: Sie sollten zum Motiv passen.

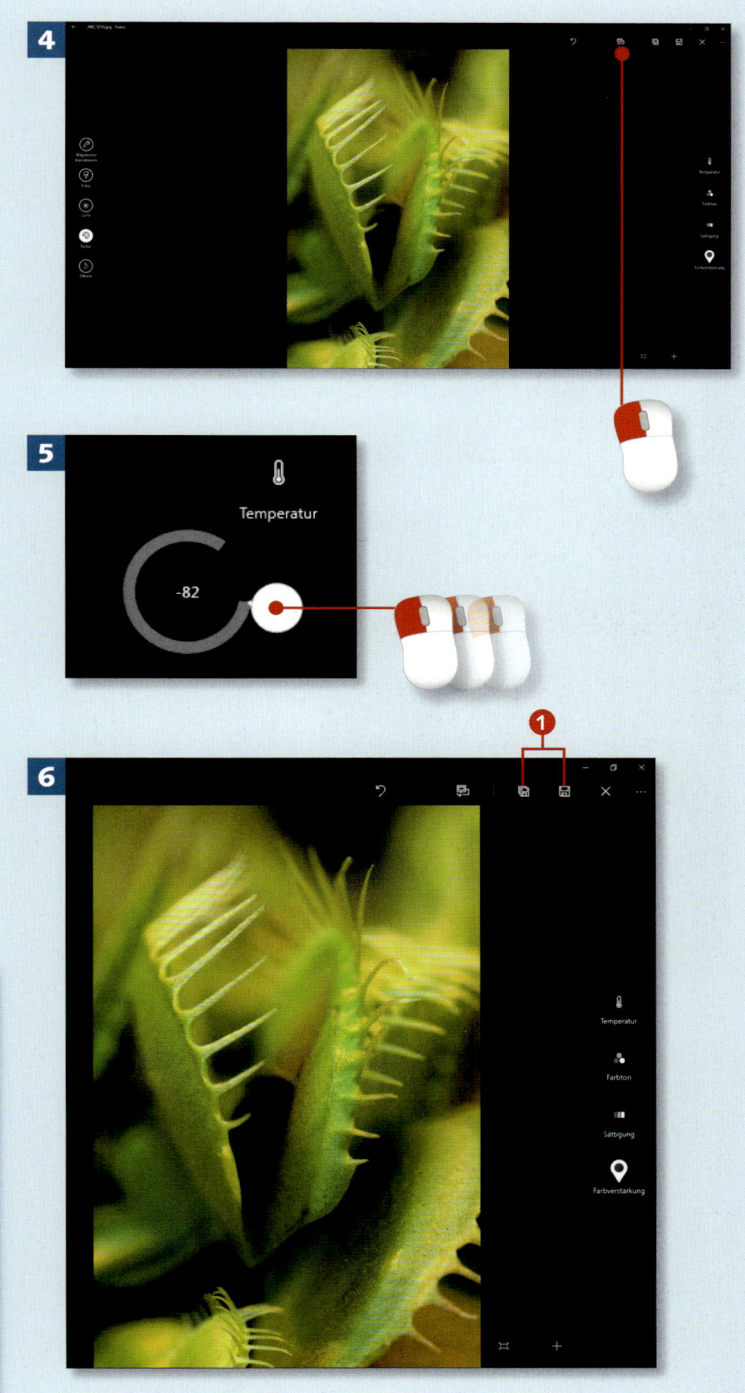

Einzelne Farben behandeln

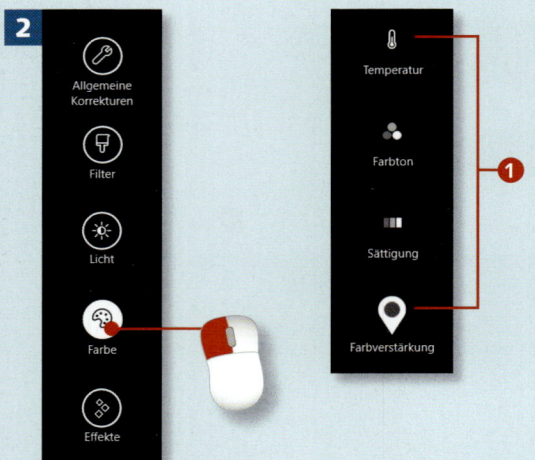

Nicht selten kommt es vor, dass die Aufmerksamkeit des Betrachters durch einen farbigen Bereich in einem Bild abgelenkt wird. Mit der **Fotos**-App können Sie solche Bereiche abmildern.

1 Bild wählen

Starten Sie die **Fotos**-App und wechseln Sie zu dem Bild, das einen Bereich beinhaltet, der zu farbintensiv ist. Klicken Sie oben rechts auf das Symbol für **Bearbeiten**, um die Bildbearbeitung zu starten.

2 Werkzeuggruppe anzeigen

Klicken Sie im linken Bereich des Bildbearbeitungsfensters auf das Symbol für **Farbe**. Es werden daraufhin im rechten Bereich die dazugehörigen Werkzeuge angezeigt ❶.

3 Farbverstärkung starten

Klicken Sie auf der rechten Seite auf das Symbol für **Farbverstärkung** und ziehen Sie es mit gedrückter Maustaste auf den Bildbereich, dessen Farbe Sie abmildern wollen. Achten Sie auf das Symbol: Der innere Kreis füllt sich mit der Farbe, auf die das Symbol zeigt ❷.

64

Kapitel 3: Bilder bearbeiten mit Windows

4 Farbe abmildern

Sobald Sie die Maus loslassen, erhält das Symbol für **Farbverstärkung** im rechten Bereich einen Kreis, in dessen Mitte der Wert **0** steht. Klicken Sie nun auf den weißen Kreis, und ziehen Sie ihn mit gedrückter Maustaste nach oben, damit sich der Wert verringert (im Beispiel auf **–69**).

5 Änderung begutachten

Klicken Sie oben rechts auf das Symbol für **Vergleichen**, um das Bild in der Vorher-Ansicht betrachten zu können. Wenn Sie mit dem Ergebnis nicht zufrieden sind, können Sie durch einen Mausklick und das Ziehen mit der Maus den Wert im Symbol für die **Farbverstärkung** noch ändern.

6 Änderung speichern

Um die Änderung in der Datei zu speichern, klicken Sie auf das Symbol für **Speichern** oder **Kopie speichern**.

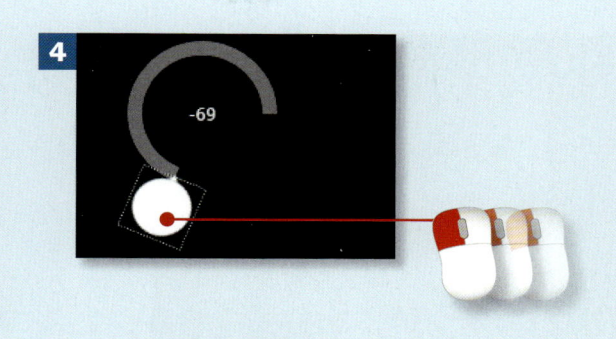

Ganzes Bild beachten

Bedenken Sie, dass sich Farben aus verschiedenen Farben zusammensetzen. Wenn Sie also einen Farbton abmildern, kann sich das auch auf den Bereich auswirken, der eigentlich seine Farbe behalten sollte. So wird bei der Verringerung der Farbe Grün in einer Wiese möglicherweise auch die Farbe eines Sees abgemildert, da das Grün auch in der blauen Farbe des Wassers enthalten ist.

Mehrere Farben behandeln

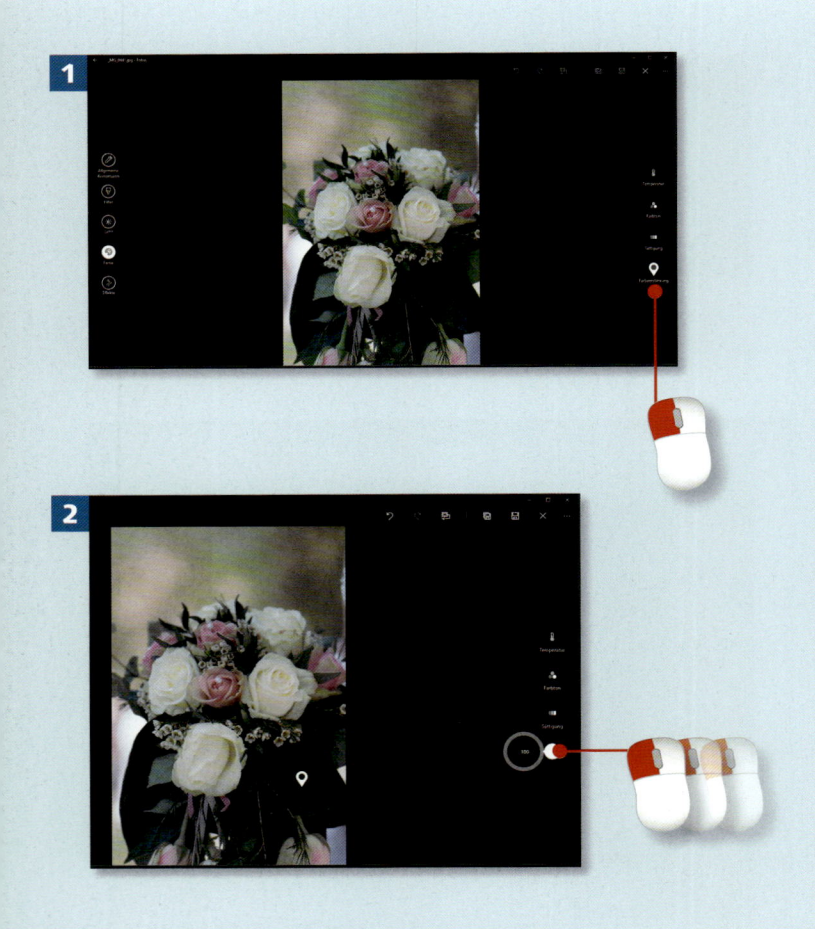

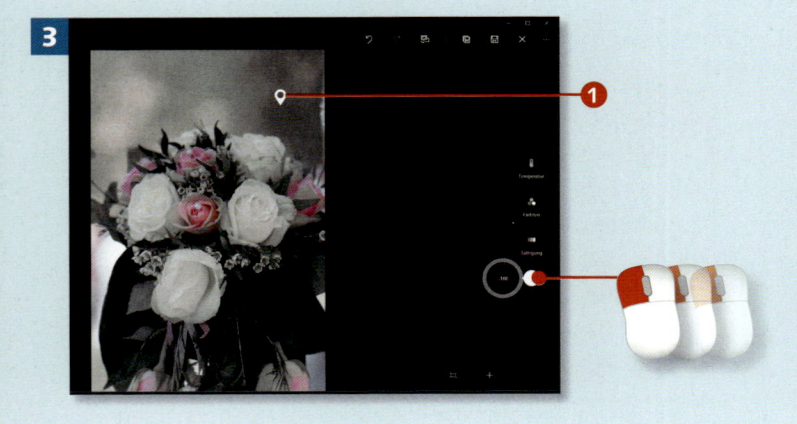

Die in der vorigen Anleitung gezeigte Technik eignet sich auch für andere interessante Bildeffekte. Betonen Sie zum Beispiel nur eine Farbe im Bild – dies ist der sogenannte Colour-Key-Effekt.

1 Bildbearbeitung starten

Erledigen Sie die Schritte 1 bis 3 aus der vorigen Anleitung. Im Beispielbild sollen nur die rosafarbenen Rosen in voller Pracht erscheinen. Ziehen Sie also das Symbol für **Farbverstärkung** auf einen anderen Bereich im Bild. Im Beispiel wäre es das Grün der Blätter.

2 Erste Farbe abmildern

Klicken Sie dann auf das Symbol für **Farbverstärkung** (mit dem Kreis und dem Wert **0**), und ziehen Sie es mit gedrückter Maustaste nach oben, bis der Wert im Kreis bei **–100** steht.

3 Nächste Farbe abmildern

Klicken Sie mit der Maus auf den Farb-Pin ❶ und ziehen Sie ihn auf einen anderen Bereich, der abgemildert werden soll. Verringern Sie auch hier den Wert auf **–100**. Wiederholen Sie den Schritt, bis alle Farben abgemildert sind. Speichern Sie Ihre Änderung.

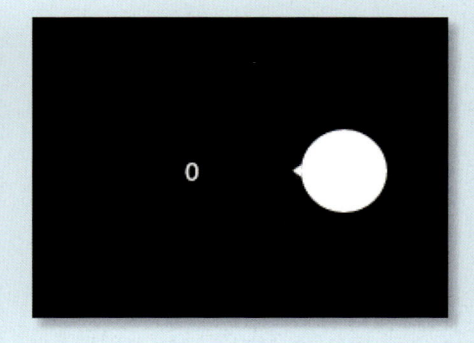

Bilder dunkler und heller machen

Fotos, die Sie zur Mittagszeit aufnehmen, fallen oft zu hell aus. Da gerade mittags der größte Kontrast zwischen Licht und Schatten vorliegt, hat die Kamera mehr Schwierigkeiten als sonst, ein ausgeglichenes Bild abzuliefern. In der **Fotos**-App können Sie die Helligkeit anpassen.

1 Helles Bild öffnen

Öffnen Sie, wie in den Schritten 1 bis 4 der Anleitung »Fotos motivgerecht zuschneiden« auf Seite 53 beschrieben, ein zu helles Foto in der Bildbearbeitung der **Fotos**-App.

2 Werkzeuggruppe wählen

Klicken Sie im linken Bereich des Fensters auf das Symbol für **Licht**. Es füllt sich daraufhin weiß, gleichzeitig werden die dazugehörigen Werkzeuge auf der rechten Seite angezeigt ❷.

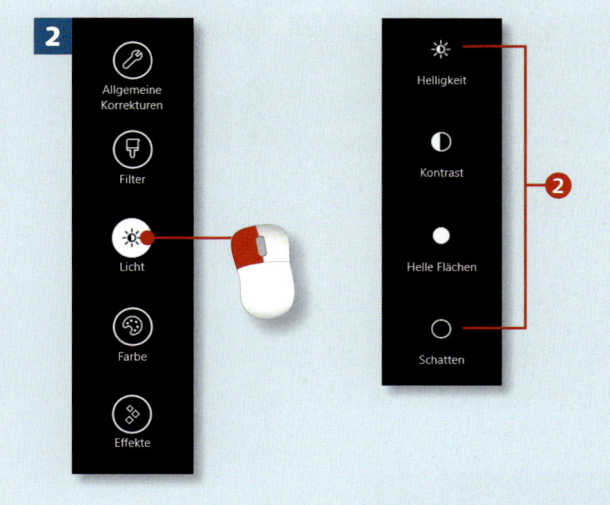

3 Werkzeug Helligkeit einsetzen

Klicken Sie auf der rechten Seite auf das Symbol für **Helligkeit**, um es zu aktivieren. Das Symbol wird daraufhin weiß gefüllt und zeigt außerdem seitlich einen Kreis an.

Bilder dunkler und heller machen (Forts.)

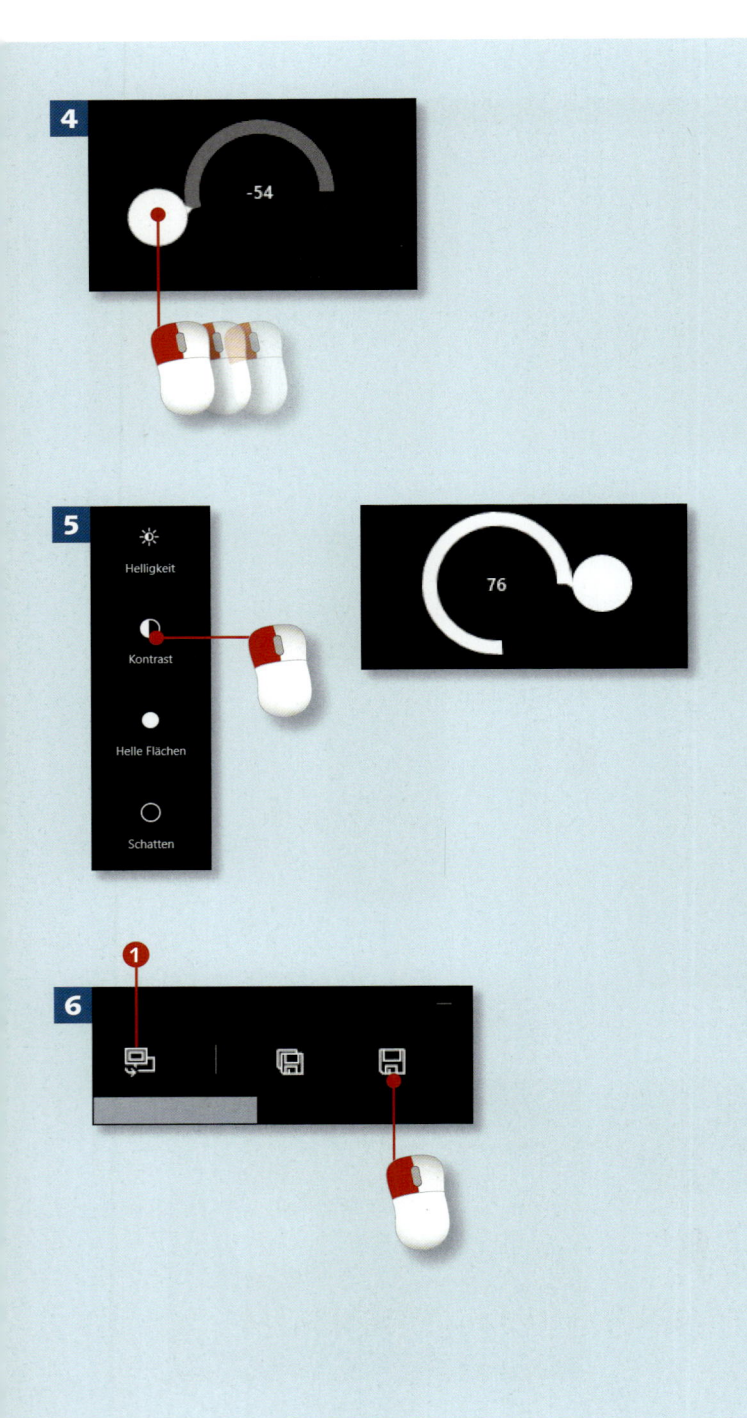

4 Helligkeit einstellen

Klicken Sie in den weiß gefüllten Kreis, und ziehen Sie mit gedrückter Maustaste nach oben. Der Wert innerhalb des Kreises wird negativ, und gleichzeitig wird das Bild abgedunkelt.

5 Kontrast erhöhen

Falls das Bild nun etwas flau wirkt, verfahren Sie wie im vorherigen Schritt beschrieben, nun aber mit dem Symbol für **Kontrast**. Ziehen Sie jetzt mit gedrückter Maustaste nach unten, damit der Wert im Kreis erhöht wird.

6 Änderungen speichern

Klicken Sie auf das Symbol für **Speichern**, um die Änderungen zu übernehmen. Vorab lohnt sich ein Klick auf das Symbol für **Vergleichen** ❶, damit Sie die Änderung besser beurteilen können.

> **! Nicht übertreiben**
> Durch die Veränderung von Helligkeiten im Bild können neue Probleme entstehen, zum Beispiel unschöne Flecken. Daher sollten Sie mit Helligkeitskorrekturen eher zurückhaltend sein.

Kapitel 3: Bilder bearbeiten mit Windows

7 Dunkles Bild bearbeiten

Bei zu dunklen Bildern verfahren Sie wie in den Schritten 1 bis 4 in dieser Anleitung beschrieben. Hier müssen Sie den Wert beim Symbol für die **Helligkeit** lediglich erhöhen ❷, also mit der Maus nach unten statt nach oben ziehen.

8 Helle Flächen

Durch das Aufhellen oder Abdunkeln werden alle Bereiche des Bildes verändert. Mit dem Symbol für **Helle Flächen** können Sie nur die hellen Bereiche Ihres Fotos bearbeiten. Im Beispielbild konnte ich auf diese Weise die Wolken abdunkeln, indem ich für **Helle Flächen** einen negativen Wert einstellte ❸.

9 Schatten

Im Gegensatz zur Funktion **Helle Flächen** können Sie mit dem Symbol für **Schatten** die dunklen Bildbereiche aufhellen, ohne die hellen Bereiche noch heller zu machen. Im Beispielbild konnte ich so die Berge im Vordergrund aufhellen und dabei die Helligkeit des Himmels erhalten.

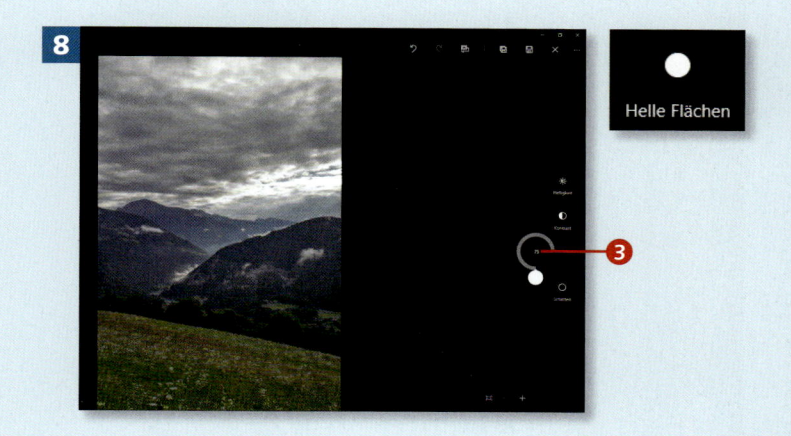

Rote Augen bei Porträts retuschieren

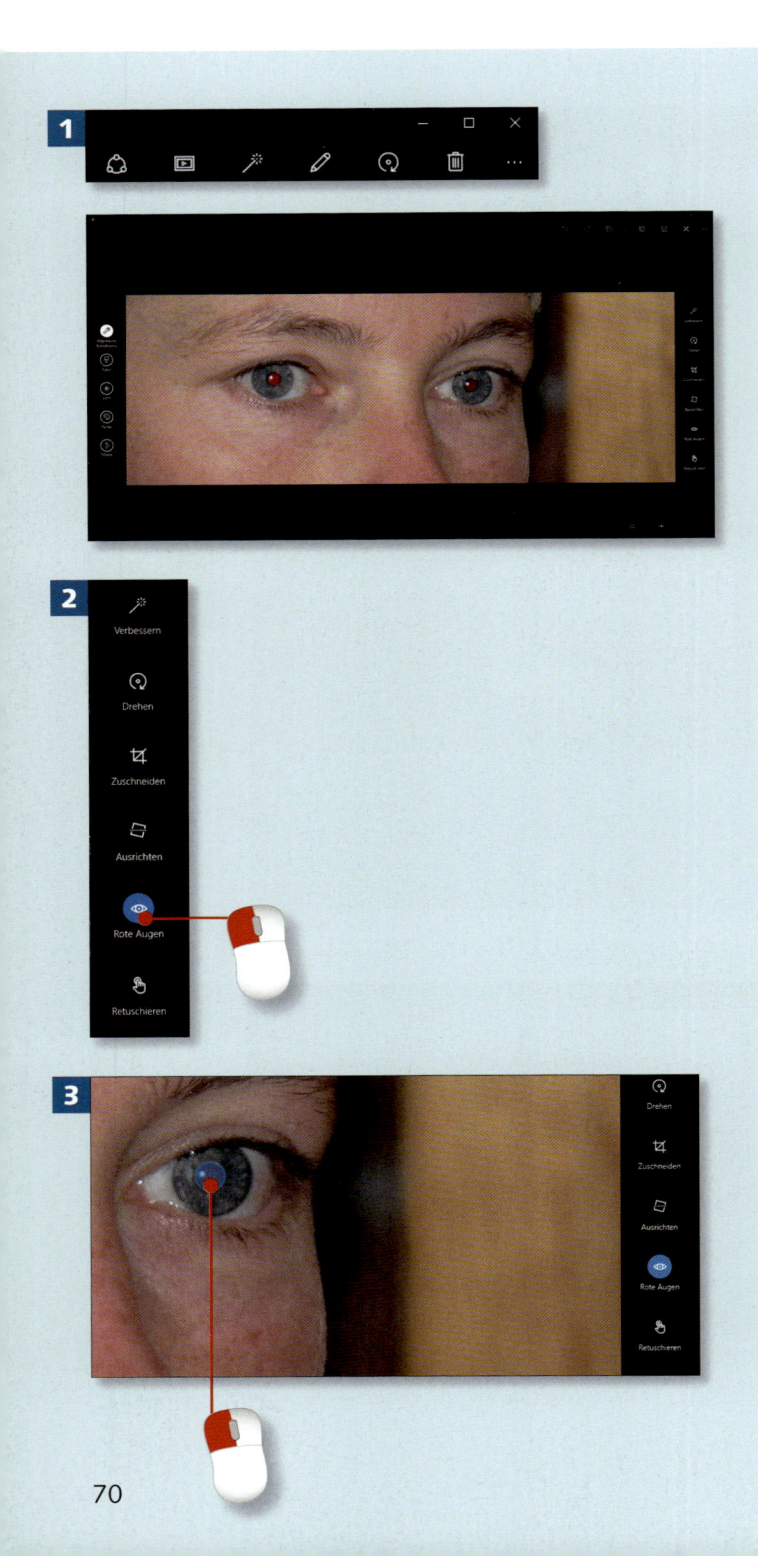

*Auch wenn die meisten digitalen Kameras einen Modus besitzen, der das Problem der roten Augen reduziert, kommt es immer wieder zu diesem Bildfehler. Er entsteht durch die Verwendung des Blitzes und wirkt sich sehr störend aus. Mit der **Fotos**-App können Sie aber auch solche Problemstellen bereinigen.*

1 Problembild öffnen

Öffnen Sie ein Bild, in dem das Problem der roten Augen auftritt, in der **Fotos**-App, und starten Sie dort die Bearbeitung mit einem Klick auf das Symbol für **Bearbeiten**.

2 Rote-Augen-Werkzeug wählen

Klicken Sie im rechten Bereich auf das Symbol für **Rote Augen**. Dieses wird daraufhin in einem hellen Blau gefärbt. Daran erkennen Sie, dass das Werkzeug aktiv ist.

3 Rote-Augen-Werkzeug anwenden

Der Mauszeiger wird Ihnen als blauer Punkt angezeigt. Klicken Sie damit auf ein rotes Auge. Dieses wird daraufhin von der roten Farbe befreit. Wiederholen Sie den Schritt auch für das andere Auge.

Kapitel 3: Bilder bearbeiten mit Windows

4 Änderung verfeinern

Möglicherweise bleiben immer noch kleine Stellen mit roter Farbe übrig. Klicken Sie in solch einem Fall erneut auf die Problemstellen, um auch diese zu beheben.

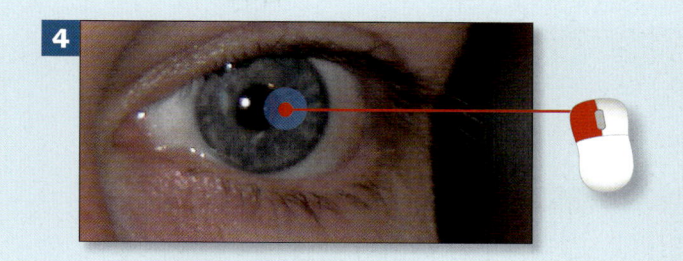

5 Ausschnitt vergrößern

Damit Sie die Korrektur besser beurteilen können, sollten Sie das Auge so vergrößern, dass es gut sichtbar ist. Klicken Sie dafür rechts unten im Fenster auf das Symbol **+**. Damit vergrößern Sie den Bildausschnitt.

6 Korrektur annehmen

Klicken Sie nach erfolgreicher Korrektur auf das Symbol für **Speichern**, damit die Korrektur ins Bild übernommen wird.

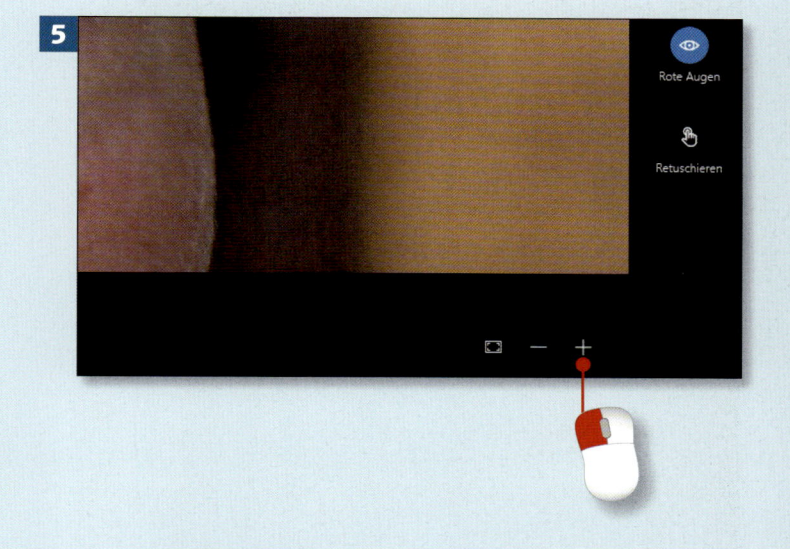

> **Keine schnelle Abhilfe bei Tieraugen**
>
> Das Rote-Augen-Werkzeug der **Fotos**-App können Sie leider nicht bei durch Blitzlicht verfärbten Tieraugen anwenden. Die **Fotos**-App ist nämlich auf rote Fehlfarben geeicht, und bei Hund und Katze fällt die Verfärbung oft blau oder grün aus. Prüfen Sie in diesen Fall, ob Sie die Verfärbung mit Hilfe der Farbverstärkung loswerden können (siehe die Anleitung »Einzelne Farben behandeln« auf Seite 64).

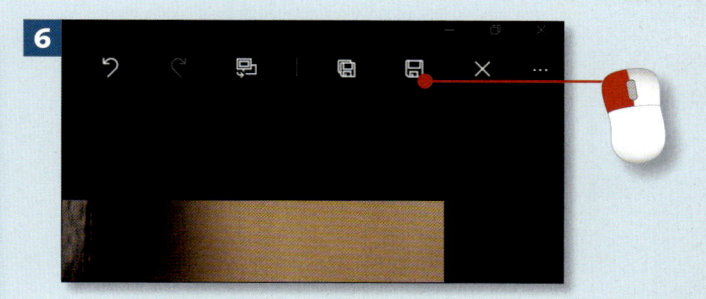

Ein Bild mit Filtern aufwerten

Filter werden vor das Objektiv geschraubt, um bestimmte Effekte im Bild zu erzielen. Doch Filter lassen sich auch im Nachhinein anwenden. Probieren Sie einfach einmal die verschiedenen Filter der **Fotos**-App aus!

1 Bild wählen

Ich zeige Ihnen hier stellvertretend für die Filtertechnik, wie Sie ein Bild in Schwarzweiß umwandeln. Wählen Sie also ein Foto aus, das Sie gerne in Schwarzweiß hätten, und starten Sie die Bildbearbeitung der **Fotos**-App mit einem Klick auf das Symbol für **Bearbeiten**.

2 Filter aktivieren

In der Bildbearbeitung angekommen, klicken Sie im linken Bereich auf das Symbol für **Filter**. Damit werden die dazugehörigen Filter im rechten Bereich angezeigt und jeweils durch ein Miniaturbild präsentiert ❶.

3 Schwarzweißfilter anwenden

Klicken Sie auf die unterste Filterminiatur, die für den Schwarzweißfilter steht. Dieser wird direkt auf das Bild angewendet. Sie können Ihr Bild nun speichern – am besten als Kopie!

Bilder mit Effekten versehen

Mit Hilfe von Effekten können Sie ein Bild noch ansehnlicher gestalten. Besonders schön dabei: Effekte lassen sich mit anderen Bildbearbeitungen kombinieren. Ich zeige Ihnen also hier einen Effekt, der sich für das in der vorhergehenden Anleitung erzeugte Schwarzweißbild sehr gut eignet.

1 Effekte aufrufen

Wenn Sie sich noch in der Bildbearbeitung der **Fotos**-App befinden, klicken Sie im linken Bereich auf das Symbol für **Effekte**. Ansonsten starten Sie die Bildbearbeitung wie in der Anleitung »Bilder mit der Fotos-App bearbeiten« auf Seite 51 beschrieben.

2 Vignette anwenden

Klicken Sie im rechten Bereich auf den Effekt **Vignette**. Ziehen Sie dann den weiß gefüllten Kreis bei gedrückter Maustaste nach unten, damit sich der Wert in der Kreismitte erhöht. Der Rand des Bildes verdunkelt sich daraufhin.

3 Änderung speichern

Damit Ihre Vignette auch erhalten bleibt, klicken Sie auf das Symbol für **Speichern**, um die Änderung beizubehalten.

Vignette: hell oder dunkel?
Ein negativer Wert bei der **Vignette** führt zu einer Randaufhellung. Auch hiermit lassen sich schöne Effekte zaubern.

Bildbereiche hervorheben: der »Selektive Fokus«

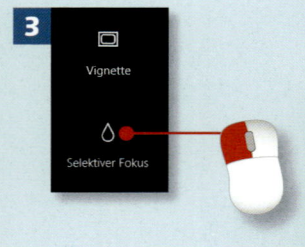

Betonen Sie Bildbereiche, indem Sie andere Bereiche weichzeichnen. Dieser Effekt der Unschärfe lässt sich einerseits direkt beim Fotografieren erzielen, er lässt sich aber auch in der **Fotos**-App nachstellen.

1 Porträtfoto öffnen

Die Funktion **Selektiver Fokus** kann vielen Aufnahmen zugutekommen, eignet sich aber besonders gut für Porträts. Öffnen Sie also ein Porträtfoto in der Bildbearbeitung der **Fotos**-App, indem Sie es auswählen und auf das Symbol für **Bearbeiten** klicken.

2 Effekte anzeigen

Klicken Sie im linken Bereich auf **Effekte**, damit die beiden dazugehörigen Funktionen im rechten Bereich angezeigt werden ❶.

3 Selektiven Fokus wählen

Klicken Sie nun rechts auf den Effekt **Selektiver Fokus**. Daraufhin erscheint in der Bildmitte ein Kreis mit vier Punkten sowie einem Pluszeichen in der Kreismitte.

Kapitel 3: Bilder bearbeiten mit Windows

4 Selektiven Fokus platzieren

Bewegen Sie die Maus auf den Kreis des selektiven Fokus, bis der Mauszeiger vier Pfeile zeigt ❷. Verschieben Sie damit bei gedrückter Maustaste den Kreis, bis er sich mittig über dem Gesicht befindet.

5 Fokus verfeinern

Bei Bedarf klicken Sie auf einen der Punkte, um diesen mit gedrückter Maustaste nach innen, außen, oben oder unten zu ziehen. Damit wird aus dem Kreis eine Ellipse. Dadurch wird sich auch die Kreismitte verschieben. Daher müssen Sie diese wie in Schritt 4 beschrieben platzieren.

6 Weichzeichnung verstärken

Die Weichzeichnung außerhalb des Kreises wird sofort sichtbar. Die Stärke der Weichzeichnung können Sie noch beeinflussen. Klicken Sie dafür im oberen Bereich auf das Symbol für **Weichzeichnen**, und wählen Sie durch einen Mausklick die gewünschte Stärke aus.

Bildbereiche hervorheben: der »Selektive Fokus« (Forts.)

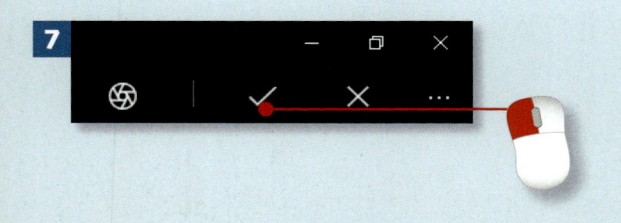

7 Selektiven Fokus anwenden

Wenn Sie mit dem Ergebnis zufrieden sind, klicken Sie auf das Symbol für **Anwenden**, das sich neben dem Symbol für **Weichzeichnen** befindet. Sie wechseln damit zurück zur Bildbearbeitung.

8 Selektiven Fokus nachbearbeiten

Da Sie sich noch in den Effekten befinden, könnten Sie erneut auf **Selektiver Fokus** klicken und die Schritte 3 bis 7 dieser Anleitung wiederholen. Die zuvor vorgenommenen Einstellungen werden Ihnen dann wieder angezeigt.

9 Änderungen speichern

Vergessen Sie am Ende nicht, Ihre Änderungen zu speichern. Wählen Sie dafür das Symbol für **Speichern** oder **Kopie speichern**.

»Selektiver Fokus« versus Schärfentiefe

Die Funktion **Selektiver Fokus** der **Fotos**-App simuliert nur scheinbar den Effekt der Schärfentiefe, den Sie in der Kamera über eine möglichst große Blendenöffnung erreichen (kleine Blendenzahl). Denn die Form der Unschärfeverteilung via **Fotos**-App lässt sich fotografisch kaum beziehungsweise nur mit Spezialobjektiven erzielen. Übertreiben Sie es also mit dem Grad der Unschärfe beim **Selektiven Fokus** nicht, falls Ihnen an einem halbwegs realistischen Bildeindruck gelegen ist.

Änderungen widerrufen

Manchmal meint man es bei der Bildbearbeitung etwas zu gut. Dann ist es von Vorteil, dass sich die letzten Bearbeitungsschritte widerrufen lassen. Auch das ist kein Problem in der **Fotos**-App.

1 Arbeitsschritt ausführen

Bearbeiten Sie ein Bild Ihrer Wahl. So habe ich im Beispielbild einen Schwarzweißfilter angewendet. Wie das geht, erfahren Sie in der Anleitung »Ein Bild mit Filtern aufwerten« auf Seite 72.

2 Arbeitsschritt widerrufen

Falls Ihnen die vorgenommene Änderung nicht gefällt, können Sie diese widerrufen: Klicken Sie dafür einfach auf das Symbol für **Rückgängig machen** im oberen Bereich des Bearbeitungsfensters.

3 Änderung wiederherstellen

Sobald Sie einen Arbeitsschritt rückgängig gemacht haben, wird das daneben liegende Symbol für **Wiederholen** aktiv. Durch einen Mausklick darauf heben Sie den Widerruf der letzten Aktion wieder auf und erhalten auf diese Weise wieder den Zustand vor dem Rückgängigmachen.

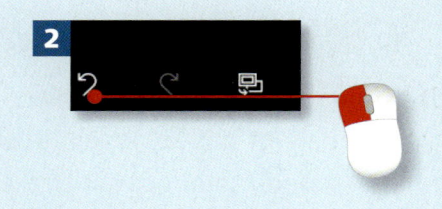

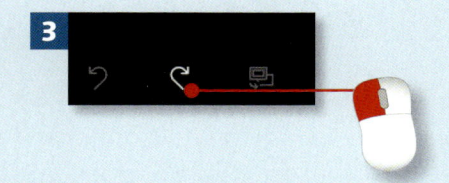

> **Schritt für Schritt widerrufen**
>
> Durch einen Klick auf das Symbol für **Rückgängig machen** wird immer der zuletzt ausgeführte Arbeitsschritt widerrufen. Hat Ihre Bildbearbeitung aus mehreren Arbeitsschritten bestanden, zum Beispiel Schwarzweißfilter und Vignette, wird zuerst die Vignette, dann durch einen nochmaligen Klick der Schwarzweißfilter widerrufen.

Kapitel 4
Die Möglichkeiten erweitern mit PhotoScape

Sie sind auf der Suche nach weiteren Möglichkeiten, um Ihre Bilder zu bearbeiten oder zu präsentieren? Hierfür eignet sich das kostenlose Programm PhotoScape hervorragend. Es bietet Ihnen interessante Funktionen, um Ihre Bilder zu bearbeiten oder auszudrucken.

PhotoScape herunterladen und installieren
Das Programm PhotoScape gehört nicht zum Standardrepertoire Ihres Rechners. Daher müssen Sie sich dieses vorab im Internet herunterladen und installieren. Ich begleite Sie bei diesen Schritten, und Sie werden sehen, dass diese Aufgabe schnell gemeistert ist ❶.

Bilder bearbeiten
Auch wenn Sie die Bildbearbeitung mit der **Fotos**-App bereits in Kapitel 3, »Bilder bearbeiten mit Windows«, kennengelernt haben, ist ein Blick auf die Möglichkeiten von PhotoScape sinnvoll. Denn hier werden Ihnen noch weitere Funktionen geboten, die mit der **Fotos**-App nicht möglich sind ❷.

Text verfassen
Mit PhotoScape ist es möglich, Texte auf Ihre Bilder zu setzen. Und durch die Verwendung von Sprechblasen können Sie sogar witzige Comics mit Ihren Fotos gestalten. So erstellen Sie mit wenigen Mausklicks ein individuelles Mitbringsel, mit dem Sie sicherlich Eindruck machen werden ❸.

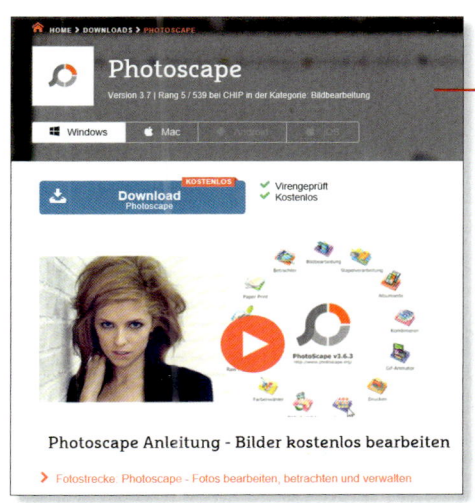

❶ Das Bildbearbeitungsprogramm PhotoScape erhalten Sie kostenlos im Internet, zum Beispiel auf *www.chip.de*.

❷ Holen Sie mehr aus Ihren Fotos heraus, PhotoScape bietet Ihnen jede Menge Möglichkeiten.

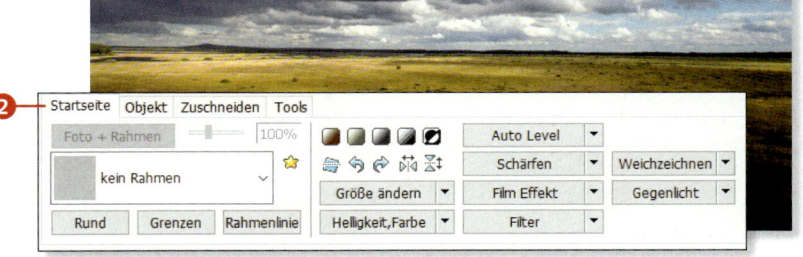

❸ Optimieren Sie nicht nur Ihre Fotos, sondern fügen Sie auch Texte und Effekte hinzu.

PhotoScape herunterladen und installieren

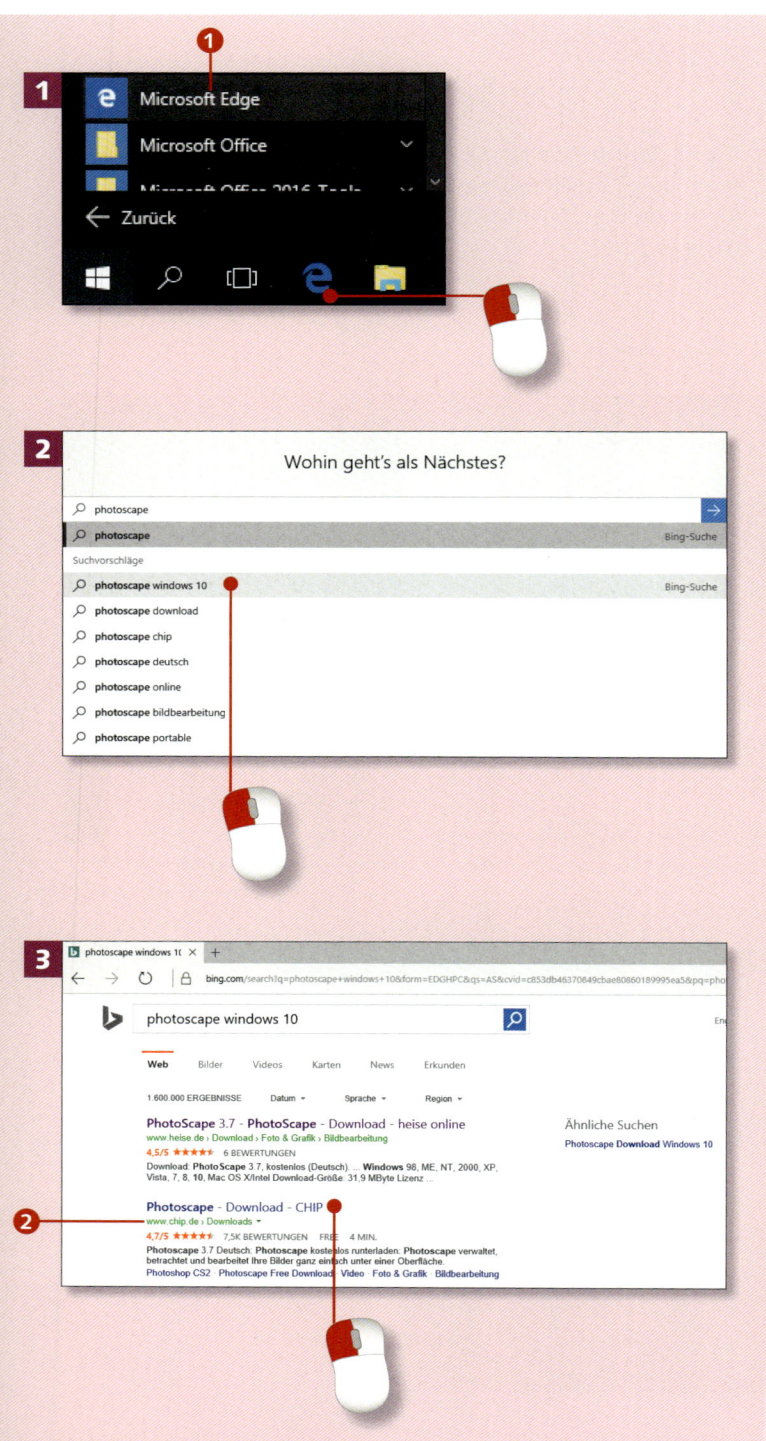

Damit Sie das Programm PhotoScape nutzen können, müssen Sie es zunächst aus dem Internet herunterladen und installieren. In dieser Anleitung zeige ich Ihnen, welche Arbeitsschritte dafür nötig sind.

1 Internetbrowser aufrufen

Starten Sie Ihren Internetbrowser. Klicken Sie dafür auf das Symbol in der Taskleiste, oder suchen Sie im Startmenü die App **Microsoft Edge** ❶ und starten Sie diese mit einem einfachen Mausklick.

2 PhotoScape suchen

Tippen Sie in der Suchleiste in Microsoft Edge den Begriff »PhotoScape« ein. Hier wird unter anderem »PhotoScape Windows 10« als Suchvorschlag angeboten. Klicken Sie auf diesen Suchvorschlag, damit die Ergebnisse angezeigt werden.

3 Suchergebnis öffnen

Sehr weit oben in den Suchergebnissen finden Sie den Verweis auf *www.chip.de* ❷. Klicken Sie auf diesen Verweis, um diese Webseite zu öffnen.

Kapitel 4: Die Möglichkeiten erweitern mit PhotoScape

4 PhotoScape herunterladen

Sie gelangen auf eine Seite, auf der Sie PhotoScape herunterladen können. Klicken Sie dafür zunächst auf die blau unterlegte Schaltfläche **Download PhotoScape**, um das Programm herunterzuladen.

5 Download-Server wählen

Es öffnet sich eine weitere Seite. Hier klicken Sie auf den blau unterlegten Bereich **Download-Server CHIP Online**.

6 Installation ausführen

Es öffnet sich anschließend eine Seite, in der der automatische Download angekündigt wird. Nach dem Herunterladen des Programms erscheint unten im Browser-Fenster eine Leiste, die Ihnen anzeigt, dass der Download abgeschlossen ist. Klicken Sie hier auf **Ausführen**.

> **»Ausführen« verpasst?**
> Standardmäßig speichert Windows alle heruntergeladenen Dateien im Ordner *Downloads*. Diesen finden Sie im Explorer-Fenster unterhalb des Ordners *Dieser PC*. Prüfen Sie also, ob die PhotoScape-Installationsdatei mit der Dateiendung *.exe* dort liegt und starten Sie sie gegebenenfalls mit einem Doppelklick.

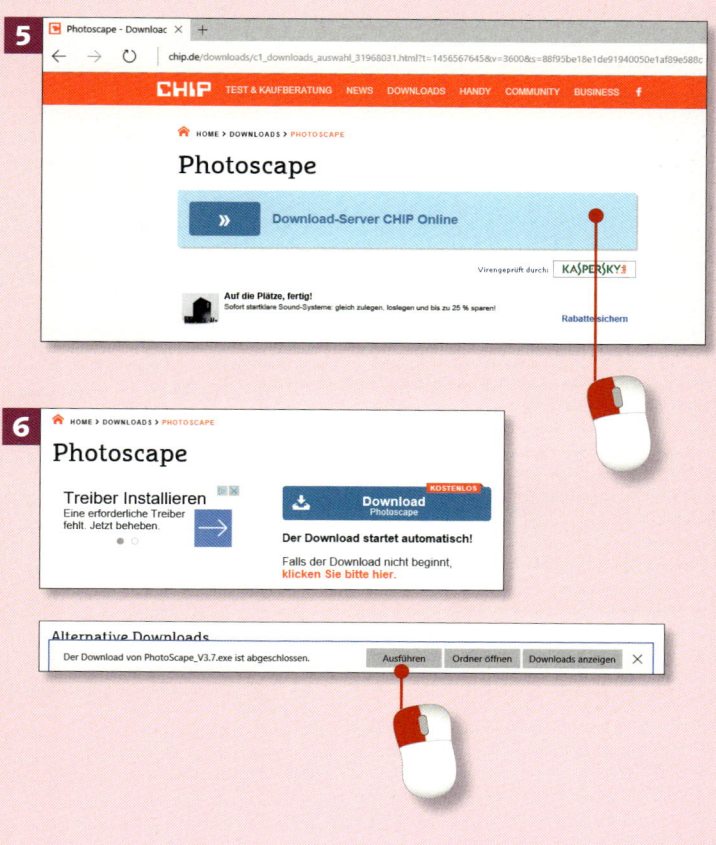

PhotoScape herunterladen und installieren (Forts.)

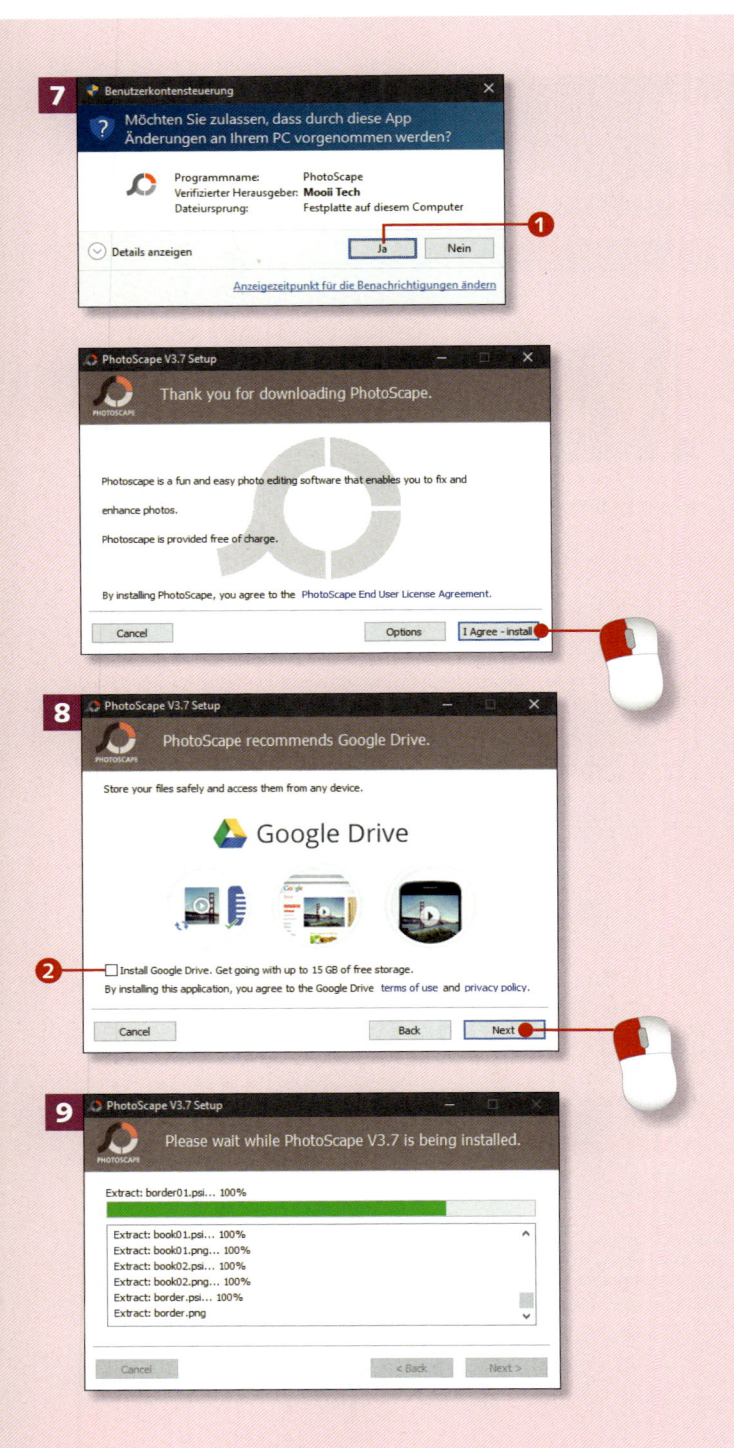

7 Installation starten

Je nach Einstellung Ihres Rechners erscheint möglicherweise das Dialogfeld **Benutzerkontensteuerung**. Bestätigen Sie den Dialog gegebenenfalls mit einem Klick auf die Schaltfläche **Ja** ❶. Anschließend erscheint das Begrüßungsfenster von PhotoScape. Klicken Sie hier auf die Schaltfläche **I Agree – install** (»Ich stimme zu – installieren«).

8 Zusätzliche Installation

Wie bei vielen kostenlosen Softwareprodukten wird neben dem eigentlichen Programm auch weitere Software installiert, wenn Sie nicht aufpassen. PhotoScape hat den Webspeicherdienst Google Drive als zusätzliches Programm im Angebot. Falls Sie also Google Drive nicht mitinstallieren wollen, entfernen Sie unbedingt das Häkchen vor **Install Google Drive** ❷ (»Google Drive installieren«) mit einem Mausklick. Klicken Sie dann auf die Schaltfläche **Next** (»nächster Schritt«).

9 Installation durchführen

Im nächsten Schritt wird der eigentliche Installationsvorgang durchgeführt. Dies geschieht in sehr kurzer Zeit, und Sie müssen nichts weiter tun.

Kapitel 4: Die Möglichkeiten erweitern mit PhotoScape

10 PhotoScape starten

Nach erfolgreicher Installation erscheint ein Fenster, in dem das Häkchen bei **Run PhotoScape V3.7** (»PhotoScape jetzt starten«) standardmäßig gesetzt ist ❸. Sobald Sie auf die Schaltfläche **Finish** (»Beenden«) klicken, öffnet sich also das frisch installierte Programm.

11 Hilfeseite schließen

Bevor PhotoScape sichtbar wird, öffnet sich im Browser-Fenster noch eine Internetseite zu PhotoScape, auf der Sie sich Informationen über den Leistungsumfang beschaffen können, allerdings bevorzugt auf Englisch. Deutsch steht hier als Sprache leider nicht zur Verfügung.

12 PhotoScape einstellen

PhotoScape zeigt sich in einer sehr schlichten Arbeitsoberfläche. Die Sprache passt sich grundsätzlich automatisch an. Sollten Sie allerdings fremdsprachige Bezeichnungen sehen, können Sie das Symbol für **Sprache** anklicken und **Deutsch** wählen.

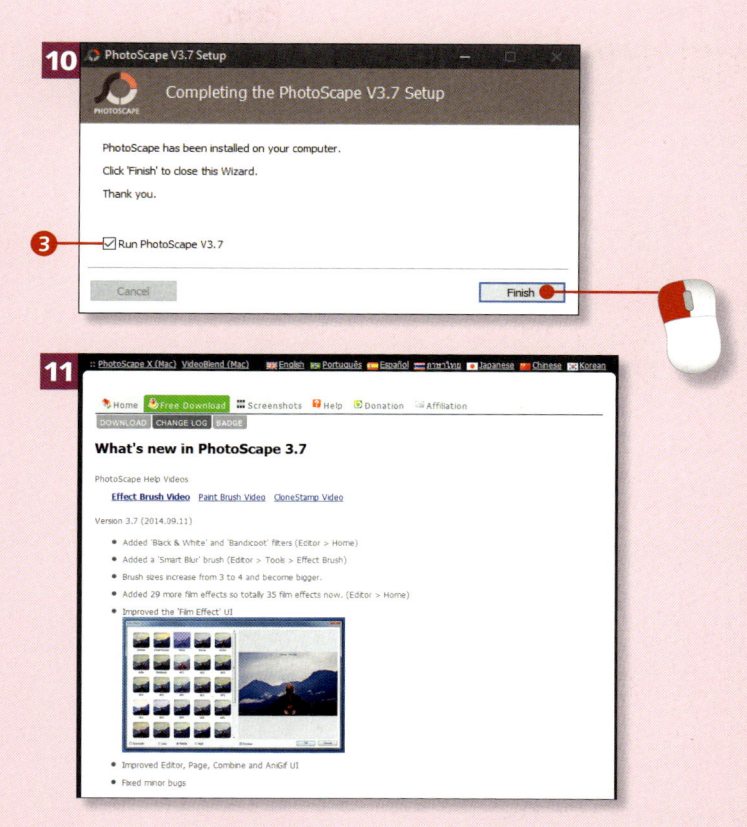

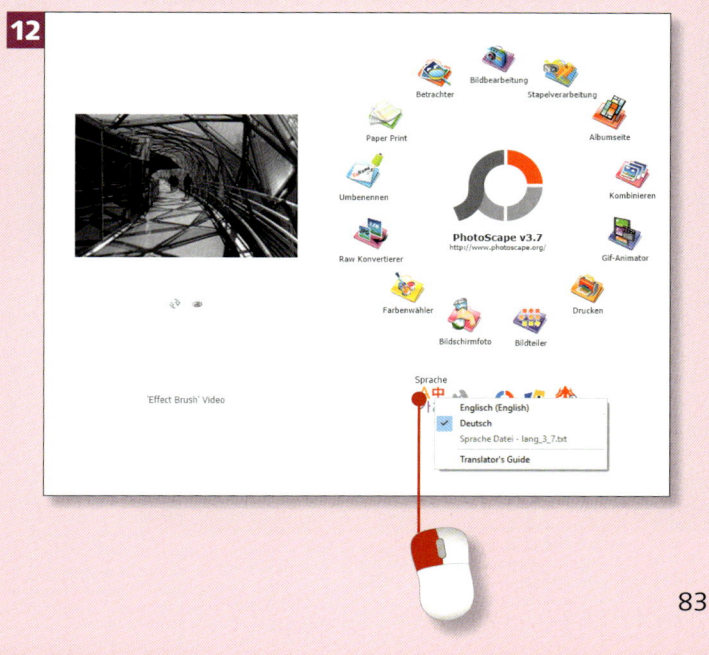

83

Ihre Bilder mit PhotoScape betrachten

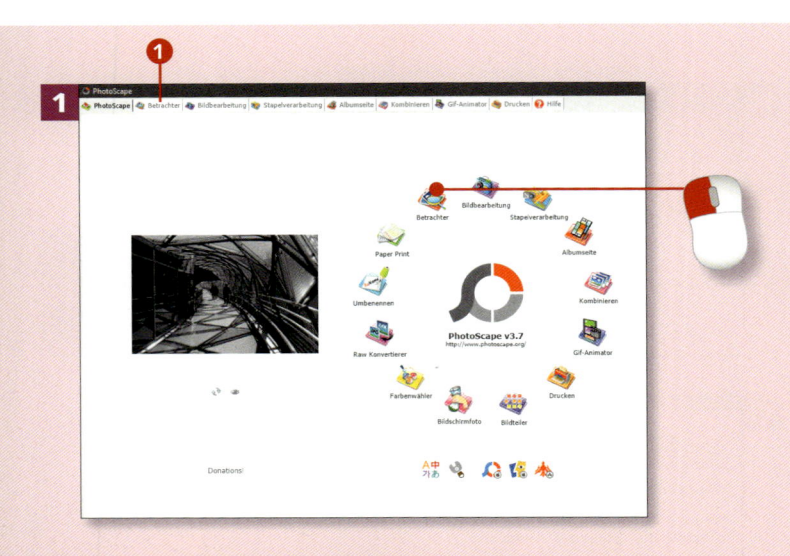

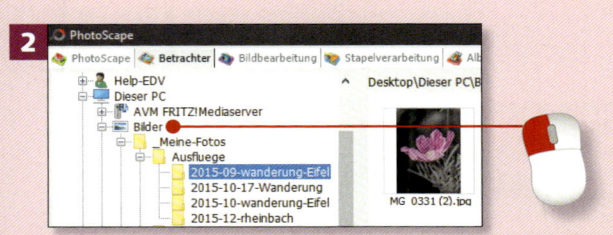

Neben der Bilderverwaltung bietet Ihnen PhotoScape jede Menge Möglichkeiten der Bildbearbeitung an. Da die Ordnerstruktur der des Explorers sehr ähnlich ist, erleichtert dies den Einstieg ungemein.

1 Betrachter starten

Um die eigenen Bilder in PhotoScape betrachten zu können, klicken Sie im Startfenster entweder auf das Symbol für den **Betrachter**, oder Sie klicken im oberen Teil auf den gleichnamigen Reiter ❶.

2 Bilderordner öffnen

Im linken Bereich des Betrachters finden Sie die Ordnerstruktur, die Sie bereits vom Explorer her kennen. Klicken Sie hier auf den Ordner *Bilder* und wählen Sie einen Ordner Ihrer Wahl aus. Die darin enthaltenen Bilder werden rechts im Hauptfenster angezeigt.

3 Vollbild betrachten

Mit einem Doppelklick sehen Sie das Bild in der Vollbildansicht. Durch Drücken der Taste → oder ← springen Sie zum nächsten beziehungsweise vorherigen Bild im Bildordner. Mit der Esc -Taste verlassen Sie diese Ansicht wieder.

Bildbearbeitung mit PhotoScape

In PhotoScape können Sie jeden Bearbeitungsschritt widerrufen, so dass Ihrer Kreativität keine Grenzen gesetzt sind.

1 Bildbearbeitung starten

Um die Bildbearbeitung zu starten, genügt ein Klick mit der rechten Maustaste auf ein Foto im Betrachter. Wählen Sie dort den Eintrag **Bildbearbeitung**. Schneller geht's, wenn Sie gleichzeitig die beiden Tasten ⇧ + ↵ drücken.

2 Befehlsbereich

Unten finden Sie mögliche Bildbearbeitungsbefehle. Die Befehle werden durch einen Klick auf die jeweilige Schaltfläche (zum Beispiel **Schärfen**) ausgeführt. Durch einen Klick auf den Pfeil ❷ können Sie die Stärke des Befehls einstellen.

3 Änderung kontrollieren

Die Veränderung kann mitunter sehr dezent sein. Schauen Sie sich das Bild nach der automatischen Optimierung also genau an, und entscheiden Sie, ob es Ihnen gefällt. Sollte das nicht der Fall sein, können Sie den Schritt durch einen Klick auf die Schaltfläche **zurück** widerrufen.

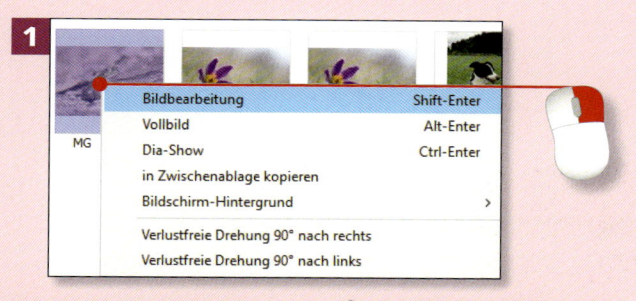

Reiter Bildbearbeitung

Die Bildbearbeitung in PhotoScape können Sie auch über den Reiter **Bildbearbeitung** starten, allerdings wird in diesem nicht das gewählte Bild angezeigt, sondern entweder eine leere Fläche oder das zuletzt bearbeitete Bild. Über die Ordnerliste im linken Bereich können Sie dann aber das gewünschte Bild auswählen.

Bildbearbeitung mit PhotoScape (Forts.)

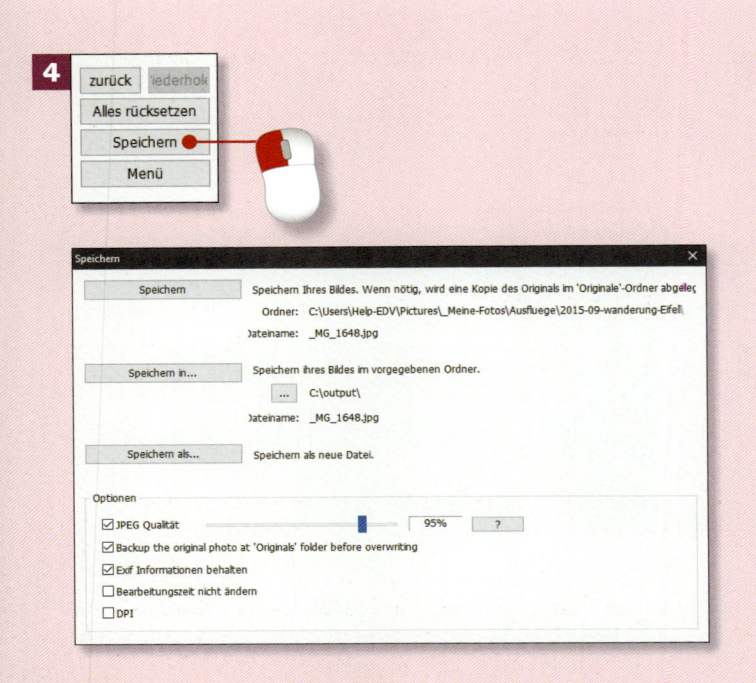

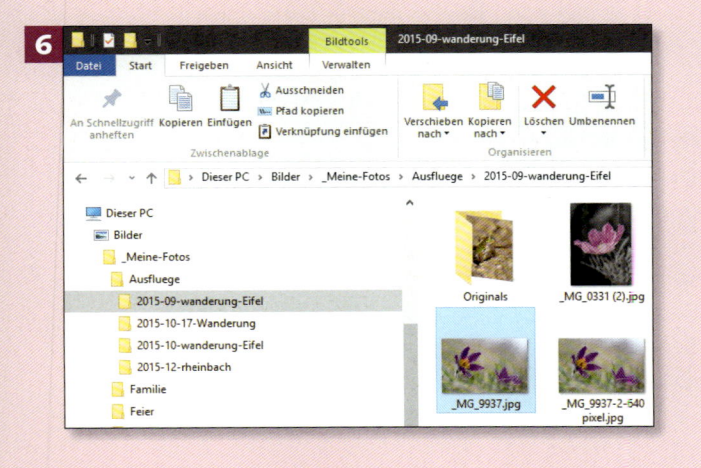

4 Änderungen speichern

Die Schaltfläche **Speichern** ermöglicht Ihnen, die Änderungen an einem Bild zu sichern. Nach dem einen Klick auf **Speichern** öffnet sich das Dialogfeld **Speichern**.

5 Original verwahren

Sie finden im Dialogfeld Speichern die sehr nützliche Option **Backup the original photo at 'Originals' folder before overwriting** ❶. Ist diese Option aktiviert, legt PhotoScape einen neuen Unterordner namens *Originals* an und legt dort das Originalbild hinein. So haben Sie in Zukunft Zugriff auf das Ursprungsbild.

6 Ordner »Originals«

Im Explorer finden Sie den neu angelegten Ordner *Originals*, in dem sich das Ursprungsbild befindet. Die bearbeitete Version bleibt im vorherigen Ordner.

Kommando zurück

Haben Sie sich in der Bildbearbeitung ein wenig verrannt und möchten Sie lieber noch einmal von vorn anfangen? Anstatt jeden Schritt einzeln zu widerrufen, versetzen Sie das Bild einfach wieder in den Urzustand. Klicken Sie dafür auf die Schaltfläche **Alles rücksetzen** (siehe Schritt 4).

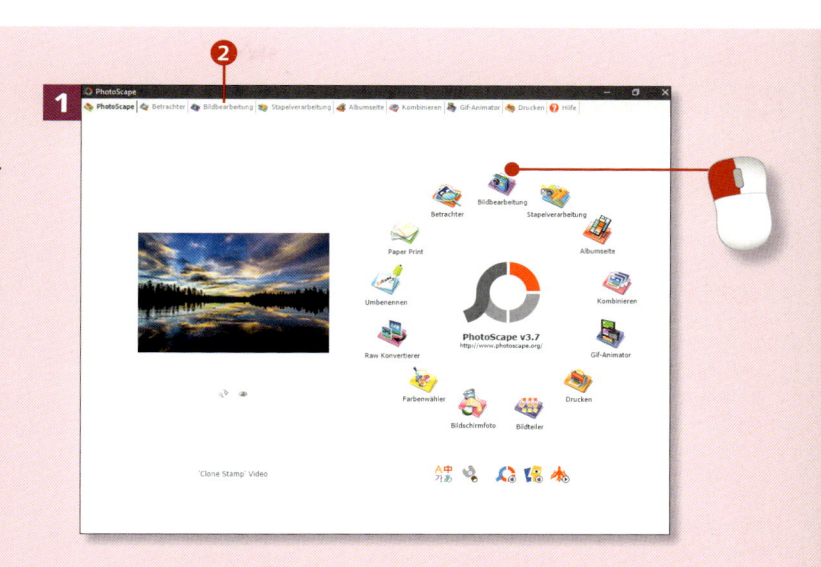

Bilder schärfen

Neben dem fotografierten Objekt und der Bildgestaltung spielt die Schärfe in einem Foto eine sehr wichtige Rolle. Daher ist es ratsam, Ihre Bilder nachzuschärfen. PhotoScape bietet Ihnen hier eine wundervolle Unterstützung.

1 Bildbearbeitung starten

Starten Sie PhotoScape und klicken Sie auf das Symbol für **Bildbearbeitung** oder auf den gleichnamigen Reiter ❷ im oberen Bereich.

2 Bild öffnen

Wählen Sie im linken Bereich ❸ den Ordner aus, in dem sich das Bild befindet, das Sie schärfen wollen. Es wird daraufhin im Hauptbildschirm angezeigt.

3 Schärfen aufrufen

Klicken Sie im unteren Bereich auf **Startseite** ❹, falls dieses Register noch nicht angezeigt wird. Klicken Sie anschließend auf die Schaltfläche **Schärfen**.

> **Nicht zu viel erwarten**
>
> Die Möglichkeit, Bilder zu schärfen, sollte kein Freibrief sein, unscharfe Fotos aufzunehmen. Bilder, die von vornherein unscharf sind, lassen sich auch mit der Nachschärfung kaum retten.

Bilder schärfen (Forts.)

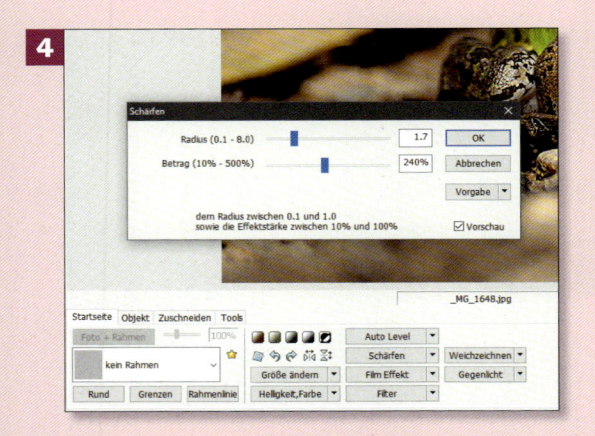

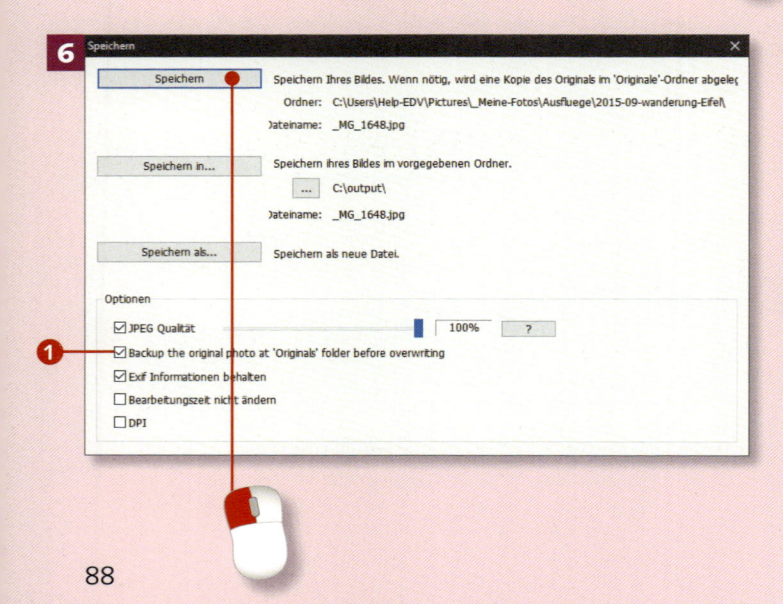

4 Schärfe einstellen

Es öffnet sich das Dialogfeld **Schärfen**, das mit zwei Schiebereglern ausgestattet ist: Der Regler **Radius** legt fest, wie weit sich eine Schärfung auf benachbarte Bildpunkte (Pixel) auswirkt. Verwenden Sie hier besser niedrigere Werte (etwa 1,7). Bei **Betrag** regeln Sie die Stärke der Schärfung. Dieser Wert kann höher eingestellt werden.

5 Änderung betrachten

Bei der Schärfung kann man schnell übers Ziel hinausschießen. Die Kanten der Bilder wirken dann unnatürlich kontrastreich. Um dies besser beurteilen zu können, deaktivieren Sie im Dialogfeld **Schärfen** die Option **Vorschau**, indem Sie durch einen Mausklick das vorangestellte Häkchen entfernen. Sie sehen dann das Originalbild.

6 Bild speichern

Wenn Ihnen das Ergebnis der Schärfung gefällt, klicken Sie auf die Schaltfläche **Speichern**. Vorsichtshalber sollten Sie den Ordner *Originals* erzeugen lassen ❶. Falls Sie die Originaldatei später nicht mehr benötigen, können Sie sie immer noch entfernen.

Größe ändern

Die heutigen Kameras warten mit immer größeren Auflösungswerten auf, liefern also Bilder mit sehr vielen Bildpunkten. Diese Bilder brauchen entsprechend viel Speicherplatz, was gerade beim E-Mail-Versand zu Problemen führen kann. Mit PhotoScape verkleinern Sie Ihre Bilder im Handumdrehen!

1 Bild öffnen

Starten Sie die **Bildbearbeitung** in PhotoScape und wählen Sie ein Bild, das Sie verkleinern wollen, aus der Ordnerliste auf der linken Seite ❷.

2 »Größe ändern« aufrufen

Aktivieren Sie unten im Fenster das Register **Startseite** (falls es noch nicht geöffnet ist) und klicken Sie auf die Schaltfläche **Größe ändern**. Es öffnet sich daraufhin das gleichnamige Dialogfeld.

3 Größe einsehen

Im Dialogfeld **Größe ändern** sehen Sie für die **Breite** und die **Höhe** jeweils zwei Werte ❸. Der erste Wert zeigt die Anzahl der Bildpunkte (**Pixel**) des Originalfotos an, der zweite Wert kann überschrieben werden ❹.

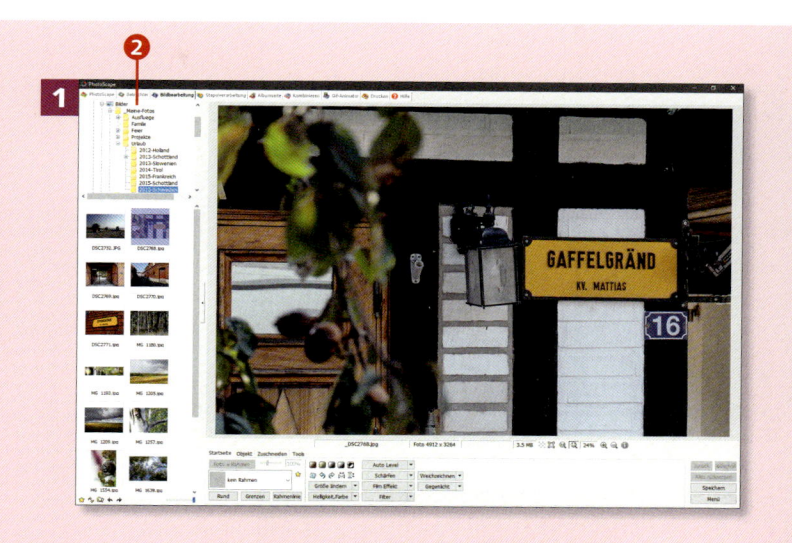

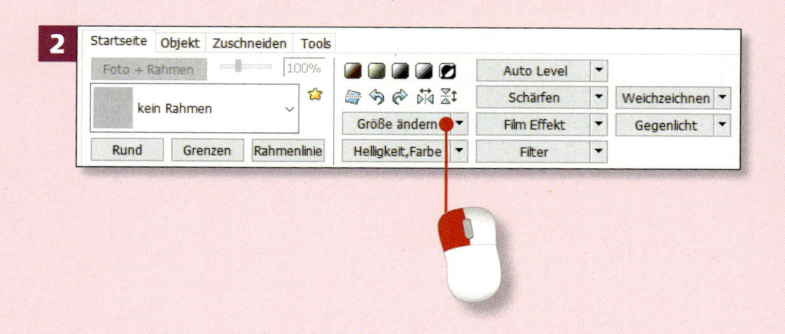

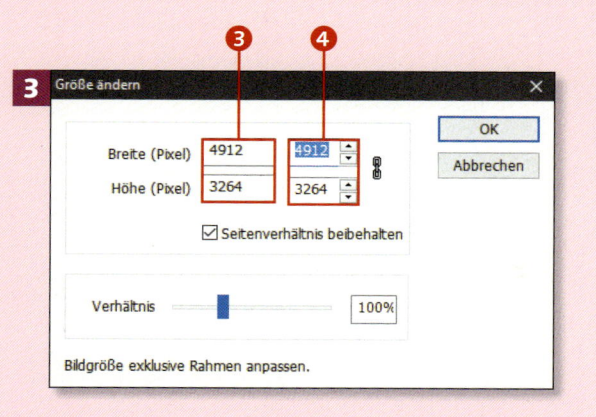

Größe ändern (Forts.)

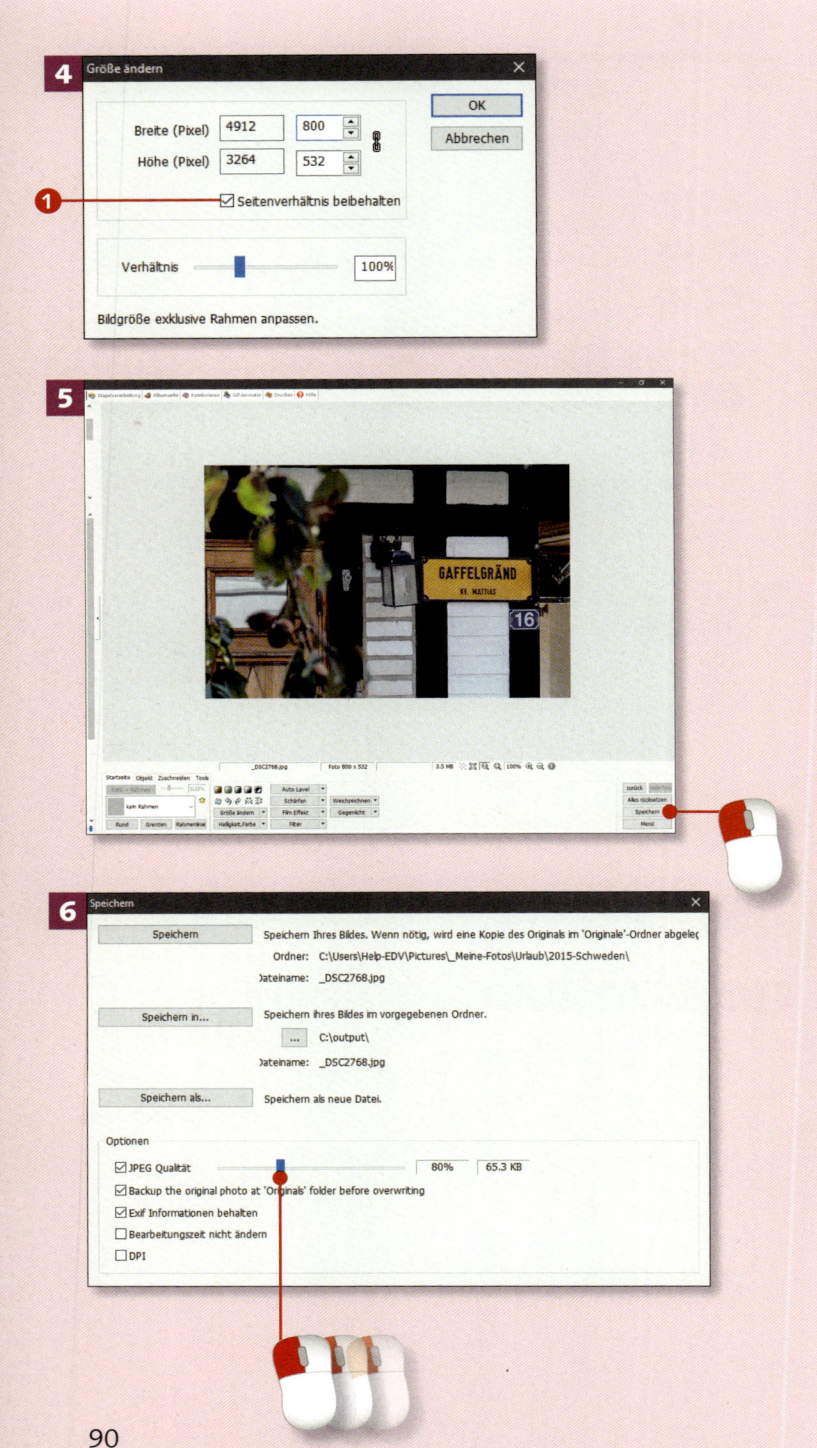

4 Größe ändern

Um die Größe zu ändern, tippen Sie im rechten Wertefeld hinter **Breite (Pixel)** den Wert »800« ein. Achten Sie darauf, dass das Häkchen bei **Seitenverhältnis beibehalten** gesetzt ist ❶. Dadurch passt sich der Wert bei **Höhe (Pixel)** automatisch an. Bestätigen Sie die Änderung durch einen Klick auf **OK**.

5 Änderung speichern

Das Bild wird nach der Größenänderung entsprechend kleiner im Hauptbildschirm angezeigt. Klicken Sie auf die Schaltfläche **Speichern**, um das geänderte Bild abzulegen.

6 JPEG-Qualität reduzieren

Durch die Größenänderung hat sich die Dateigröße verringert. Diese Ersparnis lässt sich noch erhöhen, wenn die JPEG-Qualität verringert wird. Ziehen Sie daher im Dialogfenster **Speichern** den Schieberegler der Option **JPEG Qualität** mit gedrückter Maustaste bis zum Wert **80 %**. Reduzieren Sie die JPEG-Qualität nur bis auf maximal 70 %, da sonst die Bildqualität leiden kann.

Kapitel 4: Die Möglichkeiten erweitern mit PhotoScape

7 Kopie erstellen

Um die verkleinerte Version des Bildes als Kopie abzuspeichern, klicken Sie auf **Speichern als**. Die Option **Backup the original photo…** ❷ können Sie abschalten, da Sie mit **Speichern als** ohnehin eine Kopie speichern, das Originalbild also nicht überschrieben wird.

8 Dateinamen festlegen

Durch den Befehl **Speichern als** müssen Sie im Dialogfeld **Speichern unter** einen neuen Dateinamen und bei Bedarf einen neuen Speicherort festlegen. Im Beispiel verbleibe ich an dem Speicherort, an dem sich auch das Originalbild befindet, und tippe »_klein« hinter den vorgeschlagenen Dateinamen ❸. So erkenne ich auch in Zukunft den Bezug zur Originaldatei. Klicken Sie auf **Speichern**, um die neue Datei abzulegen.

9 Neue Datei anzeigen

Die gerade erzeugte Datei erscheint nicht direkt in der Miniaturansicht unterhalb der Ordnerliste von PhotoScape. Damit sich die Ansicht erneuert, klicken Sie unterhalb der Miniaturansicht auf das Symbol für **Neu lesen** und anschließend auf **Aktualisieren**. Schneller geht dies, wenn Sie die Taste F5 drücken.

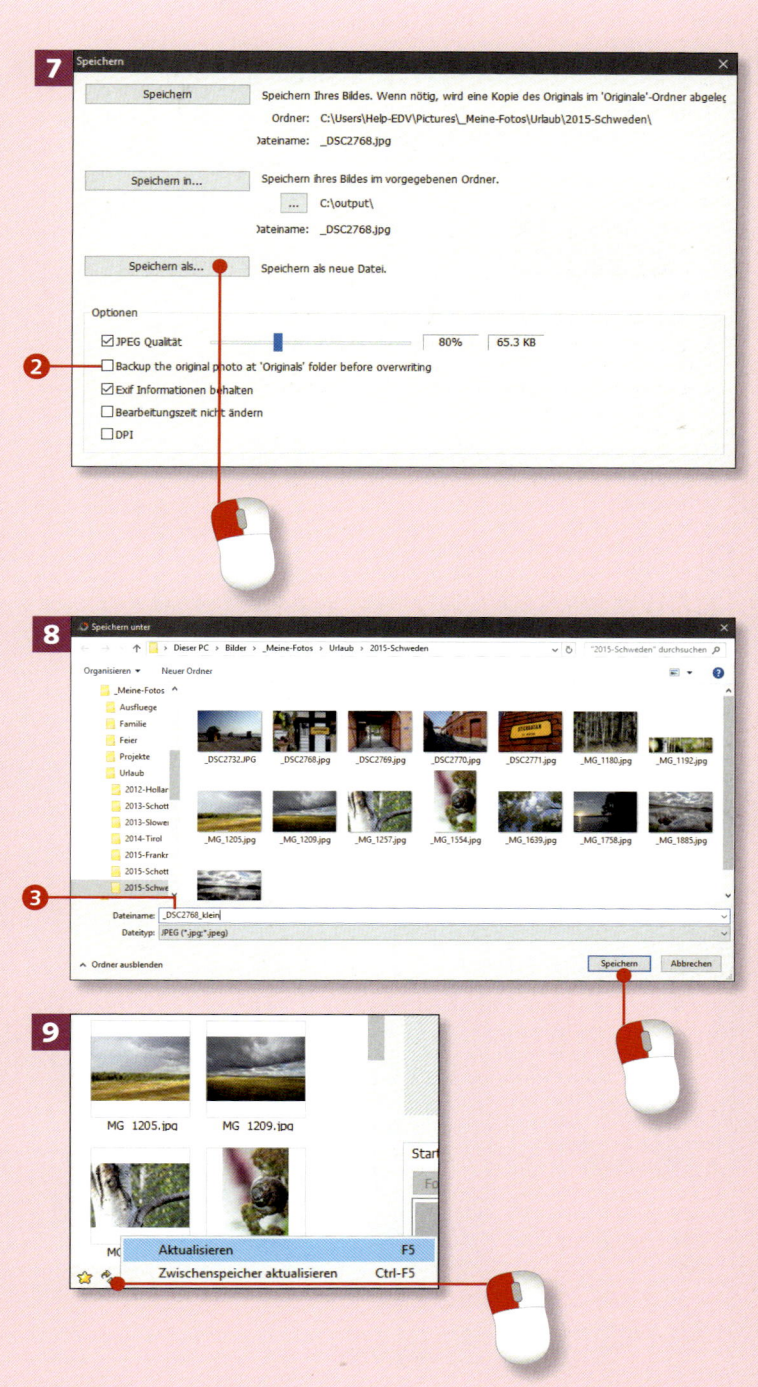

Mehrere Bilder gleichzeitig verkleinern

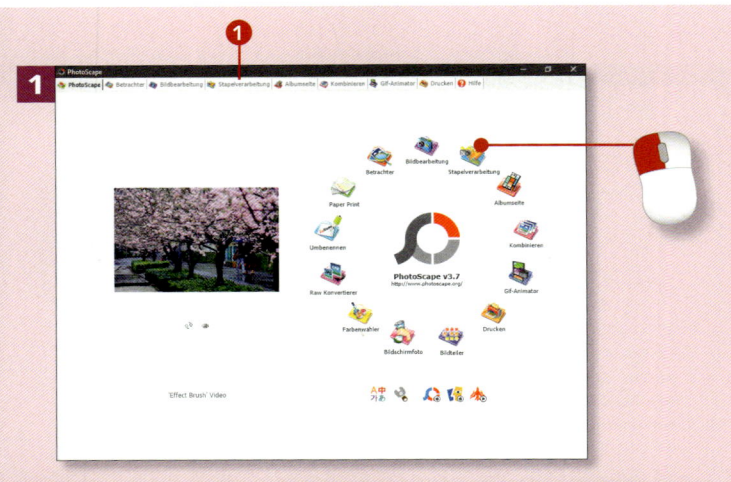

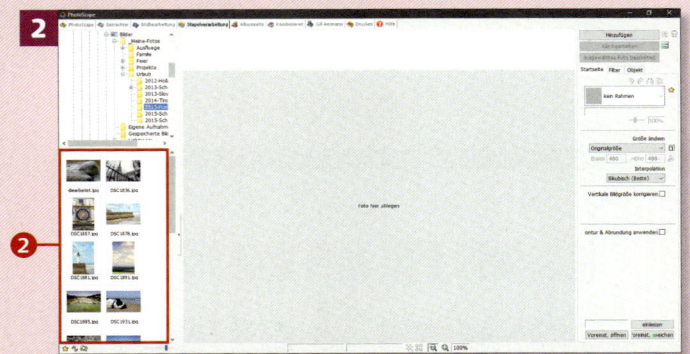

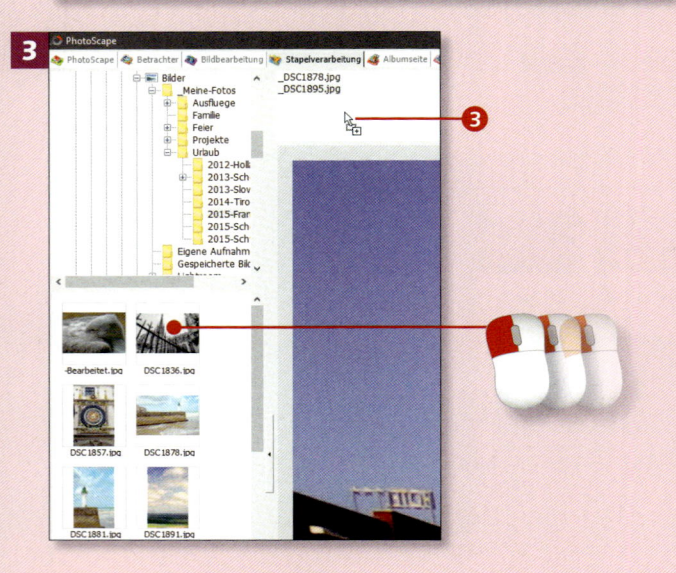

In der vorigen Anleitung haben Sie gesehen, wie Sie ein Foto verkleinern und so zum Beispiel für den E-Mail-Versand optimieren können. Wollen Sie mehrere Fotos auf einmal verändern, so können Sie dies in Photo-Scape ganz einfach mit der sogenannten Stapelverarbeitung erledigen.

1 Stapelverarbeitung starten

Starten Sie PhotoScape und aktivieren Sie die **Stapelverarbeitung**, indem Sie auf das gleichnamige Symbol oder den gleichnamigen Reiter ❶ klicken.

2 Bilderordner öffnen

Öffnen Sie in der **Stapelverarbeitung** in der Ordnerliste links den Ordner, in dem sich die Fotos befinden, die Sie bearbeiten wollen. Unterhalb der Ordnerliste wird der Inhalt in der Miniaturansicht angezeigt ❷.

3 Bilder auswählen

Ziehen Sie die Bilder, die Sie bearbeiten wollen, nacheinander mit gedrückter Maustaste in den oberen, weißen Bereich ❸. Sie können auch andere Ordner öffnen und von dort Bilder in die obere Ablage ziehen.

Kapitel 4: Die Möglichkeiten erweitern mit PhotoScape

4 Größe ändern

Aktivieren Sie auf der rechten Seite des Fensters das Register **Startseite**, falls dieses noch nicht angezeigt wird. Hier klicken Sie auf das Klappmenü **Größe ändern**. Wählen Sie dort den Eintrag **korrigieren der größeren Länge**. Das aktive Bild wird daraufhin verkleinert angezeigt.

5 Wert eingeben

Tippen Sie den Wert »800« in das Wertefeld hinter **Lang** ein. Das aktive Bild wird in der entsprechenden Größe angezeigt.

6 Alle speichern

Damit alle Bilder mit der gerade festgelegten Größenänderung versehen werden, klicken Sie oben rechts auf **Alle bearbeiten**. Es öffnet sich daraufhin das Dialogfeld **Speichern**.

Dateigröße betrachten

Unterhalb jedes Bildes, das Sie im Hauptbildschirm von PhotoScape sehen, erscheint neben dem Dateinamen auch die Auflösung sowie die Dateigröße. Vergleichen Sie nach einer Größenänderung vor allem den Wert für die Dateigröße.

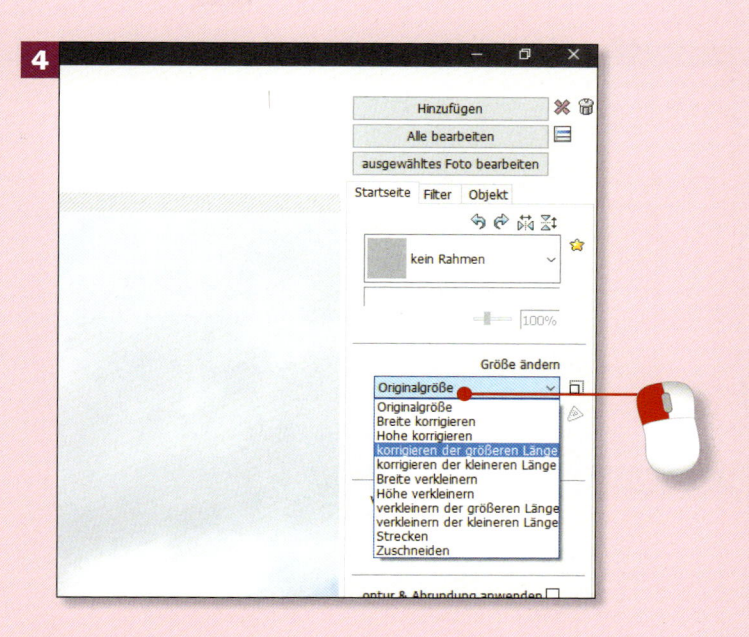

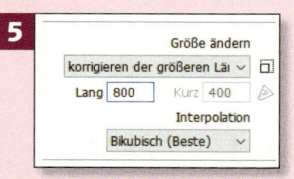

Mehrere Bilder gleichzeitig verkleinern (Forts.)

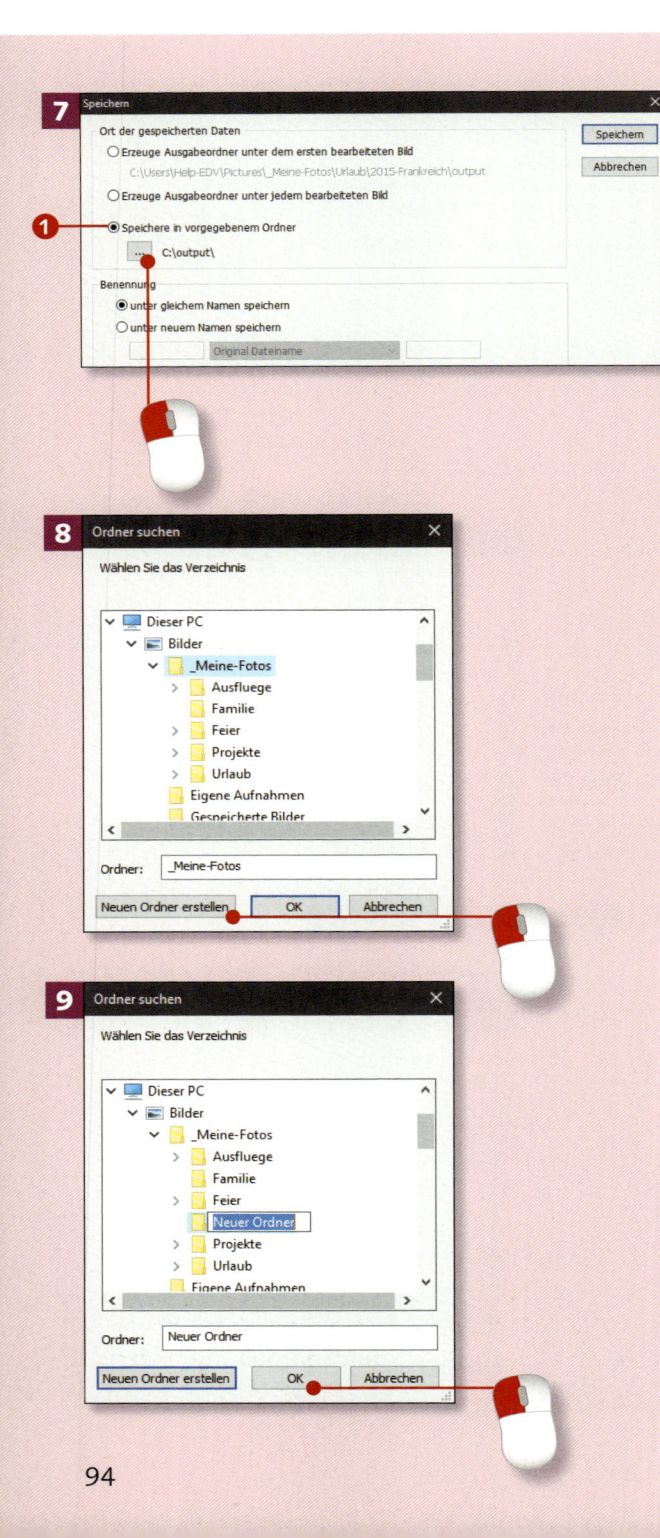

7 Speicherort festlegen

PhotoScape bietet im Dialogfeld **Speichern** einige Möglichkeiten der Dateiablage an. In diesem Beispiel sollen alle verkleinerten Bilder in einen separaten Ordner abgelegt und damit von den Originalen getrennt werden. Klicken Sie dafür auf die Option **Speichere in vorgegebenen Ordner** ❶ und anschließend auf das Symbol mit den drei Punkten.

8 Ordner anlegen

Wählen Sie im Dialogfeld **Ordner suchen** den Ordner *Dieser PC ▸ Bilder ▸ _Meine-Fotos* aus oder einen Ordner Ihrer Wahl. Klicken Sie dann auf die Schaltfläche **Neuen Ordner erstellen**.

9 Ordner benennen

Es wird nun ein neuer Ordner angelegt, der zunächst mit **Neuer Ordner** betitelt wird. Überschreiben Sie diesen Namen direkt, zum Beispiel mit »E-Mail-Fotos«. Klicken Sie dann auf die Schaltfläche **OK**, um den neuen Ordner für Ihre verkleinerten Fotos zu bestätigen.

Kapitel 4: Die Möglichkeiten erweitern mit PhotoScape

10 Dateien umbenennen

Die verkleinerten Bilder werden zwar in einen separaten Ordner kopiert, dennoch ist es empfehlenswert, sie umzubenennen. Klicken Sie dafür im Bereich **Benennung** auf die Option **unter neuem Namen speichern** und tippen Sie dann im hinteren Feld den Text »-mail« ein ❷. Klicken Sie letztendlich auf die Schaltfläche **Speichern**, um die Stapelverarbeitung zu starten.

11 Fortschritt der Stapelverarbeitung

Es erscheint ein Dialogfeld, das Sie über den Fortschritt der Stapelverarbeitung informiert. Falls Sie einen Fehler bemerken, können Sie auf **Abbrechen** klicken, um den Vorgang zu stoppen. Ansonsten müssen Sie nur abwarten, bis die Bearbeitung beendet ist.

12 Bilder betrachten

Um die erzeugten Dateien zu betrachten, können Sie auf das Register **Betrachter** klicken und in der Ordnerliste den soeben neu erzeugten Ordner *E-Mail-Fotos* öffnen.

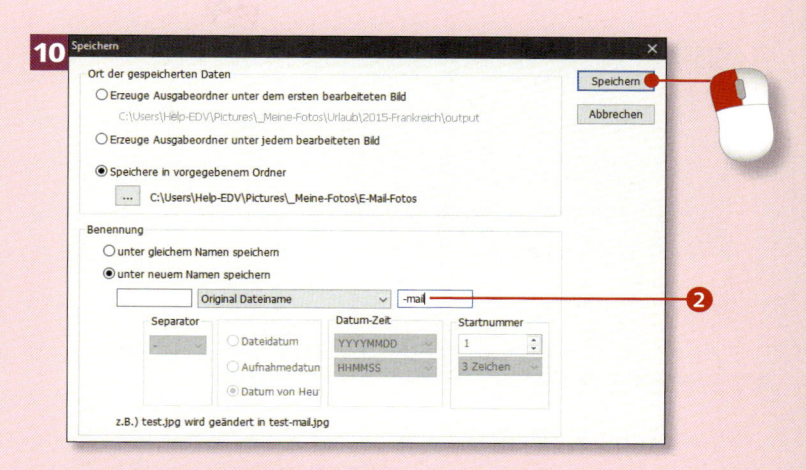

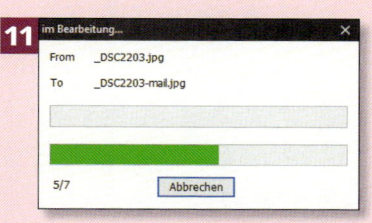

Noch mehr möglich

Die in dieser Anleitung durchgeführte Stapelverarbeitung zur Bildverkleinerung ist nur eine von vielen Möglichkeiten. So können Sie etwa auch mehrere Fotos auf einmal mit einer Schärfung versehen. Hilfreich ist dabei, dass die Optionen genau denen entsprechen, die Sie auch im unteren Bereich des PhotoScape-Fensters in der Rubrik **Bildbearbeitung** finden.

Bilder mit Effekten versehen

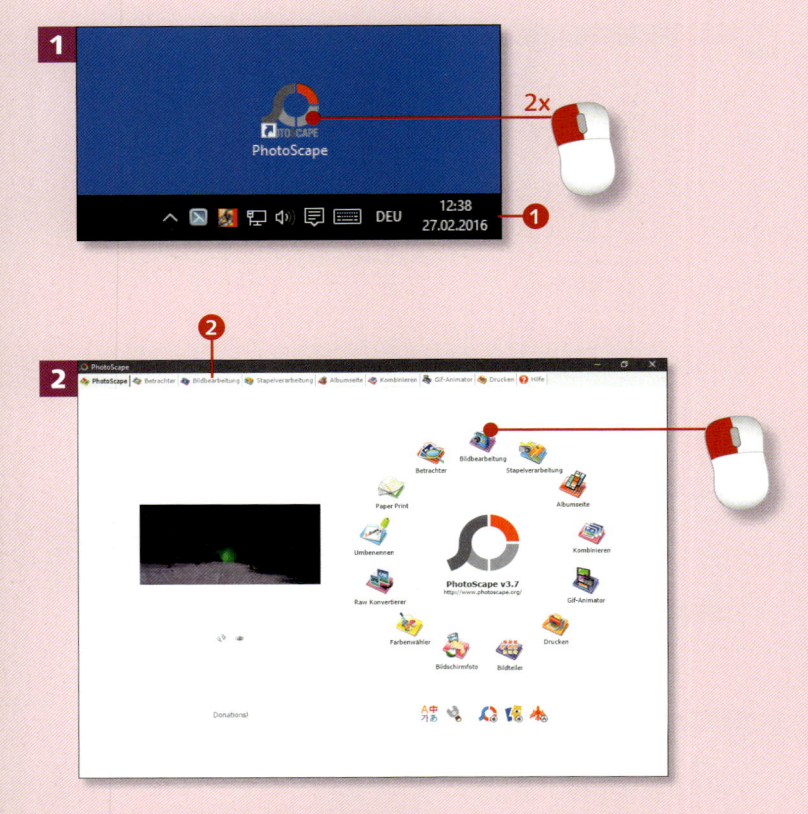

In der digitalen Bildbearbeitung geht es nicht nur um die Behebung von Fehlern oder die Bildoptimierung, sondern auch um die gewollte Verfremdung. In PhotoScape stehen Ihnen hierzu viele vorgefertigte Filter zur Verfügung. Da Sie jeden Arbeitsschritt widerrufen können, können Sie alle Effekte unbesorgt ausprobieren.

1 PhotoScape starten

Falls PhotoScape noch nicht geöffnet ist, starten Sie das Programm. Klicken Sie dafür ganz unten rechts neben die Uhrzeit ❶, damit Sie gegebenenfalls die Sicht auf den Desktop freigeben. Führen Sie dort einen Doppelklick auf das PhotoScape-Symbol aus.

2 Bildbearbeitung starten

Klicken Sie im mittleren Bereich auf **Bildbearbeitung** oder klicken Sie im oberen Bereich auf den gleichnamigen Reiter ❷.

3 Bild auswählen

Wählen Sie im linken Bereich den Ordner mit dem gewünschten Bild aus. Im Beispiel ist es der Ordner *2012-Holland*, der sich unterhalb von *Bilder* ▸ *_Meine-Fotos* ▸ *Urlaub* befindet.

Kapitel 4: Die Möglichkeiten erweitern mit PhotoScape

4 Bild bearbeiten

Führen Sie einen einfachen Klick auf das gewünschte Bild in der Miniaturansicht unterhalb der Ordnerliste aus. Das Bild wird dann zur Bearbeitung im Hauptfenster angezeigt.

5 Filter anwenden

Klicken Sie unten im Fenster auf **Filter**. Es öffnet sich eine Liste der hinterlegten Filtereffekte. Die Filter mit dem kleinen Pfeil auf der rechten Seite ❸ bieten verschiedene Ausprägungen an. Filter ohne diesen Pfeil werden durch einen einfachen Klick direkt ausgeführt.

6 Filter auswählen

Klicken Sie in der Filterliste auf **Antikes Foto** und anschließend auf **Antikes Foto** in der Liste der Filtervariationen. Dadurch haben Sie im Anschluss noch Einstellmöglichkeiten.

Filter widerrufen

Um den letzten Arbeitsschritt mit einem Filter zu widerrufen, klicken Sie unten rechts auf die Schaltfläche **zurück**. Um alle Arbeitsschritte rückgängig zu machen, nutzen Sie die Schaltfläche **Alles rücksetzen**. Sie sehen dann wieder Ihr Originalbild.

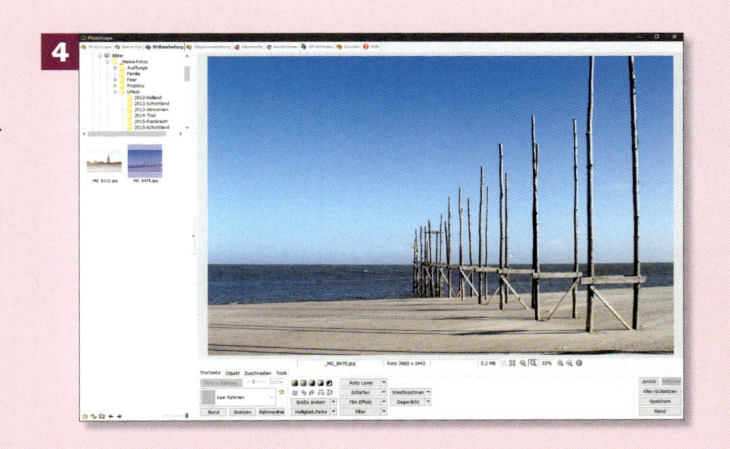

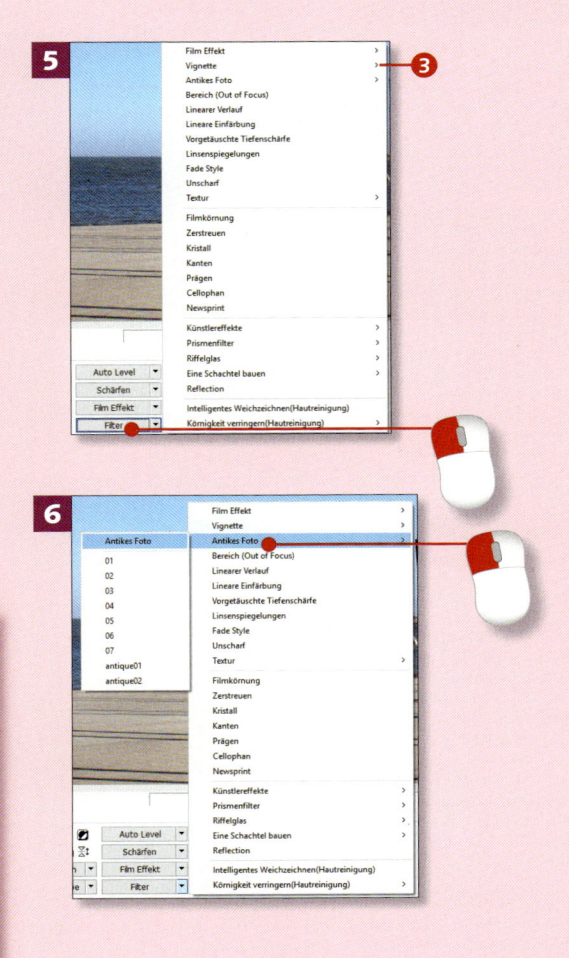

Bilder mit Effekten versehen (Forts.)

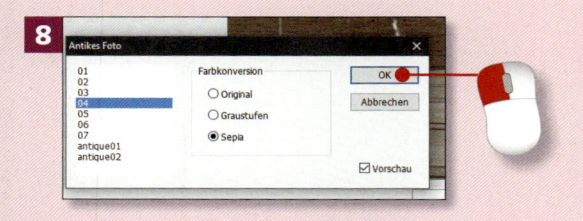

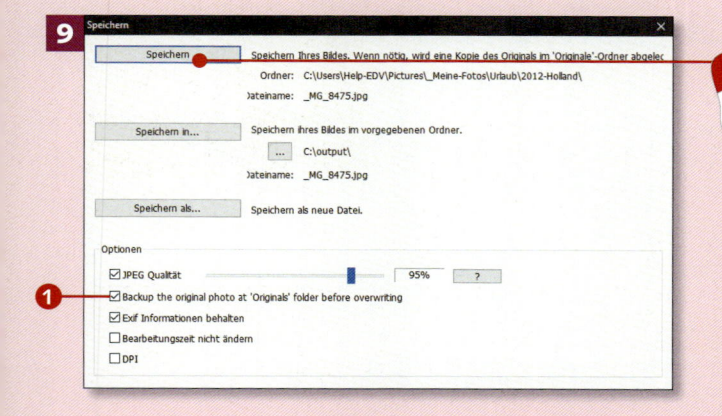

7 Aussehen bestimmen

Das Bild wird mit dem Filter **Antikes Foto** versehen. Gleichzeitig erscheint das Dialogfeld **Antikes Foto**. Hier können Sie den Effekt verstärken, indem Sie die **Farbkonversion** auf **Sepia** einstellen. Außerdem lässt sich im linken Bereich ein anderes Aussehen festlegen (im Beispiel ist es **04**).

8 Übernehmen und speichern

Wenn Sie mit dem Ergebnis zufrieden sind, klicken Sie auf **OK**. Um die Änderung zu erhalten, klicken Sie anschließend auf **Speichern**.

9 Speicherung festlegen

Achten Sie darauf, dass das Häkchen bei **Backup the original photos at 'Originals' folder before overwriting** gesetzt ist ❶, und klicken Sie dann auf **Speichern**.

> **Einen anderen Ordner wählen**
> Statt von PhotoScape einen Ordner *Originals* anlegen zu lassen, können Sie auch auf **Speichern als** klicken und einen anderen Speicherort benennen. Das empfiehlt sich vor allem dann, wenn Sie die geänderte Datei in einem Projekt verwenden wollen. Lesen Sie hierzu die Anleitung »Ein Fotoprojekt vorbereiten« ab Seite 142.

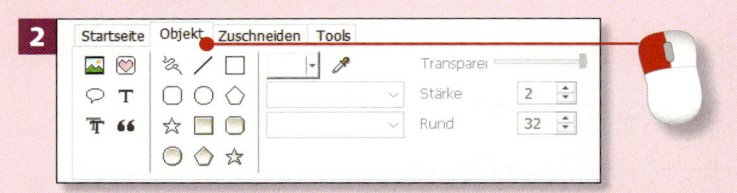

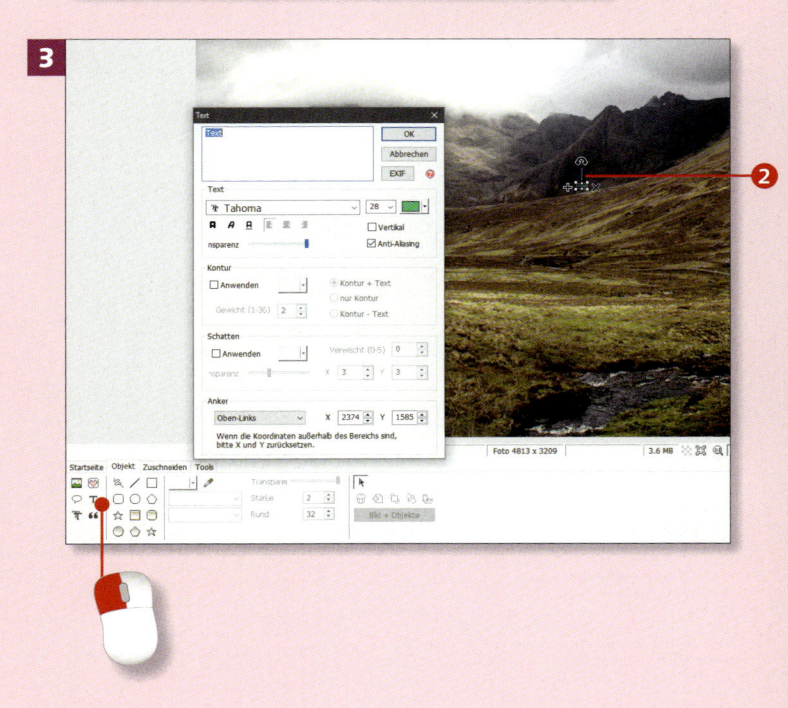

Bilder mit Text versehen

»*Ein Bild sagt mehr als tausend Worte*«, dennoch ist es manchmal praktisch, wenn zu einem Bild noch etwas Text verfasst wird. Möglich wird das in der Bildbearbeitung von PhotoScape.

1 Foto auswählen

Wählen Sie in PhotoScape ein Foto aus. Falls PhotoScape noch nicht gestartet ist, lesen Sie die Schritte 1 bis 4 der Anleitung »Bilder mit Effekten versehen« auf Seite 96.

2 Textoption starten

Klicken Sie im unteren Bereich auf **Objekt**, um das Werkzeug zur Texterstellung angezeigt zu bekommen

3 Textwerkzeug aktivieren

Klicken Sie im Bereich **Objekt** mit der Maus auf das Symbol für **Text**. Es öffnet sich das Dialogfeld **Text**. Außerdem werden in der Mitte des Bildes ein kleiner Rahmen sowie einige Symbole sichtbar ❷. Hier wird gleich der Text abgelegt.

Bilder mit Text versehen (Forts.)

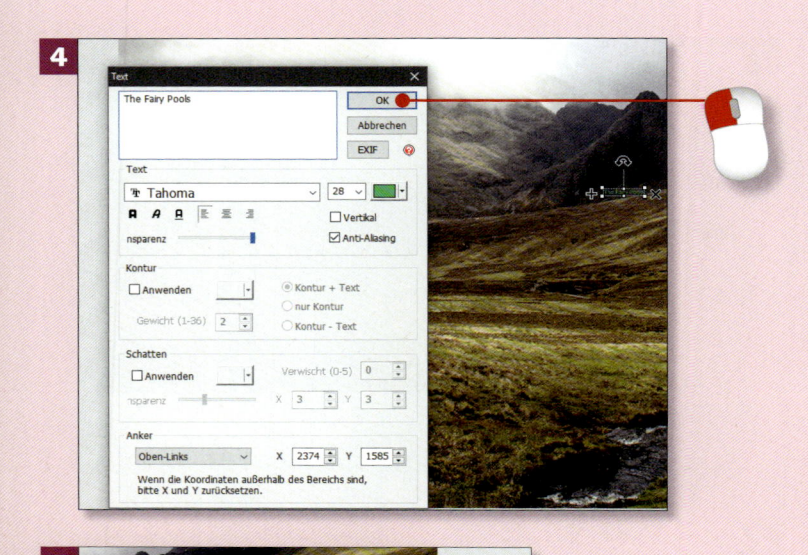

4 Text verfassen

Schreiben Sie einen Text Ihrer Wahl in das kleine Textfenster. Im Beispiel habe ich »The Fairy Pools« getippt. Dieser Text erscheint auch direkt in der Bildmitte, wird aber wahrscheinlich sehr klein angezeigt. Bestätigen Sie den Text durch einen Klick auf **OK**.

5 Schriftgröße anpassen

Die Schriftgröße könnten Sie auch im Dialogfeld **Text** ändern, leichter geht es aber, wenn Sie dies direkt im Bild erledigen. Klicken Sie dafür mit der Maus auf einen Eckpunkt des Textfeldes. Ziehen Sie dann das Textfeld mit gedrückter Maustaste diagonal auf. Sie vergrößern damit den Text. Klicken Sie abschließend mit der Maus auf eine beliebige Stelle im Bild, um die Textgröße zu bestätigen.

6 Text verschieben

Der Text muss natürlich nicht dort stehen bleiben, wo Sie ihn anfänglich positioniert haben. Bewegen Sie den Mauszeiger auf das Textfeld, bis er zu einem Vierfachpfeil wird ❶. Ziehen Sie den Text dann mit gedrückter Maustaste an die gewünschte Stelle.

Schriftgröße austricksen

Wenn Sie die Schriftgröße im Dialogfeld **Text** ändern, beträgt der höchste Wert 99. Um diese Einschränkung zu umgehen, vergrößern Sie das Textfeld wie in Schritt 5 dieser Anleitung beschrieben.

Kapitel 4: Die Möglichkeiten erweitern mit PhotoScape

7 Schriftfarbe ändern

Falls die verwendete Schriftfarbe nicht passend ist, können Sie eine andere Farbe für den Text festlegen. Klicken Sie dafür doppelt in das Textfeld, um erneut das Dialogfeld **Text** zu öffnen. Klicken Sie auf das Farbfeld ❷ im Bereich **Text** und wählen Sie durch einen einfachen Klick die gewünschte Farbe aus.

8 Text abschwächen

Sehr schön sieht es aus, wenn Sie die Textfarbe etwas abschwächen. Dies erreichen Sie, indem Sie den Schieberegler bei **Transparenz** (leider mit **nsparenz** im Dialogfeld nicht vollständig angezeigt) mit gedrückter Maustaste nach links ziehen. Bestätigen Sie den Text mit einem Klick auf **OK**.

9 Änderungen speichern

Damit der verfasste Text als Änderung bestätigt wird, klicken Sie auf **Speichern**. Lesen Sie hierzu auch die Schritte 8 und 9 in der Anleitung »Bilder mit Effekten versehen« (Seite 98).

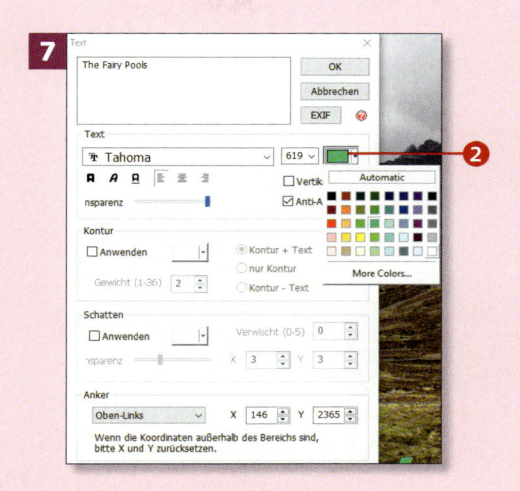

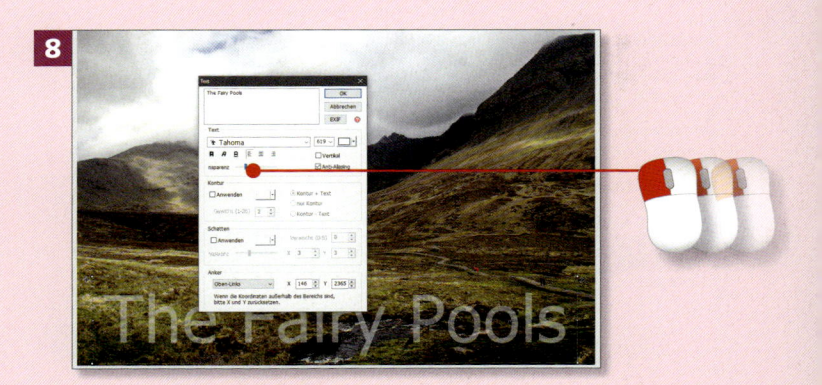

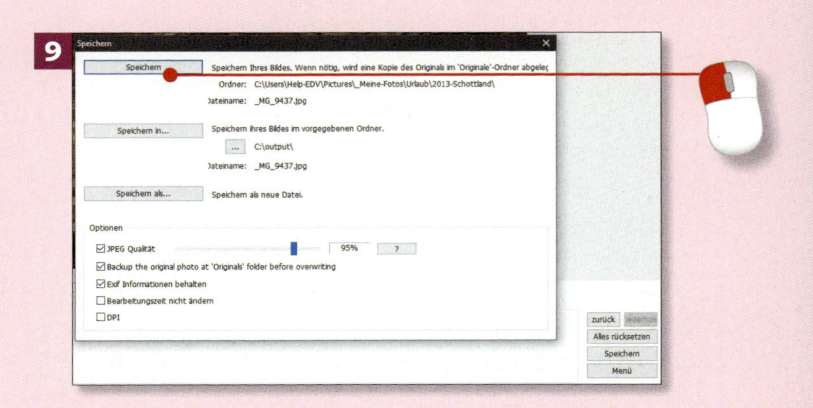

Sprechblasen erstellen

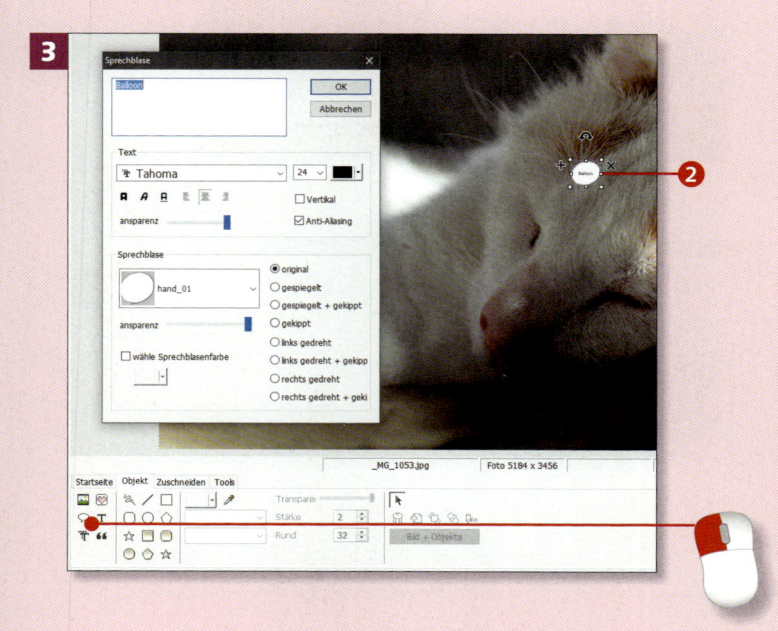

Fotos mit Personen oder Tieren eignen sich hervorragend, um sie mit Sprechblasen und einem netten Spruch zu versehen. PhotoScape bietet dazu viele vorgefertigte Elemente, mit denen Sie Ihre Fotos aufpeppen können.

1 Bild öffnen

Öffnen Sie in PhotoScape ein Bild, dem Sie eine Sprechblase hinzufügen wollen, und starten Sie die **Bildbearbeitung**. Falls PhotoScape noch nicht gestartet ist, lesen Sie die Schritte 1 bis 4 der Anleitung »Bilder mit Effekten versehen« auf Seite 96.

2 Objekte öffnen

Klicken Sie im unteren Bereich auf den Reiter **Objekt**. Hier befinden sich nicht nur das Textwerkzeug, sondern auch die Sprechblasen ❶.

3 Sprechblase aktivieren

Klicken Sie auf das Symbol für **Sprechblase**. Es öffnet sich direkt das gleichnamige Dialogfeld. Außerdem erscheinen in der Bildmitte eine Sprechblase sowie ein paar Symbole ❷.

Kapitel 4: Die Möglichkeiten erweitern mit PhotoScape

4 Sprechblase mit Text versehen

Schreiben Sie in das Textfeld im Dialogfeld **Sprechblase** einen Text. Im Beispiel habe ich »Bitte nicht stören!« eingetippt. Bestätigen Sie den Text mit einem Klick auf **OK**.

5 Sprechblase vergrößern

Bewegen Sie die Maus auf einen Eckpunkt, der Mauszeiger wird daraufhin zu einem diagonalen Doppelpfeil. Ziehen Sie die Sprechblase mit gedrückter Maustaste größer. Klicken Sie mit der Maus auf eine Stelle außerhalb der Sprechblase, um die neue Größe zu bestätigen.

6 Sprechblase positionieren

Klicken Sie in die Sprechblase und ziehen Sie diese bei gedrückter Maustaste an eine Stelle Ihrer Wahl. Der Mauszeiger verwandelt sich hierbei in einen Vierfachpfeil. Klicken Sie außerhalb der Sprechblase einmal mit der Maus, um die neue Position zu bestätigen.

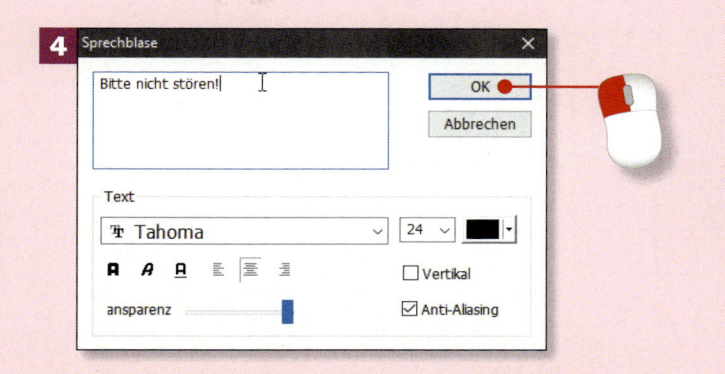

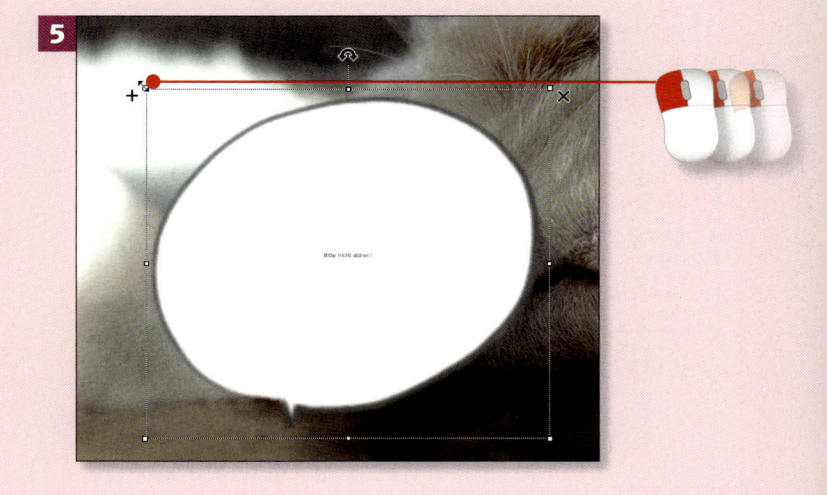

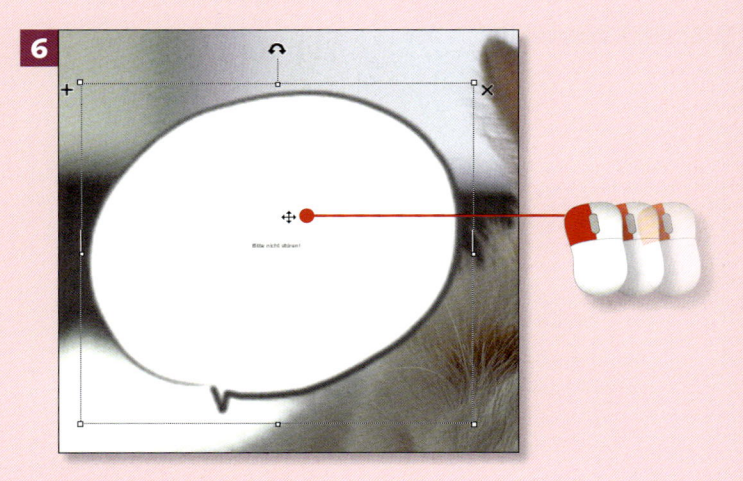

Sprechblasen erstellen (Forts.)

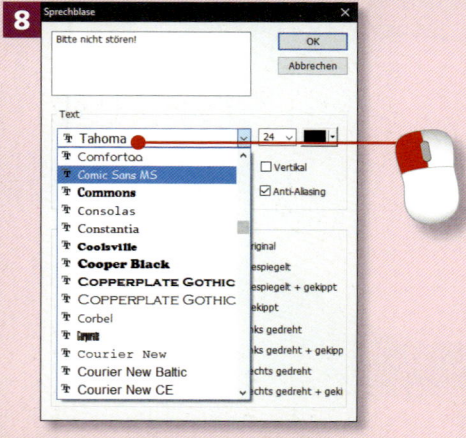

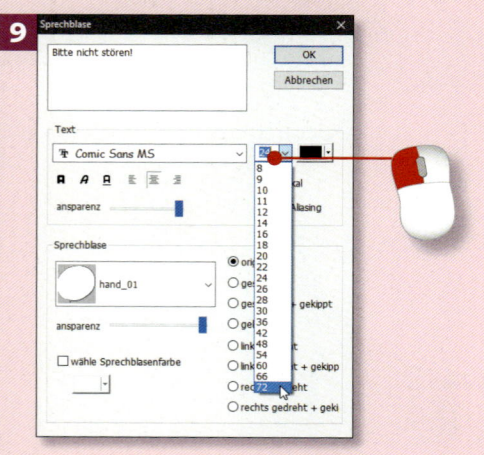

7 Sprechblase drehen

Je nach Motiv kann es sinnvoll sein, die Sprechblase etwas zu drehen. Klicken Sie dafür auf den geknickten Pfeil oberhalb der Sprechblase. Mit gedrückter Maustaste drehen Sie anschließend die Sprechblase in die gewünschte Richtung.

8 Schriftart ändern

Führen Sie einen Doppelklick auf die Sprechblase aus. Damit gelangen Sie wieder in das Dialogfeld **Sprechblase**. Klicken Sie auf die Schriftart (im Beispiel ist es **Tahoma**). Wählen Sie eine Schrift, die eher zu einem Comic passt, zum Beispiel **Comic Sans MS**.

9 Schriftgröße anpassen

Klicken Sie in das Feld mit der Schriftgröße (im Beispiel **24**) und wählen Sie den letzten Eintrag, **72**, durch einen einfachen Mausklick aus. Bestätigen Sie die durchgeführten Textänderungen mit einem Klick auf **OK**.

> **Schriftgröße eintippen**
>
> Sie können die Schriftgröße auch manuell eingeben. Klicken Sie dafür in das Feld der Schriftgröße und überschreiben Sie den eingestellten Wert. Der Maximalwert für die Schriftgröße beträgt hier 99.

Kapitel 4: Die Möglichkeiten erweitern mit PhotoScape

10 Sprechblase ändern

Neben der gerade verwendeten Sprechblase gibt es noch weitere Stile für Sprechblasen. Um eine andere Sprechblase anzuwenden, führen Sie einen Doppelklick auf die erstellte Sprechblase aus, um das Dialogfeld aufzurufen. Klicken Sie darin auf das gleichnamige Klappmenü (im Beispiel **hand_01**).

11 Sprechblase auswählen

Wählen Sie eine Sprechblase, die Ihnen gefällt, durch einen einfachen Mausklick aus. Die Auswahl ist recht groß, und sicherlich ist auch für Sie genau das Richtige dabei. Bestätigen Sie Ihre Auswahl mit einem Klick auf **OK**.

12 Änderung speichern

Falls Sie eine andere Sprechblase ausgewählt haben, müssen Sie die Größe anpassen, wie in Schritt 5 beschrieben. Klicken Sie auf **Speichern**, sobald Sie mit Ihren Änderungen zufrieden sind. Gerade bei solchen starken Eingriffen in ein Bild sollten Sie unbedingt darauf achten, dass die Originaldatei erhalten bleibt.

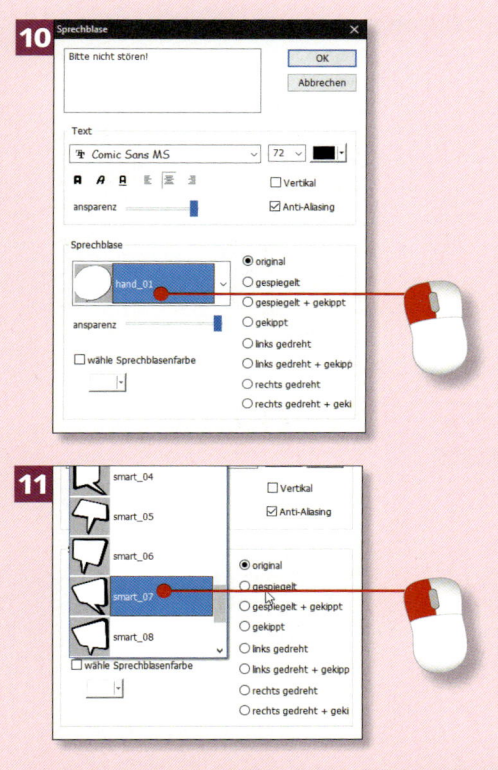

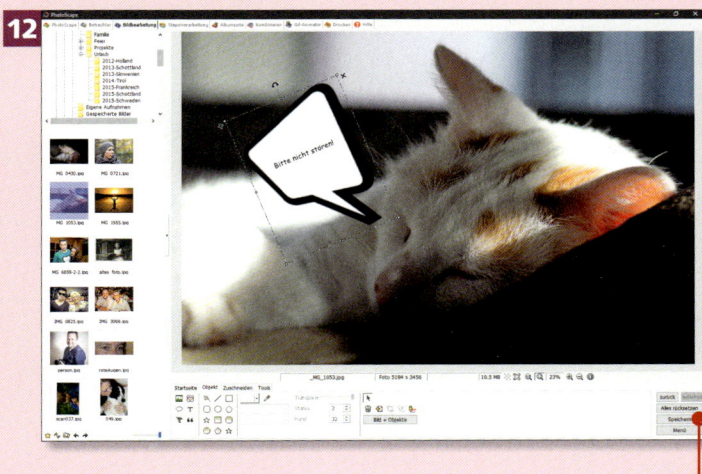

Collagen erstellen

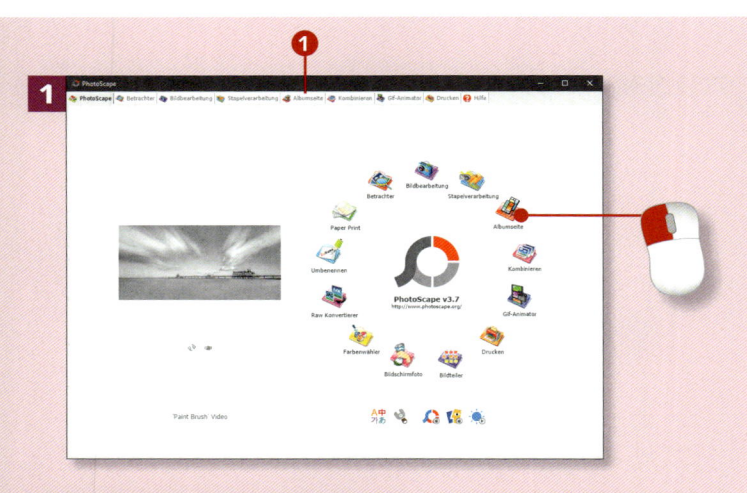

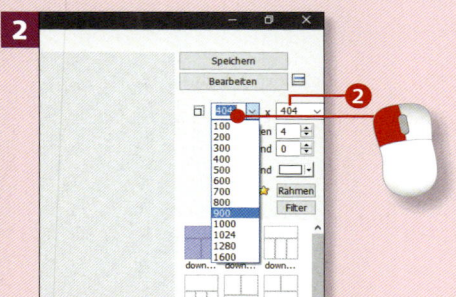

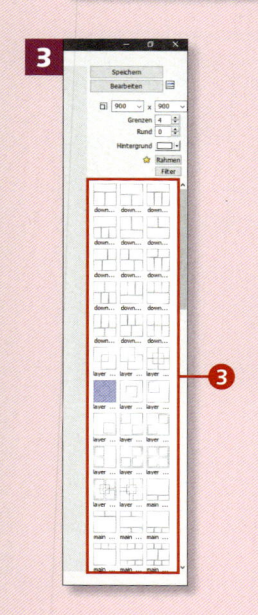

Mit PhotoScape können Sie mit wenig Aufwand sehr ansprechende Collagen erstellen. Hierbei werden ausgewählte Bilder neben-, unter- und auch aufeinander angeordnet. Erstellt werden diese Collagen in der Rubrik **Albumseite**.

1 Albumseite öffnen

Starten Sie PhotoScape und klicken Sie entweder im mittleren Bereich auf **Albumseite** oder auf das gleichnamige Register im oberen Bereich ❶.

2 Größe einstellen

Klicken Sie dann oben rechts im Fenster auf den Wert für die Seitenbreite (im Beispiel **404**) und wählen Sie den Eintrag **900** aus. Wiederholen Sie dies auch für den daneben stehenden Wert für die Seitenhöhe ❷.

3 Vorlage auswählen

PhotoScape bietet mehrere Vorlagen für Collagen an. Diese werden im rechten Bereich angezeigt ❸ und können durch einen einfachen Klick ausgewählt werden. Die Vorlage erscheint dann sofort mit Platzhaltern für Ihre Fotos im Hauptfenster.

Kapitel 4: Die Möglichkeiten erweitern mit PhotoScape

4 Bildordner öffnen

Klicken Sie im linken Bereich auf den Ordner, in dem sich die Bilder befinden, die Sie gerne zur Collage hinzufügen wollen. Im Beispiel ist es der Ordner *2015-Frankreich*.

5 Seite befüllen

Klicken Sie mit der Maus auf eine Bildminiatur und ziehen Sie diese mit gedrückter Maustaste auf einen Platzhalter Ihrer Wahl.

6 Ausschnitt anpassen

Die Platzhalter haben meist nicht das gleiche Seitenverhältnis wie die dort hineingezogenen Bilder. Daher sehen Sie einen Rahmen um das Bild, der die eigentliche Größe anzeigt ❹. Wenn Ihnen der Ausschnitt nicht gefällt, können Sie in das Bild klicken und den Ausschnitt mit gedrückter Maustaste verschieben.

Mischen erlaubt

Selbstverständlich müssen die Bilder, die Sie in einer Collage verwenden wollen, nicht alle aus dem gleichen Ordner stammen. Wechseln Sie in der linken Ordnerliste während der Erstellung der Collage auch in andere Ordner und ziehen Sie die gewünschten Fotos in die Platzhalter.

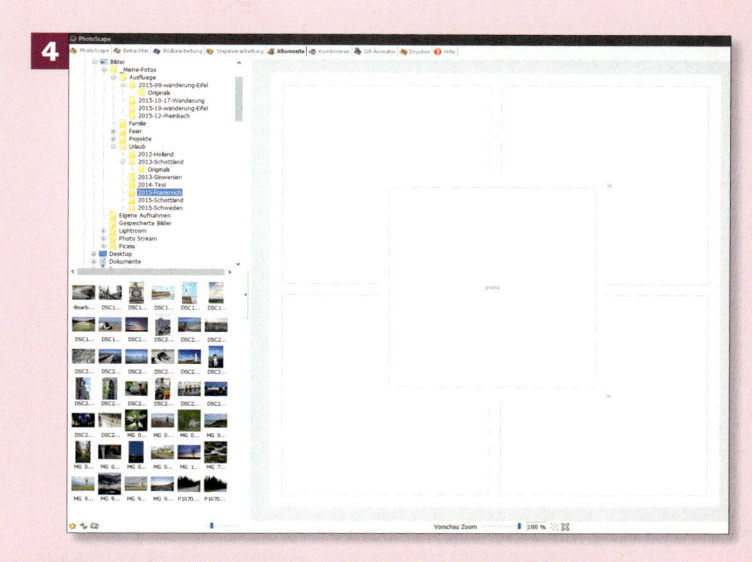

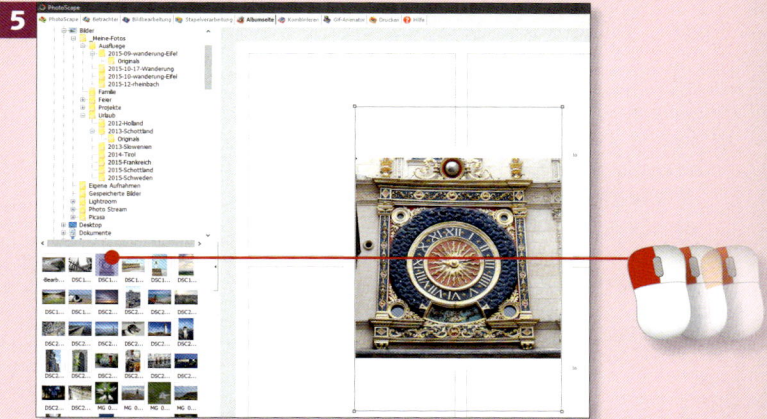

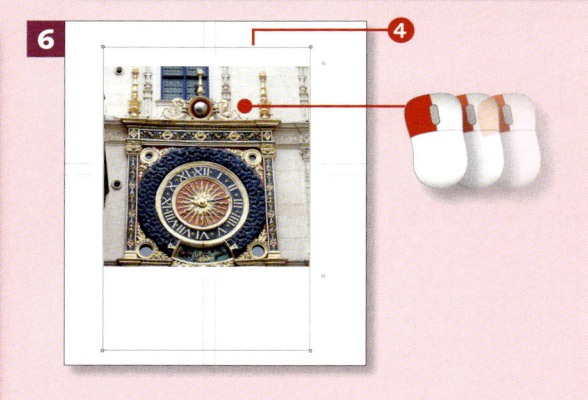

Collagen erstellen (Forts.)

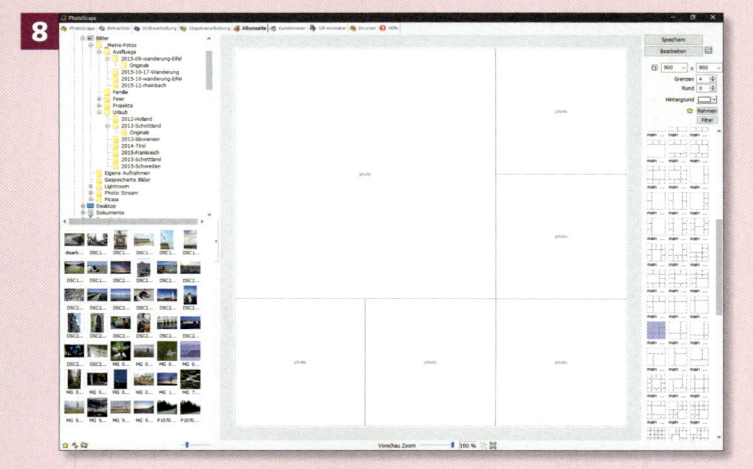

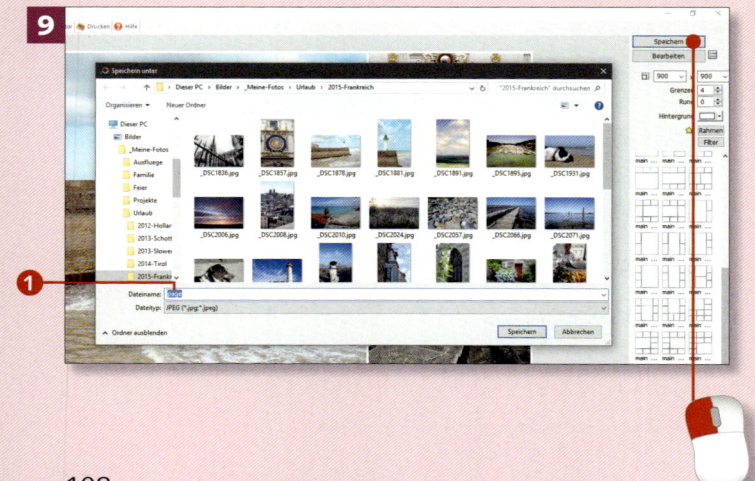

7 Restliche Platzhalter befüllen

Wiederholen Sie die Schritte 5 und 6, bis alle Platzhalter gefüllt sind. Achten Sie bei Vorlagen mit sich überlappenden Bildern darauf, dass keine wichtigen Bestandteile der unten liegenden Bilder überdeckt werden.

8 Vorlage ändern

Möglicherweise stellen Sie beim Befüllen fest, dass sich die eingangs gewählte Vorlage aufgrund der Bilder nicht eignet. In solch einem Fall wählen Sie im rechten Bereich eine andere Vorlage aus. Dadurch werden aber auch die Bilder entfernt, und Sie müssen die neue Vorlage wie in den Schritten 5 bis 7 erläutert neu befüllen.

9 Collage speichern

Damit Sie Ihre Collage auch später noch anzeigen können, müssen Sie diese speichern. Klicken Sie dafür in der rechten oberen Ecke auf **Speichern**. Vergeben Sie im erscheinenden Dialogfeld **Speichern unter** einen Dateinamen ❶ und bestätigen Sie diesen durch einen Klick auf **Speichern** im Dialogfeld **Speichern unter**.

Ein Bildschirmfoto erstellen

PhotoScape kann ein Bildschirmfoto erstellen, also ein Abbild dessen, was Sie gerade auf Ihrem Computermonitor sehen.

1 PhotoScape aufrufen

Im Beispiel soll die Fehlermeldung eines Programms abfotografiert werden. Nach Erscheinen der Fehlermeldung starten Sie PhotoScape und klicken auf das Symbol für **Bildschirmfoto**.

2 Bereich bestimmen

Es öffnet sich das Dialogfeld **Bildschirmfoto**. Aktivieren Sie die Option **In Zwischenablage Kopieren** ❷ und klicken Sie anschließend auf **Fenster einfangen**. Die Oberfläche von PhotoScape verschwindet und Sie sehen die Fehlermeldung.

3 Fenster abfotografieren

Nun müssen Sie lediglich die Maus auf die Fehlermeldung bewegen, welches dann einen grünen Rahmen erhält. Klicken Sie darauf und bestätigen Sie die anschließende Meldung mit einem Klick auf **OK**. Nun können Sie das Bild der Fehlermeldung zum Beispiel in eine Word-Datei einfügen (Tastenkombination [Strg]+[V]).

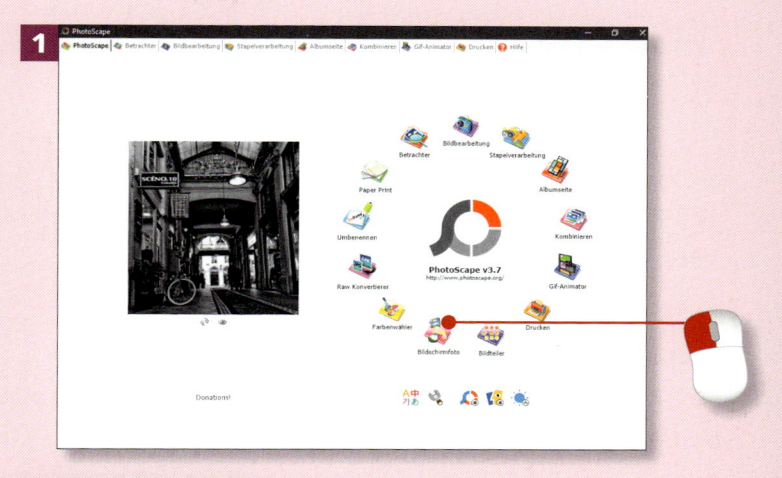

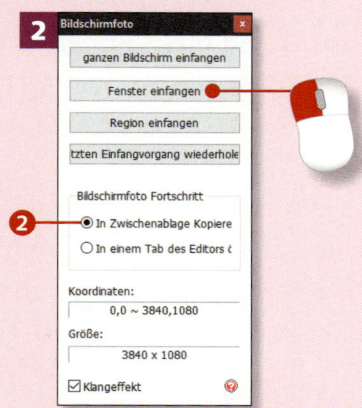

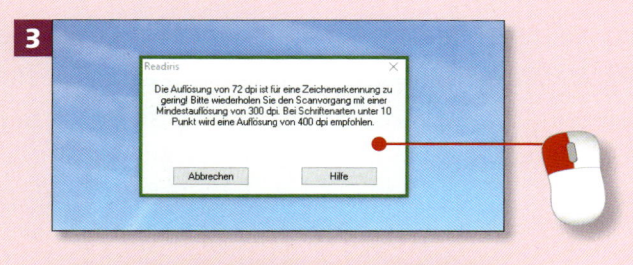

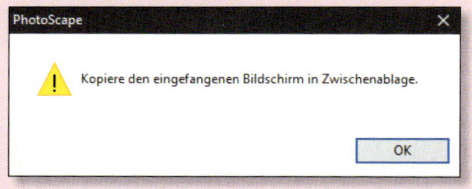

109

Kapitel 5
Bilder drucken, brennen, scannen

Sie wollen Ihre Bilder Freunden zeigen oder einen Ausdruck rahmen und aufhängen? Es gibt viele Möglichkeiten, Ihre Bilder auszugeben, sei es, um diese zu präsentieren oder zu sichern.

Bilder ausdrucken
Ein Drucker gehört schon fast zur Standardausstattung, wenn Sie einen Computer betreiben. Der Vorteil liegt auf der Hand: Hier lassen sich sehr schnell ansehnliche Ausdrucke Ihrer Bilder anfertigen. Doch wo Licht ist, ist bekanntermaßen auch Schatten, denn die Kosten für den heimischen Druck sind meist höher als für die Ausdrucke bei einem Fotodienstleister. Schauen Sie sich an, was Sie bei beiden Varianten beachten müssen ❶.

Eine Foto-CD anfertigen
CD-Rohlinge, die zum Anfertigen einer Foto-CD benötigt werden, sind mittlerweile für wenig Geld zu beziehen. Sie eignen sich hervorragend für die Sicherung Ihrer Bilder oder aber um ausgewählte Bilder an Bekannte weiterzugeben. Auch einen Fotodienstleister können Sie mit einer CD Ihrer Fotos beliefern, damit dieser sie für Sie ausdruckt ❷.

Alte Fotos scannen
Sicherlich verfügen Sie auch noch über Fotos von vor der Zeit der digitalen Fotografie. Diese Papierabzüge haben oft einen sehr hohen ideellen Wert, darum ist es ratsam, sie zu digitalisieren. Erfahren Sie, wie Sie Ihre alten Fotos mit Hilfe eines Scanners sichern und über die **Fotos**-App in Windows 10 verwalten ❸.

❶ Auch mit einem preiswerten Tintenstrahldrucker können Sie ansehnliche Ausdrucke erzeugen.

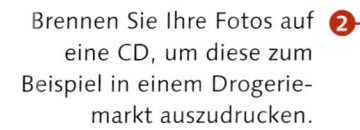

Brennen Sie Ihre Fotos auf eine CD, um diese zum Beispiel in einem Drogeriemarkt auszudrucken. ❷

❸ Ihre alten Papierabzüge können Sie ganz leicht mit einem Scanner digitalisieren und anschließend bearbeiten.

Bilder zu Hause ausdrucken

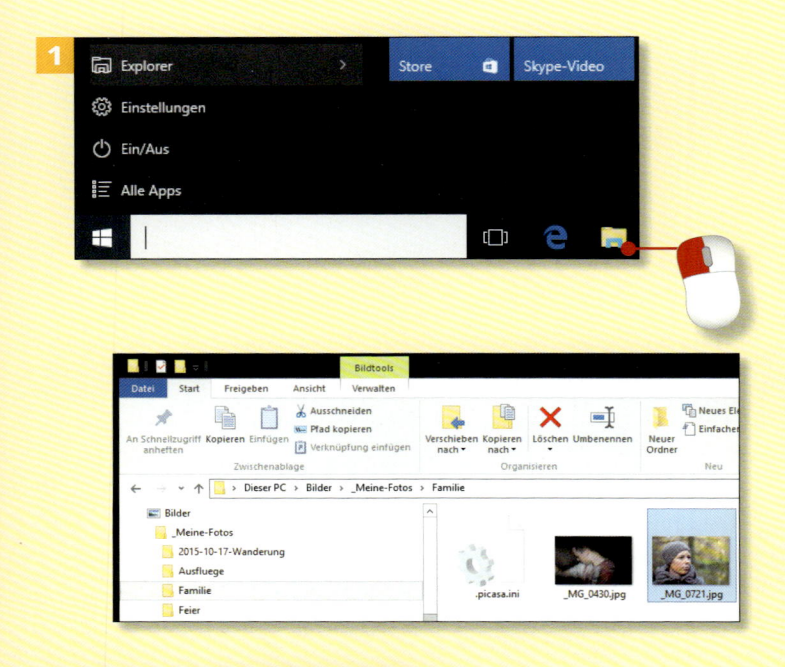

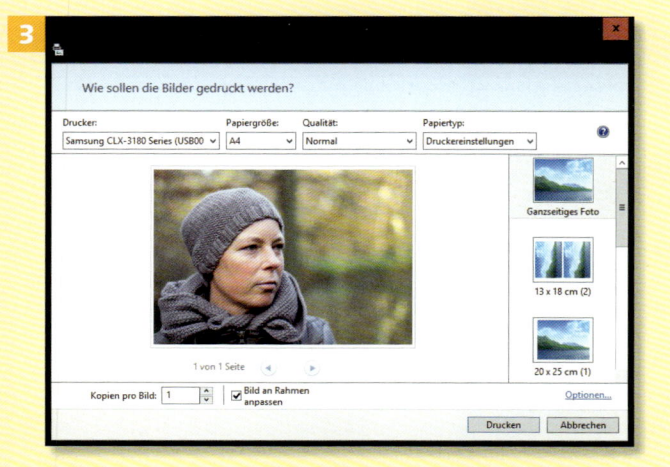

Viele Fotos sind zu schade, um sie lediglich auf dem PC-Monitor zu betrachten. Was liegt also näher, als das eine oder andere Foto auszudrucken?

1 Explorer starten

Starten Sie den Explorer. Wechseln Sie im Explorer-Fenster dann in den Bilderordner, in dem Ihr gewünschtes Bild gespeichert ist.

2 Drucken aufrufen

Wählen Sie das Bild aus, das Sie ausdrucken wollen, und klicken Sie in der Registerkarte **Freigeben** im Bereich **Senden** auf das Symbol für **Drucken**.

3 Druck starten

Es öffnet sich daraufhin das Dialogfeld **Bilder drucken**, in dem Sie im Folgenden einige Einstellungen vornehmen werden.

Druck oder Bildschirm?

Für den Druck sollten Sie beim Nachschärfen in Photoscape (Regler **Betrag**, siehe Seite 87) einen höheren Wert einstellen, so dass das Bild leicht überschärft wirkt. Da Papier die Druckfarbe aufsaugt, kann der Druck ansonsten etwas unscharf wirken.

Kapitel 5: Bilder drucken, brennen, scannen

4 Drucker auswählen

Unterhalb von **Drucker** wird Ihnen Ihr Standarddrucker angezeigt. Wollen Sie das Bild stattdessen auf einem anderen Drucker ausgeben, klicken Sie auf den kleinen Pfeil, so dass sich das Klappmenü öffnet. Dort können Sie den gewünschten Drucker auswählen.

5 Drucklayout wählen

Im rechten Bereich können Sie festlegen, wie das Bild gedruckt werden soll. Wählen Sie dort den Eintrag **10 × 15 cm (2)**, auch wenn Sie nur ein Bild ausdrucken werden.

6 Bild ausdrucken

Aktivieren Sie, falls nicht bereits geschehen, die Option **Bild an Rahmen anpassen** ❶, damit der gesamte Druckbereich von 10 × 15 cm ausgefüllt wird. Klicken Sie dann auf **Drucken**. Der Fortschritt des Druckvorgangs wird Ihnen daraufhin angezeigt.

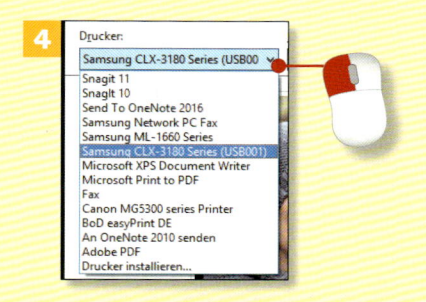

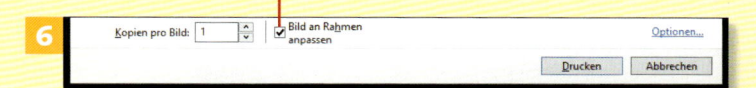

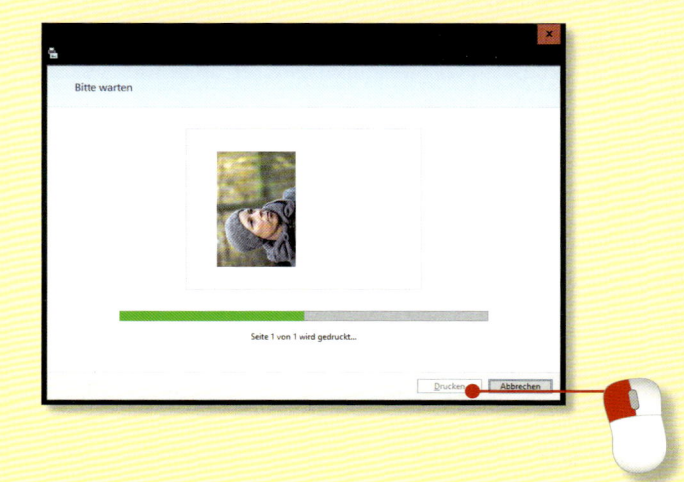

In der Fotos-App drucken

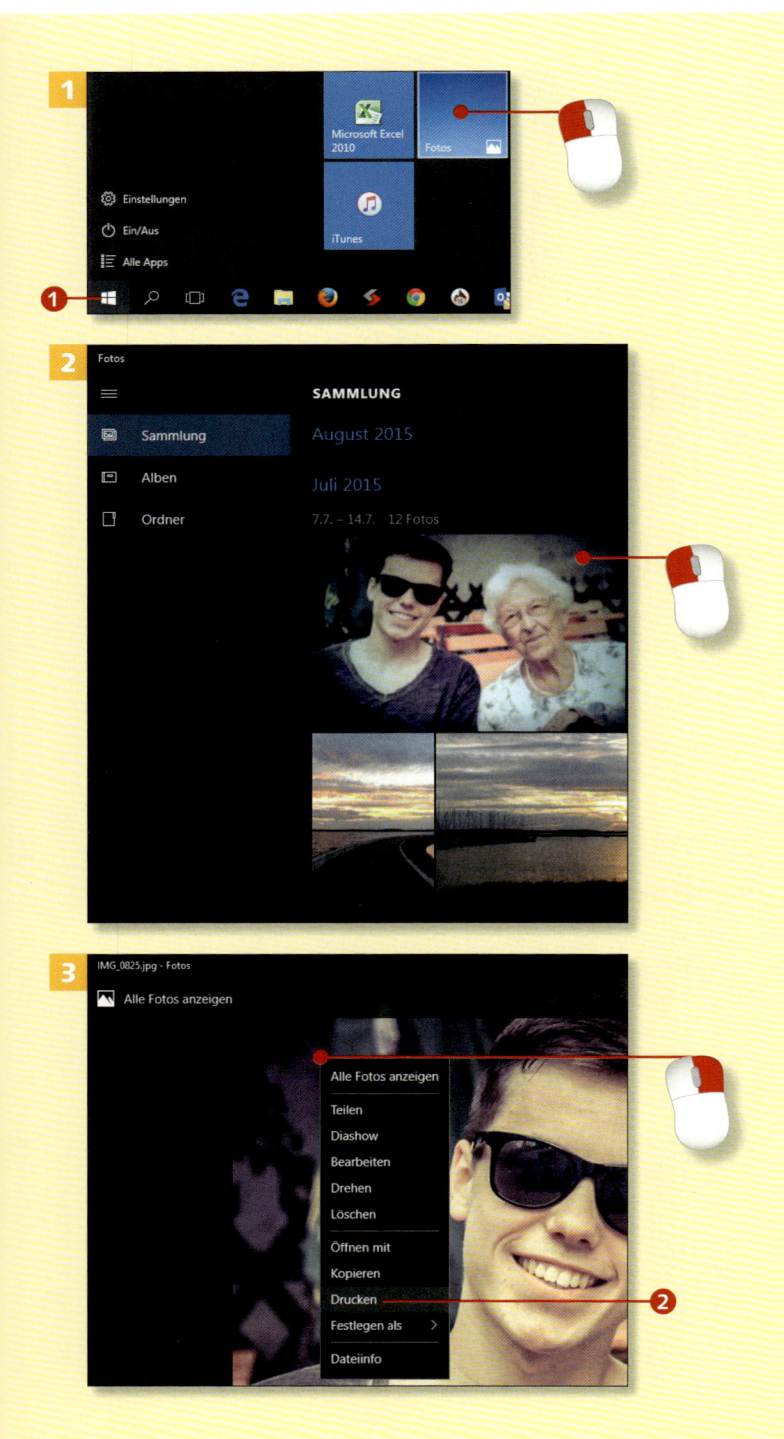

*Auch über die **Fotos**-App können Sie Ihre Bilder ausdrucken lassen. Wenn Sie etwa ohnehin gerade ein Bild in der **Fotos**-App bearbeitet haben, wird der Wechsel zum Explorer überflüssig.*

1 Fotos-App starten

Starten Sie die **Fotos**-App, indem Sie auf die Windows-Schaltfläche ❶ und anschließend auf die Kachel **Fotos** klicken.

2 Bild auswählen

Suchen Sie das Bild aus, das Sie ausdrucken wollen, und klicken Sie es an, um es in der vergrößerten Ansicht anzeigen zu lassen.

3 Druck starten

Führen Sie in der vergrößerten Ansicht einen rechten Mausklick auf das Bild aus. Wählen Sie aus dem daraufhin erscheinenden Menü den Befehl **Drucken** aus ❷. Es öffnet sich dann das Dialogfeld **Drucken**.

Kapitel 5: Bilder drucken, brennen, scannen

4 Drucker wählen

Im Dialogfeld **Drucken** sollten Sie überprüfen, ob ganz oben der richtige Drucker ausgewählt ist ❸. Wenn nicht, klicken Sie auf den kleinen Pfeil und wählen Sie den gewünschten Drucker aus dem Klappmenü aus.

5 Fotogröße einstellen

Falls Sie das Foto nicht in der Größe drucken wollen, wie es im rechten Vorschaubereich angezeigt wird (im Beispiel ist es **Ganze Seite** ❹), können Sie im Klappmenü **Fotogröße** eine der voreingestellten Größen auswählen.

6 Anzahl bestimmen

Die Anzahl der Ausdrucke können Sie erhöhen, indem Sie auf das kleine Pluszeichen neben **Kopien** klicken. Sobald dort mehr als zwei Kopien eingestellt sind, erscheint zusätzlich ein Minuszeichen, um durch einen Klick darauf die Anzahl zu verringern.

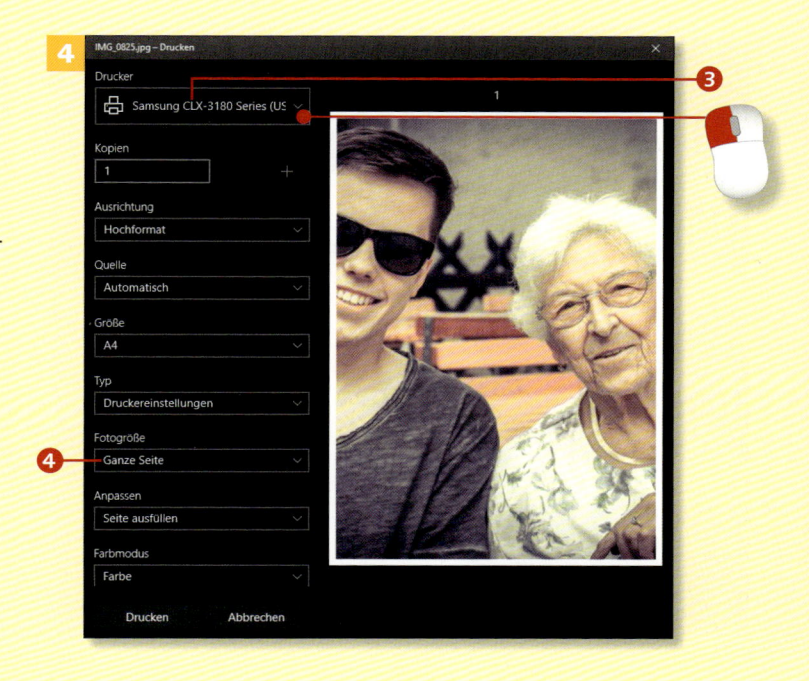

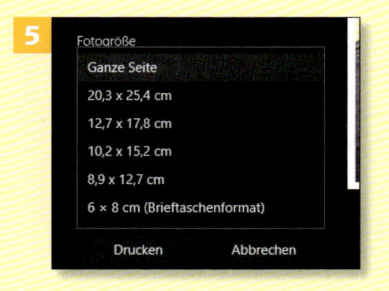

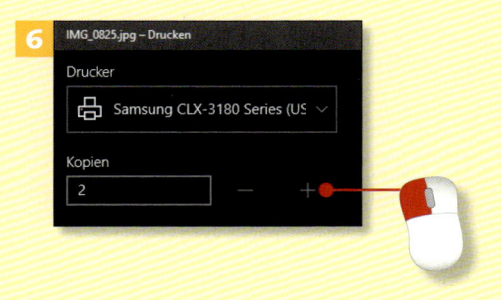

In der Fotos-App drucken (Forts.)

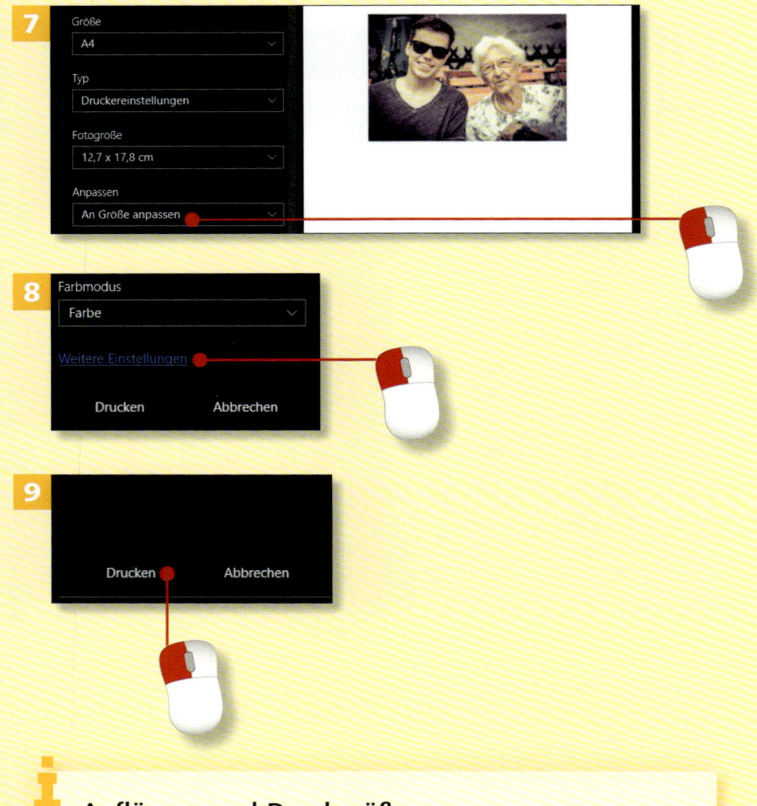

7 Bild anpassen

Über das Klappmenü **Anpassen** können Sie festlegen, ob das Foto die gewählte **Fotogröße** ausfüllen oder ob es sich an die Größe anpassen soll. Mit der Option **An Größe anpassen** wird das gesamte Bild gedruckt, bei **Seite ausfüllen** möglicherweise nur ein Teil.

8 Weitere Einstellungen

Ein Klick auf **Weitere Einstellungen** bietet Ihnen die Möglichkeit, ergänzende Optionen zu wählen (zum Beispiel den Duplexdruck, der einen doppelseitigen Ausdruck ermöglicht). Hier finden Sie auch die Einstellungen, die bereits im ersten Fenster zu sehen waren. Sie verlassen die erweiterten Einstellungen durch einen Klick auf **OK**.

9 Druck starten

Klicken Sie im Dialogfeld **Drucken** auf die gleichnamige Schaltfläche. Daraufhin startet der Druck. Anders als beim Druck über den Explorer erscheint hier keine Fortschrittsanzeige.

> **Auflösung und Druckgröße**
>
> Die Größe eines Ausdrucks ist abhängig von der sogenannten *Auflösung*. Gemeint ist damit die Anzahl der Bildpunkte (Pixel) eines Fotos und deren Verteilung. So ist ein Foto aus einer Kamera mit 18 Megapixeln (18 Millionen Pixeln) 5184 Pixel in der langen Kante und 3456 Pixel in der kurzen Kante groß (5184 × 3456 = ca. 18 Millionen). Liegt ein Foto in einer kleineren Auflösung vor (etwa 640 × 480 Pixel), ist ein größerer Ausdruck ab 10 × 15 cm mit einem Qualitätsverlust verbunden, da die wenigen Pixel auf die Druckgröße verteilt werden müssen. Sie sollten daher in Ihrer Kamera immer die größtmögliche Auflösung einstellen (siehe auch die Anleitung »Die richtige Bildqualität einstellen« ab Seite 170).

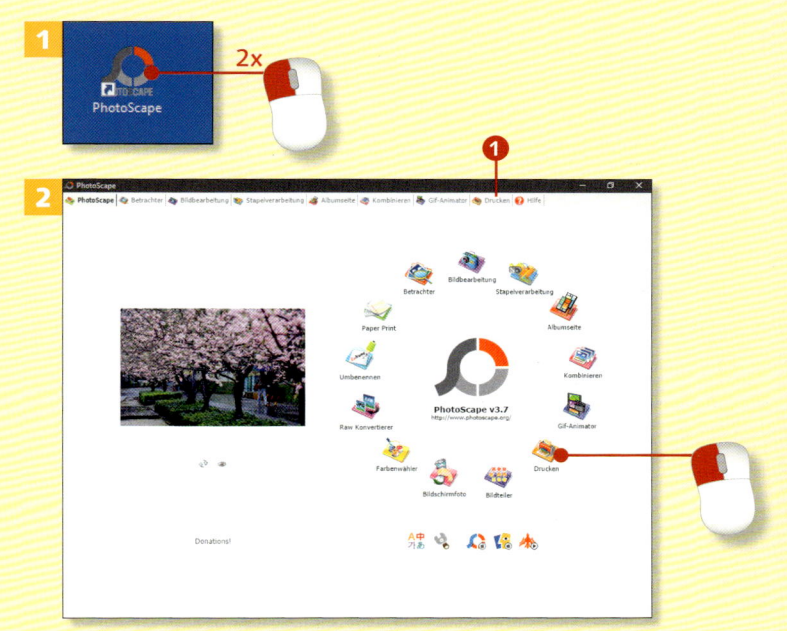

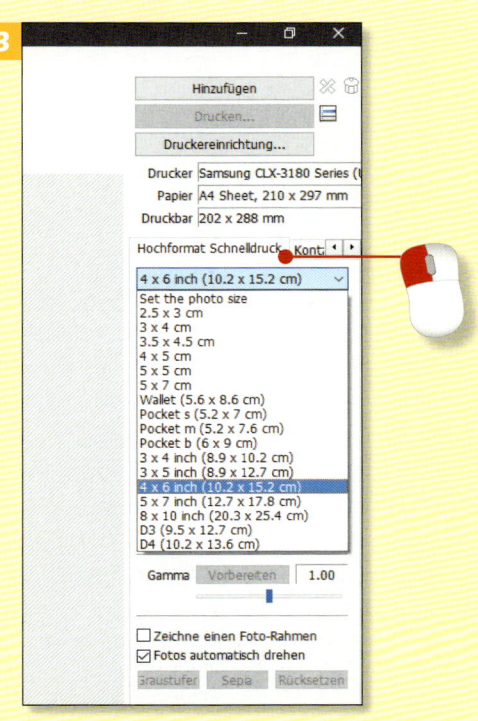

Bilderdruck über PhotoScape

Im vorigen Kapitel haben Sie bereits das Bildbearbeitungsprogramm PhotoScape kennengelernt. Auch hierüber können Sie Ihre Fotos ausdrucken.

1 PhotoScape starten

Starten Sie das Programm PhotoScape durch einen Doppelklick auf das dazugehörige Symbol auf dem Desktop. Sie gelangen dann in den Startbildschirm von PhotoScape.

2 Zum Drucken wechseln

Klicken Sie im Startbildschirm von PhotoScape auf das Symbol für **Drucken**, oder klicken Sie auf das gleichnamige Register ❶.

3 Bildgröße festlegen

Klicken Sie im rechten Bereich auf das Register **Hochformat Schnelldruck**, falls es noch nicht angezeigt wird. Wählen Sie aus dem darunterliegenden Klappmenü den Eintrag **4 × 6 inch (10.2 × 15.2 cm)** aus.

Platzhalter auf der Seite

Da Sie auf einem DIN-A4-Papier ausdrucken (wie unter dem Eintrag **Papier** im rechten Bereich erkennbar), passen zwei Fotos der gewählten Größe auf das Papier. Dies wird mit zwei Platzhaltern in der entsprechenden Größe angezeigt.

Bilderdruck über PhotoScape (Forts.)

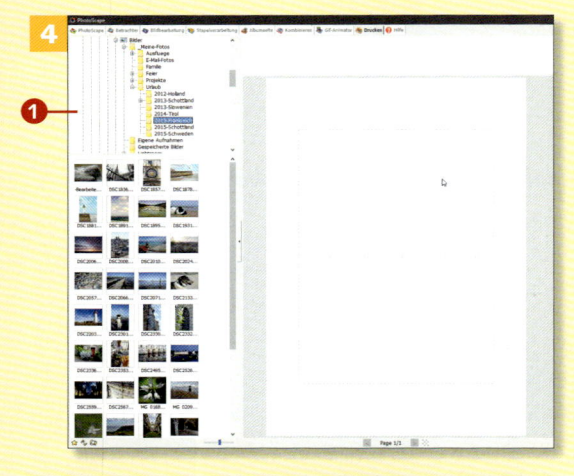

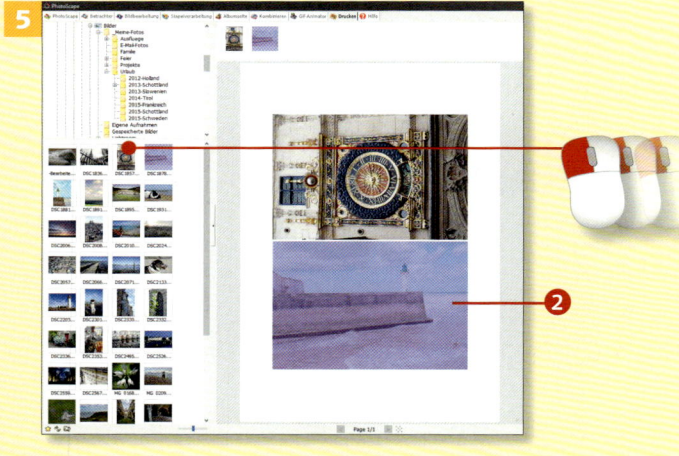

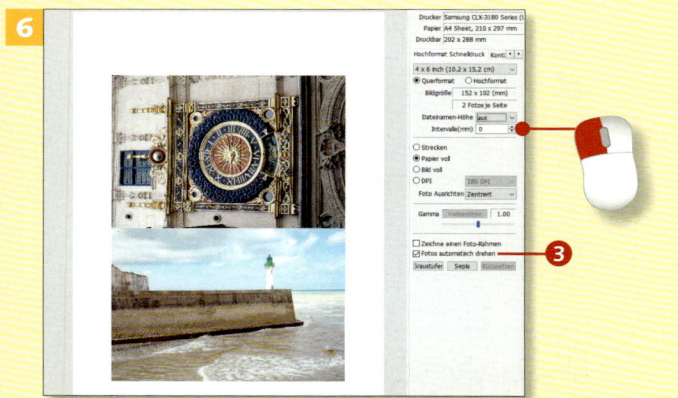

4 Bilder wählen

Die beiden Platzhalter werden nun mit Bildern befüllt. Klicken Sie dafür in der Ordnerliste ❶ auf den Ordner, der die zu druckenden Bilder beinhaltet.

5 Platzhalter befüllen

Klicken Sie auf ein Bild, das Sie ausdrucken wollen, und ziehen Sie es mit gedrückter Maustaste in einen der beiden Platzhalter. Wiederholen Sie den Schritt auch für den zweiten Platzhalter ❷.

6 Abstand verringern

Zwischen den beiden Bildern befindet sich standardmäßig ein Abstand. Diesen können Sie im rechten Bereich im Feld **Intervalle (mm)** verringern oder erhöhen. Im Beispiel habe ich ihn auf **0** gesetzt, so dass beide Bilder direkt aneinanderstoßen.

Fotos drehen

Interessant ist die Option **Fotos automatisch drehen** ❸, die Sie im rechten Bereich ganz unten finden. Damit werden Bilder, die im Hochformat vorliegen, in einem querformatigen Platzhalter gedreht, damit das gesamte Foto ausgedruckt werden kann. Ist diese Option deaktiviert, wird nur ein Ausschnitt des hochformatigen Bildes gedruckt werden.

Kapitel 5: Bilder drucken, brennen, scannen

7 Dateinamen

Wenn Sie den Dateinamen mit ausdrucken wollen, können Sie über das Klappmenü **Dateinamen-Höhe** im rechten Bereich eine Schriftgröße auswählen. Dadurch wird der Dateiname unterhalb der Bilder eingesetzt.

8 Druck starten

Um die Seite mit den Bildern auszudrucken, klicken Sie im oberen rechten Bereich auf die Schaltfläche **Drucken**. Daraufhin öffnet sich das Dialogfeld **Drucken**.

9 Seite ausdrucken

Im Dialogfeld **Drucken** können Sie bei Bedarf mehrere Kopien erstellen. Erhöhen Sie dafür den Wert hinter **Kopien** ❹. Ein einfacher Klick auf die Schaltfläche **Drucken** startet den Druckvorgang.

Mehrere Seiten drucken

Statt die Bilder direkt in einen Platzhalter zu ziehen, können Sie diese auch im oberen, weißen Bereich ablegen. Die Platzhalter werden dann entsprechend der dort sichtbaren Reihenfolge befüllt. Wenn Sie im oberen, weißen Bereich mehr Bilder anlegen, als Platzhalter vorhanden sind, legt PhotoScape automatisch weitere Seiten an.

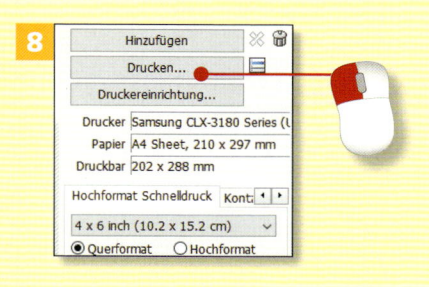

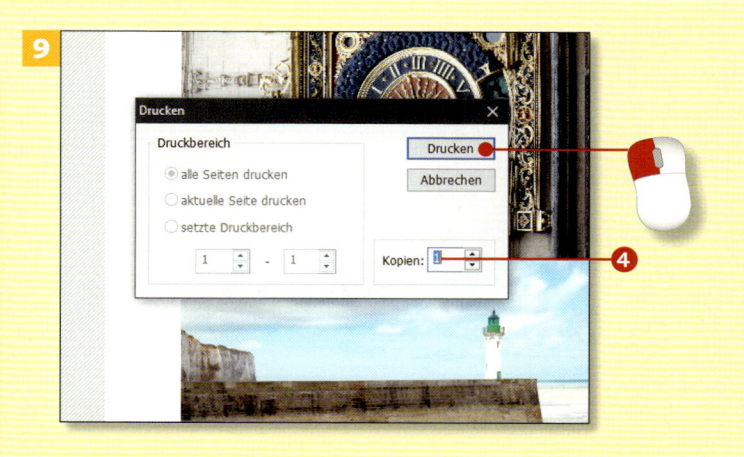

119

Bilder über das Internet bestellen

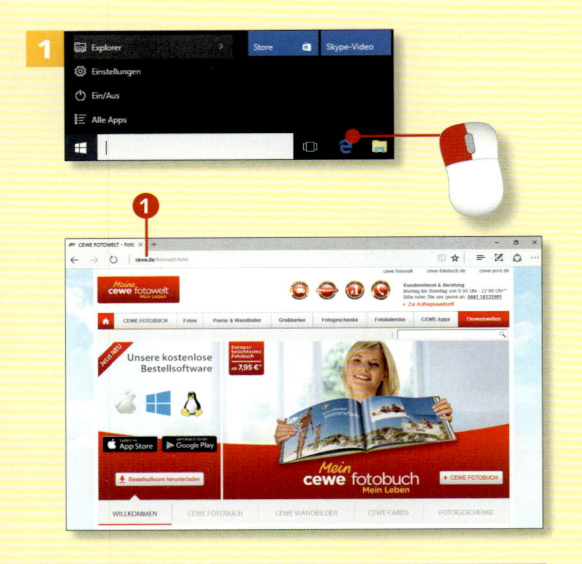

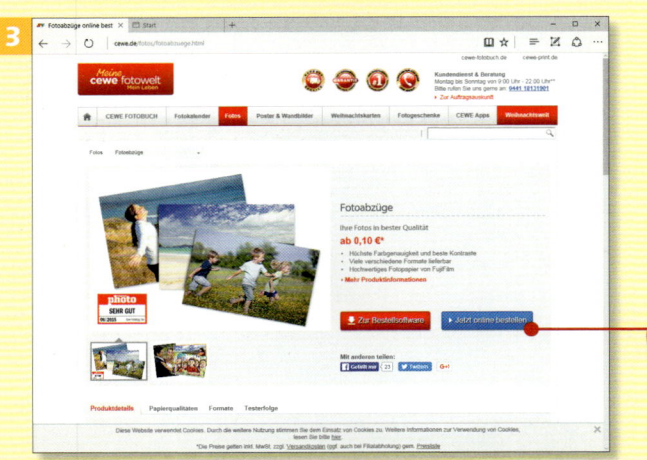

Die Bestellung von Fotoabzügen im Internet hat viele Vorteile. Sie sind zeitlich ungebunden und können die gewünschten Bilder zu Hause in Ruhe auswählen. Die fertigen Papierabzüge kommen per Post zu Ihnen oder können in einem Drogerie- oder Elektromarkt abgeholt werden.

1 Internetseite öffnen

Öffnen Sie Ihren Browser, zum Beispiel Microsoft Edge unter Windows 10, indem Sie dessen Symbol anklicken. Sobald sich das Browserfenster geöffnet hat, geben Sie in der Adressleiste die Internetseite www.cewe.de/fotowelt.html ein ❶.

2 Bereich »Fotos« aufrufen

Da Sie Fotos bestellen wollen, klicken Sie im oberen Bereich auf den Reiter **Fotos**. Sie gelangen auf die Seite, auf der Sie verschiedene Arten von Fotos bestellen können. Klicken Sie dort auf **Fotoabzüge** ❷.

3 Bestellart bestimmen

Für die Bestellung können Sie entweder eine Bestellsoftware herunterladen und Ihre Bildauswahl in Ruhe ohne Internet vornehmen. Klicken Sie aber dieses Mal auf **Jetzt online bestellen**.

Kapitel 5: Bilder drucken, brennen, scannen

4 Post oder Abholung?

Da CEWE viele Handelspartner hat, können Sie entscheiden, ob Sie die Fotos per Post zugesendet bekommen möchten oder bei einem Händler in Ihrer Nähe abholen wollen. Die Abholung hat den Vorteil, dass Sie vor Ort bezahlen und nicht über das Internet. Ich entscheide mich für **Online Fotoservice CEWE** im Bereich **Händler mit Postversand**.

5 Online bestellen

Es erscheint eine neue Seite mit einem großen, roten Kasten mit der Beschriftung **Fotos hinzufügen**. Klicken Sie darauf, und es erscheint das Windows-Dialogfeld **Öffnen**.

6 Anbieteralternative

Falls Sie sich in Schritt 4 für einen anderen Handelspartner entscheiden, werden Sie auf dessen Bestellseite weitergeleitet. Auch dort werden Sie in aller Regel eine Schaltfläche **Fotos hinzufügen** ❸ finden. Möglicherweise aber müssen Sie erneut die Produktkategorien auswählen: **Fotos ▸ Fotoabzüge**.

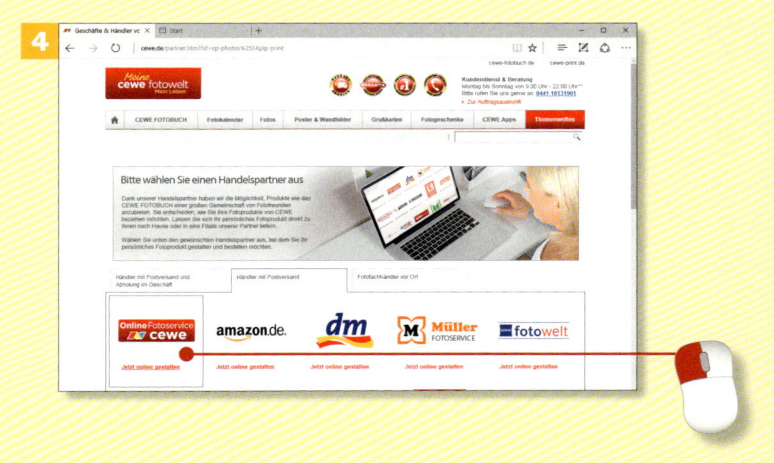

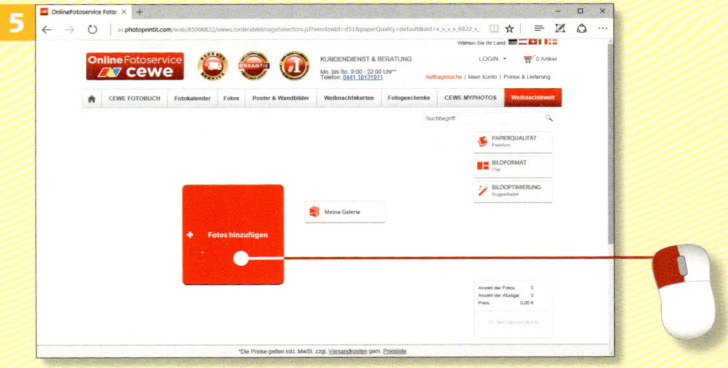

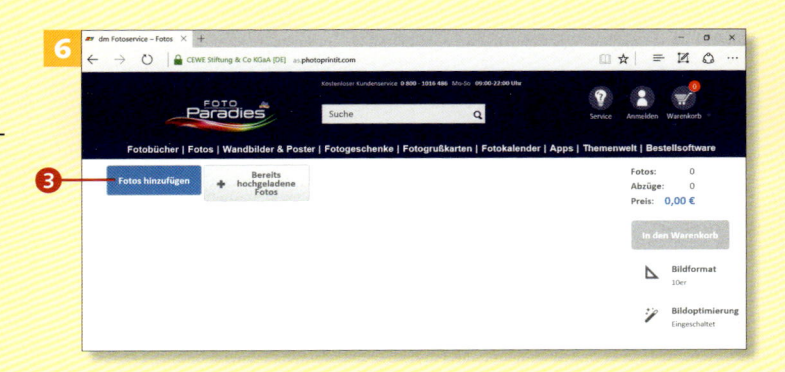

Bilder über das Internet bestellen (Forts.)

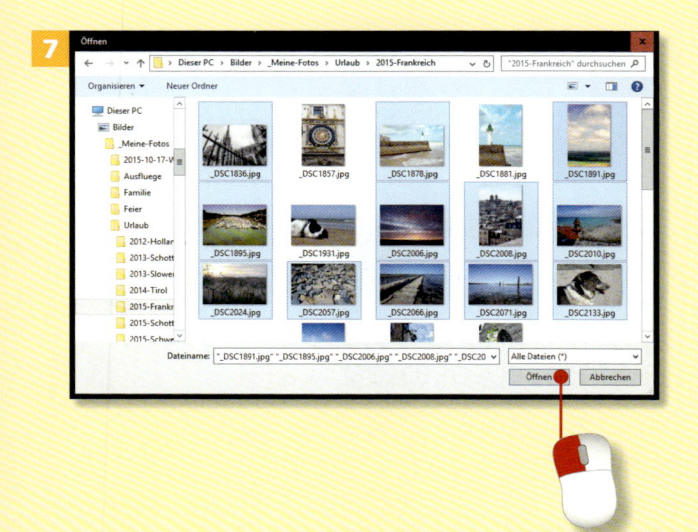

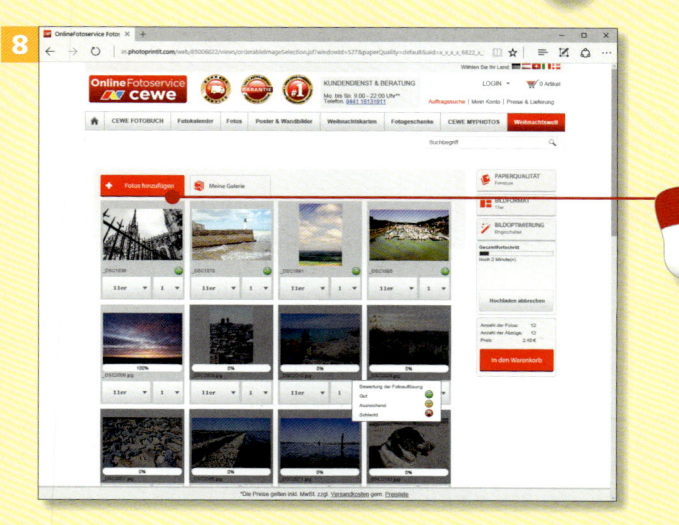

7 Fotos hinzufügen

Wechseln Sie im **Öffnen**-Dialogfeld in ein Bildverzeichnis, in dem sich Bilder befinden, von denen Sie Abzüge bestellen wollen. Klicken Sie ein Bild an. Weitere Bilder klicken Sie mit gedrückter `Strg`-Taste an. Klicken Sie anschließend auf **Öffnen**.

8 Fotos hochladen

Es werden nun die ausgewählten Fotos hochgeladen, was einige Zeit beanspruchen kann. Durch einen Klick auf **Fotos hinzufügen** können Sie bei Bedarf weitere Fotos hochladen.

9 Hinweise beachten

Die Qualität der Bilder wird Ihnen durch Grafiken von Gesichtern angezeigt ❶. Ein grünes Gesicht sagt aus, dass die Abmessungen eines Fotos ideal für den Druck sind. Gelbe Gesichter sind grenzwertig, und Fotos, die mit roten Gesichtern versehen werden, eignen sich nicht für den Ausdruck in der gewünschten Größe.

Kapitel 5: Bilder drucken, brennen, scannen

10 Größe vorgeben

Die jeweilige Größe des Abzugs können Sie im linken Klappmenü unterhalb jedes Fotos einstellen ❷. Im Beispiel ist es das Format **11er**, was für einen Fotoabzug von 11 × 17 cm Größe steht. Um ein Format für Fotos vorzugeben, klicken Sie im rechten Bereich auf **Bildformat** und wählen Ihr Wunschformat aus.

11 Anzahl einstellen

Sie erhalten standardmäßig einen Abzug pro Foto. Um die Anzahl zu verändern, klicken Sie auf den kleinen Pfeil unterhalb eines Fotos ❸ und wählen im erscheinenden Klappmenü durch einen Mausklick auf das Plus- oder Minuszeichen die gewünschte Stückzahl aus. Wenn Sie alle Bilder hochgeladen und die Größe und Anzahl auf Ihre Bedürfnisse eingestellt haben, klicken Sie auf **In den Warenkorb**.

12 Fotoabzüge bestellen

Sie erhalten eine Übersicht über Ihre bestellten Fotos und die dafür anfallenden Kosten. Klicken Sie dort auf **Nächster Schritt: Anmeldung** und folgen Sie den Anweisungen.

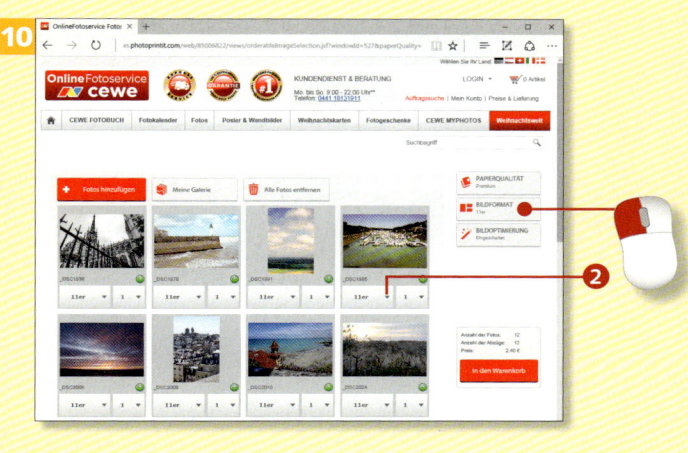

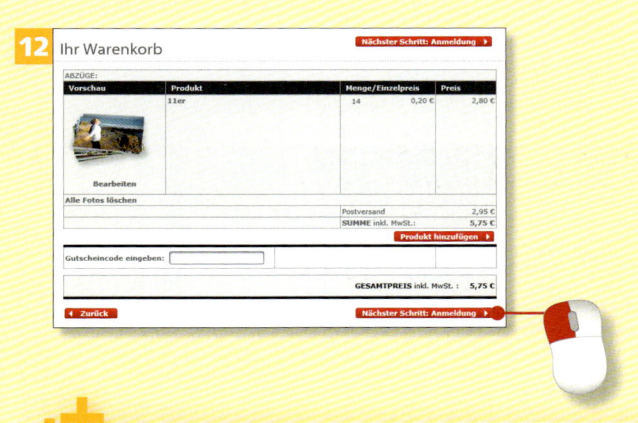

Bilder im Drogeriemarkt drucken
In vielen Drogeriemärkten können Sie mit Ihrer Speicherkarte, einer CD oder einem USB-Stick Ihre Bilder an einer Fotostation auswählen und drucken lassen. Meist ist dies auch als Direktdruck möglich, das heißt, Sie können die Bilder direkt mitnehmen.

Fotos auf CD/DVD brennen

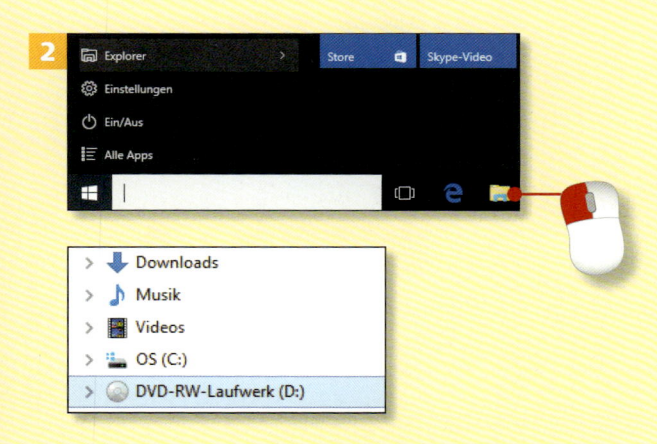

Wenn Sie Ihre Urlaubsfotos präsentieren wollen, ist dies am Computer meist umständlich und etwas unpersönlich. Hier empfiehlt es sich, eine Bilderauswahl auf eine CD zu brennen und mit einem DVD-Spieler am Fernseher von der Couch aus zu betrachten. Auch zur Sicherung Ihrer Bilderschätze eignen sich CDs gut.

1 CD einlegen

Legen Sie eine beschreibbare CD in das CD-/DVD-Laufwerk Ihres Computers ein. Achten Sie darauf, dass die beschriftete Seite nach oben zeigt.

2 Explorer starten

Wechseln Sie mit einem Klick auf das Symbol zum Explorer. Im linken Bereich des Explorer-Fensters sollte das CD-/DVD-Laufwerk erscheinen. Wählen Sie dieses Laufwerk aus (im Beispiel *DVD-RW-Laufwerk (D:)*).

3 Verwendung festlegen

Es erscheint das Dialogfeld **Auf Datenträger brennen**. Tragen Sie ganz oben einen Titel für Ihre CD ein ❶. Im Beispiel habe ich »Urlaubsbilder« gewählt. Klicken Sie in den Kreis vor **Mit einem CD/DVD-Player** und anschließend auf **Weiter**.

Kapitel 5: Bilder drucken, brennen, scannen

4 Bilder auswählen

Wechseln Sie in einen Bilderordner, in dem sich Bilder befinden, die Sie brennen möchten. Klicken Sie auf ein gewünschtes Bild, halten Sie dann die `Strg`-Taste gedrückt, und klicken Sie auf weitere zu brennende Bilder.

5 Bilder kopieren

Aktivieren Sie im oberen Bereich des Explorer-Fensters die Registerkarte **Freigeben**. Dort klicken Sie im Bereich **Senden** auf die Schaltfläche **Auf Datenträger brennen**. Es erscheint eine Fortschrittsanzeige, die Ihnen den Verlauf des Kopiervorgangs anzeigt.

6 Weitere Bilder hinzufügen

Wechseln Sie bei Bedarf in einen anderen Bilderordner, und wiederholen Sie die Schritte 4 bis 5 dieser Anleitung. In der unteren rechten Ecke des Windows-Desktops wird immer wieder ein Hinweis erscheinen, dass zu brennende Dateien vorhanden sind.

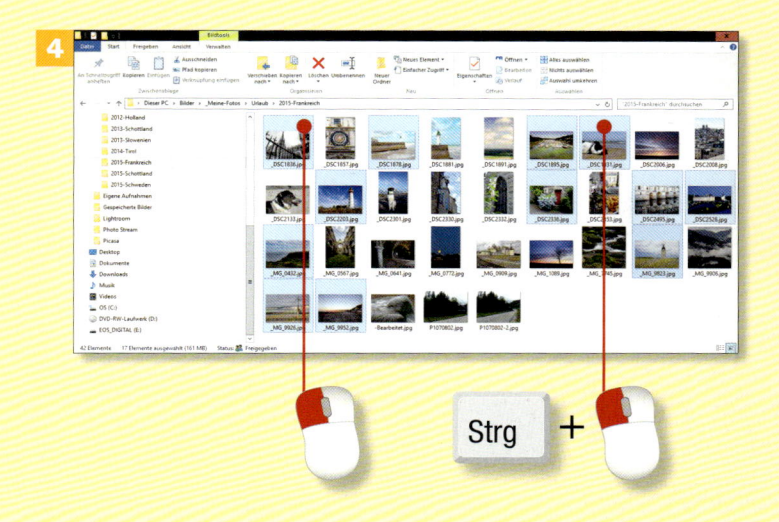

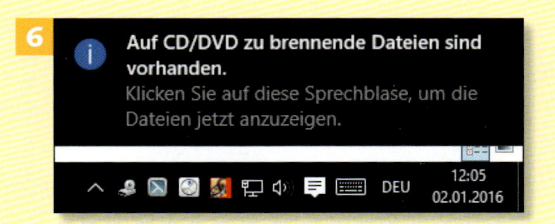

> **CD oder DVD?**
>
> Je nach Anzahl der Fotos, die Sie auf einen Datenträger brennen wollen, kann es sein, dass eine CD nicht genügend Speicherplatz bietet. In solch einem Fall müssen Sie auf eine DVD ausweichen. Eine DVD kann 4700 MB Daten aufnehmen, während eine CD einen Speicherplatz von bis zu 700 MB bietet.

Fotos auf CD/DVD brennen (Forts.)

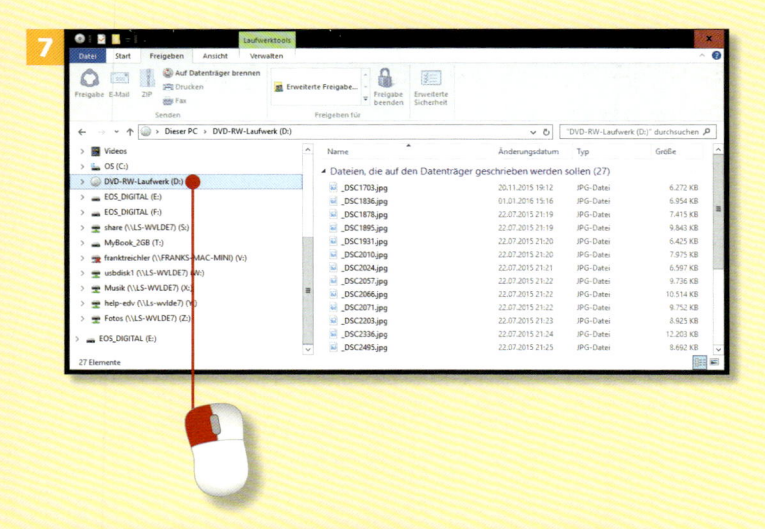

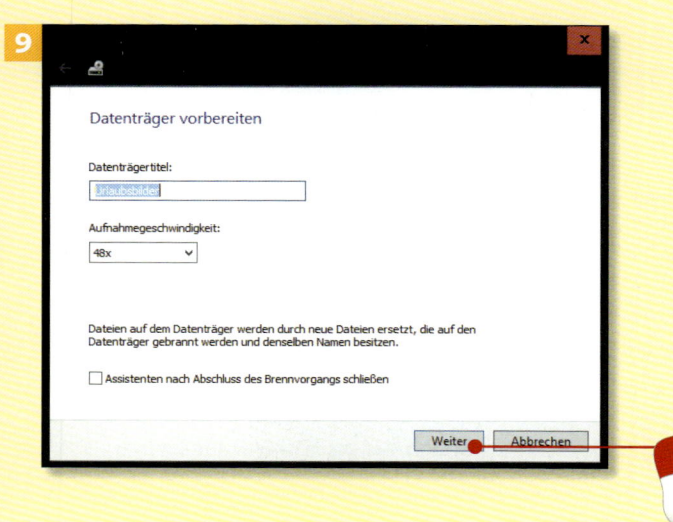

7 Zur CD/DVD wechseln

Wenn Sie alle Bilder für Ihre Foto-CD zusammengetragen haben, klicken Sie im linken Bereich des Explorer-Fensters auf Ihr CD-/DVD-Laufwerk. Im rechten Bereich sehen Sie dann noch einmal alle Dateien, die Sie zum Brennen vorgesehen haben.

8 Brennvorgang starten

Aktivieren Sie oben im Fenster die Registerkarte **Laufwerktools ▸ Verwalten**. Diese erscheint nur, wenn Sie zum Beispiel das CD-/DVD-Laufwerk ausgewählt haben. Klicken Sie dort auf die Schaltfläche **Brennvorgang abschließen**.

9 Datenträger vorbereiten

Es erscheint das Dialogfeld **Datenträger vorbereiten**. Hier finden Sie schon den Titel Ihrer CD eingetragen, den Sie in Schritt 3 festgelegt haben. Sie könnten diesen bei Bedarf hier noch einmal ändern. Falls alles in Ordnung ist, klicken Sie auf **Weiter**, um den Brennvorgang abzuschließen.

Kapitel 5: Bilder drucken, brennen, scannen

10 Bitte warten

Es erscheint eine Fortschrittsanzeige. Solange der Brennvorgang Ihrer CD andauert, sollten Sie Ihren Computer am besten in Ruhe lassen. Nehmen Sie also keine Änderungen im Explorer vor o. Ä.

11 Erfolgsmeldung

Nach erfolgreichem Brennvorgang erscheint eine Erfolgsmeldung. Hier haben Sie die Möglichkeit, die gerade gebrannten Dateien ein weiteres Mal auf einen anderen Datenträger zu brennen. Falls Sie das nicht wünschen, klicken Sie jetzt einfach auf **Fertig stellen**. Die CD wird aus dem Laufwerk ausgeworfen und kann entnommen werden.

12 Die CD beschriften

Sie sollten die CD direkt nach dem Brennen, mit einem CD-Stift beschriften, damit Sie später noch wissen, was sich auf der CD befindet. Auch wenn CDs recht widerstandsfähig sind, empfehle ich Ihnen, diese in einer Schutzhülle zu verstauen.

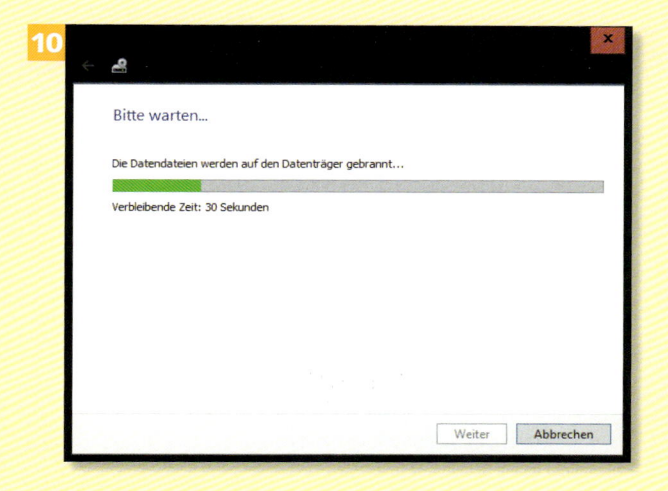

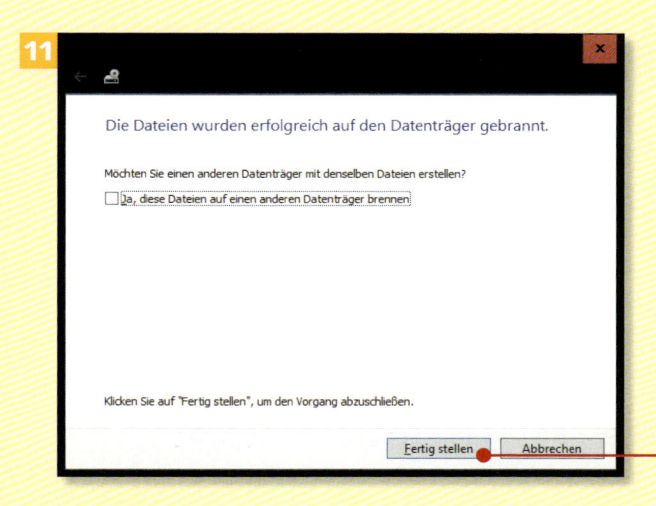

Bilder auf einem USB-Stick weitergeben

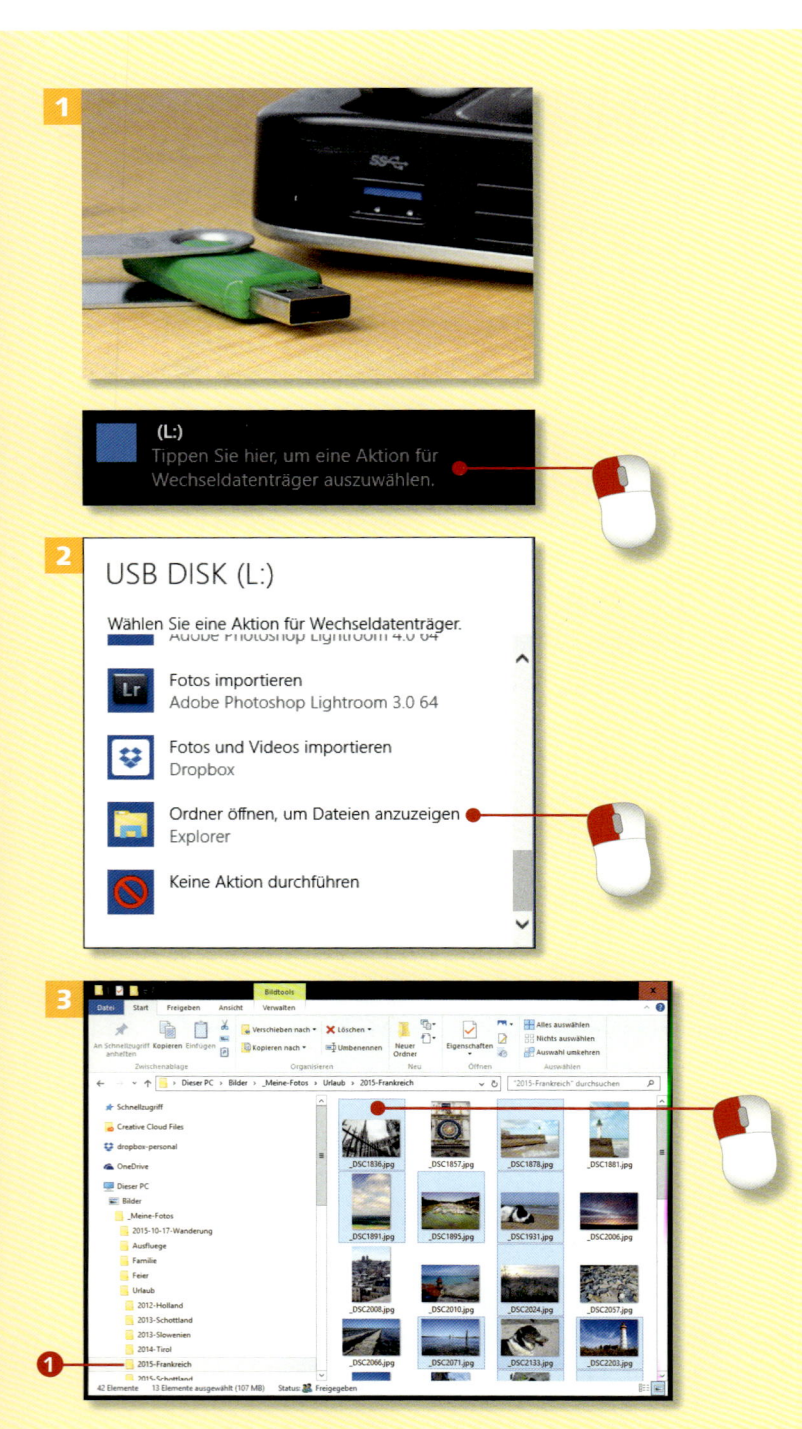

Neben CDs eignen sich USB-Sticks hervorragend für den schnellen Datenaustausch. Sie lassen sich immer wieder beschreiben, und mittlerweile haben auch viele Fernseher und DVD-Spieler einen USB-Eingang.

1 USB-Stick einstecken

Stecken Sie Ihren USB-Stick in einen dafür vorgesehenen USB-Eingang Ihres Rechners. Daraufhin erscheint auf dem Desktop die Frage, welche Aktion vorgenommen werden soll. Klicken Sie auf diese Meldung.

2 Aktion auswählen

Nach dem Klick erscheint eine Liste mit möglichen Aktionen. Scrollen Sie ans Ende der Liste und wählen Sie den Eintrag **Ordner öffnen, um Dateien anzuzeigen**. Ab dann wird die ausgewählte Aktion immer durchgeführt, sobald Sie einen USB-Stick einstecken.

3 Bilder auswählen

Es öffnet sich der Explorer. Wechseln Sie dort in den Ordner, in dem sich die Bilder befinden, die Sie auf den USB-Stick kopieren wollen ❶. Klicken Sie auf ein gewünschtes Bild, weitere Bilder klicken Sie mit gedrückter ⌜Strg⌝-Taste an.

Kapitel 5: Bilder drucken, brennen, scannen

4 Bilder kopieren

Klicken Sie in der Registerkarte **Start** auf **Kopieren nach**. Es öffnet sich eine Liste mit verschiedenen Speicherorten. Klicken Sie auf den Eintrag **Speicherort auswählen** ❷.

5 Speicherort bestimmen

Es erscheint das Dialogfeld **Elemente kopieren**. Wählen Sie hier das Verzeichnis Ihres USB-Sticks aus. Im Beispiel ist es *INTENSO (L:)*. Klicken Sie dann auf die Schaltfläche **Kopieren**.

6 Weitere Bilder kopieren

Wiederholen Sie bei Bedarf die Schritte 3 bis 5. Wenn alle gewünschten Bilder kopiert wurden, klicken Sie mit der *rechten* Maustaste auf das Verzeichnis Ihres USB-Sticks und im erscheinenden Kontextmenü mit der *linken* Maustaste auf **Auswerfen** ❸. Sie können dann den USB-Stick herausziehen.

> **USB-Eingang**
>
> Ihr Rechner verfügt sicherlich über mehrere USB-Eingänge. Meist befinden sich neben den hinteren USB-Eingängen auch solche auf der Vorderseite. Sollten bereits alle USB-Eingänge belegt sein, lässt sich das über einen USB-Verteiler lösen, den Sie im Fachhandel für wenig Geld erhalten.

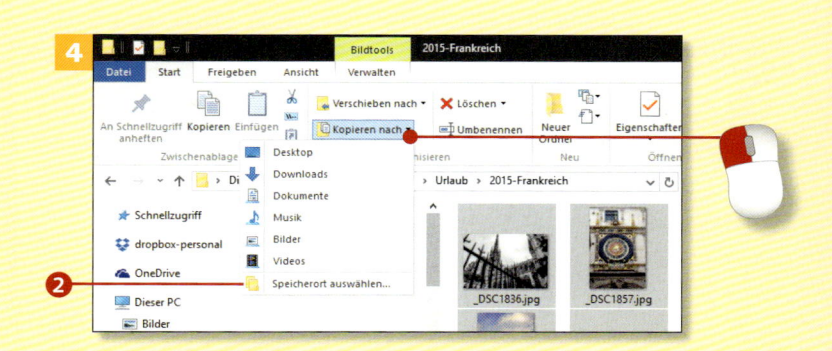

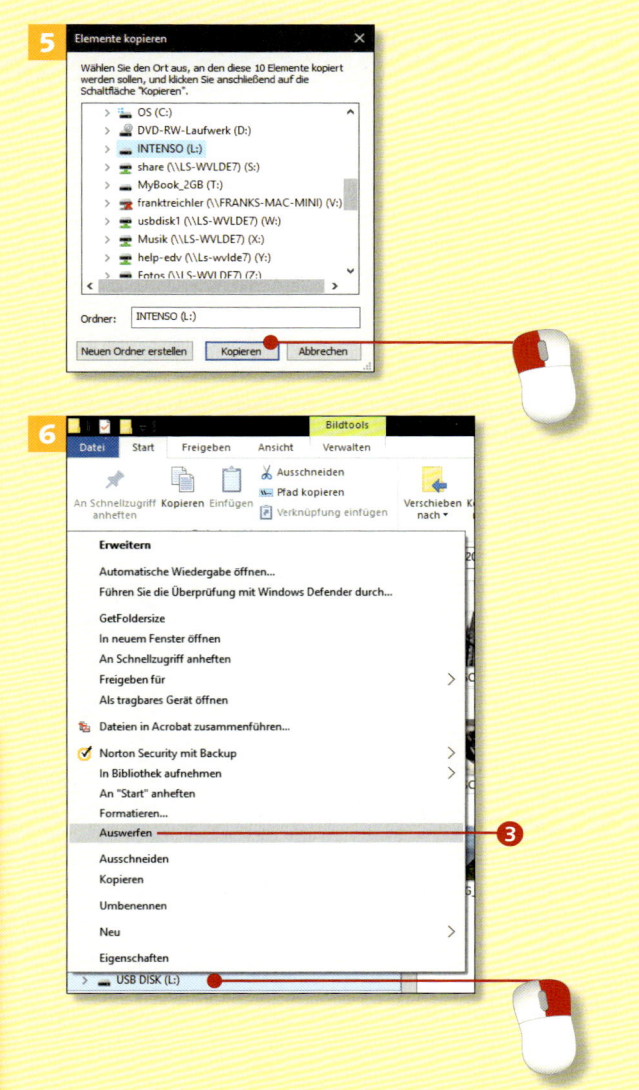

Fotos und Dokumente einscannen

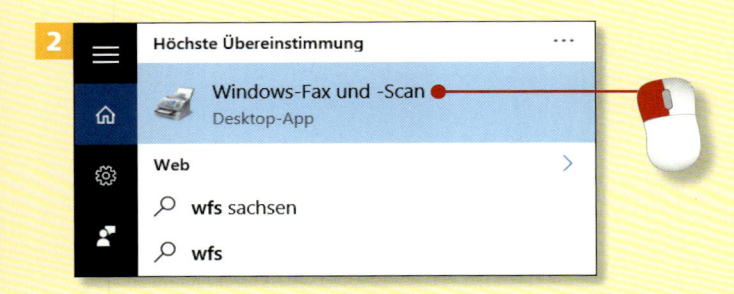

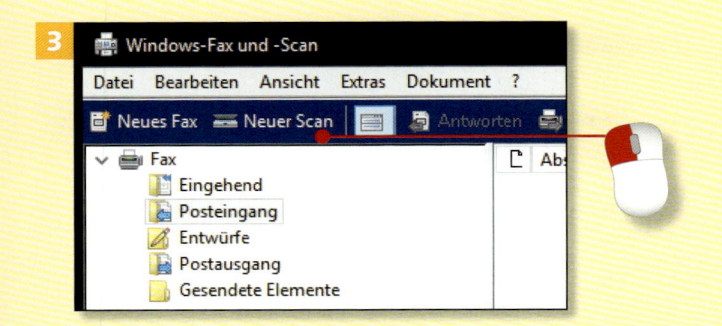

Haben Sie noch alte Erinnerungsfotos, aber nicht mehr die Negative dazu? Dann sollten Sie diese Papierabzüge digitalisieren! Windows 10 hat für diesen Anwendungsfall eine eigene App an Bord. Voraussetzung ist, dass Sie einen betriebsbereiten Scanner angeschlossen haben.

1 Die Scanner-App aufrufen

Da die etwas sperrig benannte App **Windows-Fax und -Scan** auch noch ein wenig versteckt ist, nutzen Sie am besten die Windows-Suche. Klicken Sie dafür links unten auf dem Desktop auf die Lupe, und geben Sie im darüber erscheinenden Suchfeld die drei Buchstaben »wfs« ein.

2 Suchergebnis aufrufen

Sofort erscheint darüber die Liste mit dem Suchergebnis. Klicken Sie dort auf den ersten Treffer. Daraufhin startet die App **Windows-Fax und -Scan**.

3 Scan durchführen

Legen Sie ein Papierfoto in Ihren Scanner, und klicken Sie in der **App Windows-Fax und -Scan** auf das Symbol für **Neuer Scan**. Die App versucht dann, eine Verbindung mit Ihrem Scanner aufzunehmen.

Kapitel 5: Bilder drucken, brennen, scannen

4 Vorschau starten

Es erscheint das Dialogfeld **Neuer Scan**. Überprüfen Sie, ob im oberen Bereich der richtige Scanner aufgeführt ist ❶. Falls dies nicht der Fall ist, klicken Sie auf die Schaltfläche **Ändern** ❷ und wählen Sie den richtigen Scanner aus. Klicken Sie dann auf **Vorschau**.

5 Bildbereich bestimmen

Grundsätzlich wird die gesamte Fläche des Scanners aufgenommen, wodurch ein großer, ungenutzter weißer Bereich um Ihr Foto herum entsteht. Klicken Sie daher auf eine der Ecken des gestrichelten Rahmens und ziehen Sie mit gedrückter Maustaste den Rahmen so klein, dass lediglich das Bild eingerahmt ist.

6 Scan starten

Klicken Sie unterhalb des Vorschaubildes auf die Schaltfläche **Scannen**. **Windows-Fax und -Scan** startet daraufhin den Scanner, der den von Ihnen im vorigen Schritt festgelegten Bereich einscannt. Der Fortschritt des Scanvorgangs wird Ihnen angezeigt ❸. Hier könnten Sie auch einen versehentlich gestarteten Scan mit der gleichnamigen Schaltfläche abbrechen.

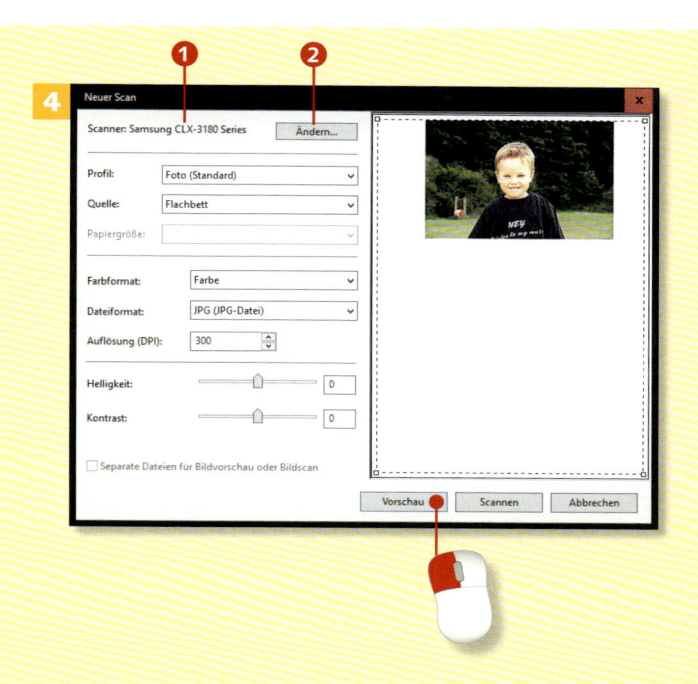

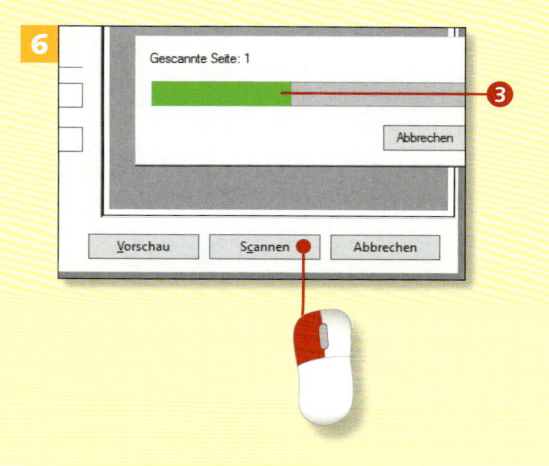

Fotos und Dokumente einscannen (Forts.)

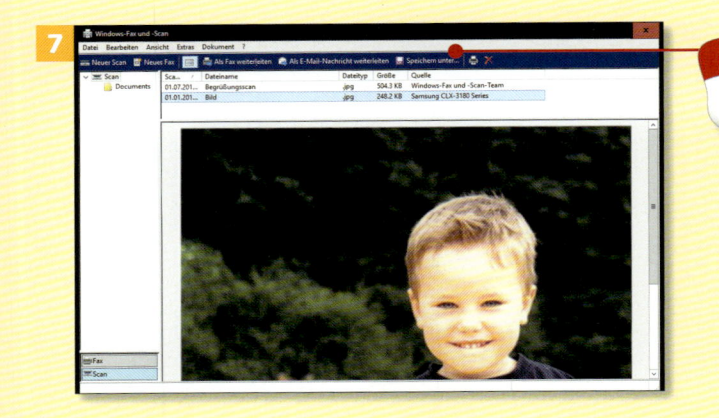

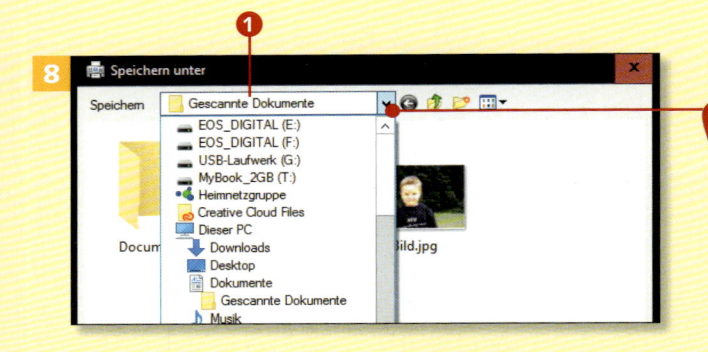

7 Gescanntes Foto speichern

Sie gelangen nach erfolgreichem Scanvorgang in die Übersicht aller gescannten Dokumente. Klicken Sie dort auf **Speichern unter**, um das gerade gescannte Foto zu sichern.

8 Speicherort festlegen

Standardmäßig werden gescannte Dokumente in dem gleichnamigen Verzeichnis gespeichert ❶. Um dies zu ändern, klicken Sie auf den kleinen Pfeil bei **Speichern** und wählen Sie aus dem Klappmenü ein Verzeichnis Ihrer Wahl. Ich entscheide mich für *Bilder ▸ _Meine-Fotos ▸ Familie*.

9 Dateinamen vergeben

Vergeben Sie im Bereich **Dateiname** einen eindeutigen Namen für das gescannte Foto ❷. Klicken Sie dann auf **Speichern**. Ab sofort steht Ihnen das Fotos für weitere Schritte, zum Beispiel eine Weiterbearbeitung in der **Fotos**-App, zur Verfügung.

Analoge Fotos sammeln

Ich lege meine eingescannten oder abfotografierten Analogfotos immer zuerst in einen gesonderten Ordner, um diese separat zu behandeln. Erst nach der Bildbearbeitung verschiebe ich die Bilder dann in einen thematisch passenden Ordner.

Fotos abfotografieren

Sie hätten gerne digitale Kopien alter Fotos, die vielleicht sogar in ein Fotoalbum geklebt sind? Dann können Sie einfach mit Ihrer Digitalkamera einen digitalen Abzug erstellen.

1 Kamera vorbereiten

Suchen Sie sich eine Stelle, die genug Licht bietet, da Sie den Kamerablitz nicht einsetzen können. Das Licht sollte möglichst gleichmäßig von allen Seiten auf Ihr Foto fallen. Damit Ihr Bild möglichst scharf ist, setzen Sie ein Stativ ein, nutzen Sie den Selbstauslöser Ihrer Kamera sowie das Motivprogramm **Landschaft**.

2 Fotoalbum abfotografieren

Legen Sie das Fotoalbum auf den Boden, und beschweren Sie eventuell die Seiten. Das abzufotografierende Foto muss so eben wie möglich liegen. Machen Sie nun Ihre Fotos.

3 Bilder übertragen

Übertragen Sie die Bilder auf Ihren Rechner und begutachten Sie die Ergebnisse (siehe Kapitel 1). Anschließend können Sie Ihre Bilder bearbeiten (siehe Kapitel 4).

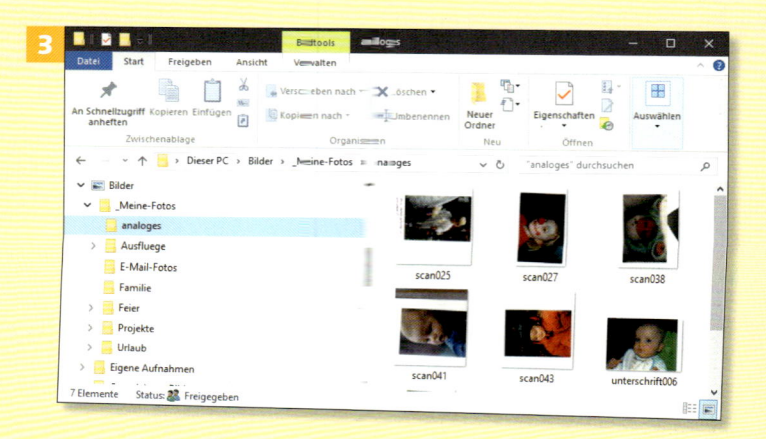

Kapitel 6
Fotos verwenden

Warum die eigenen Fotos nur auf dem Computer belassen? Es gibt mittlerweile viele Wege der Verbreitung der eigenen Bilder, sei es per E-Mail, als Fotogeschenk oder als Beitrag in den sozialen Medien.

Fotos per E-Mail versenden
Nachrichten als E-Mail zu verschicken, ist eine recht unkomplizierte Form der Kommunikation. Was liegt also näher, als das eine oder andere Bild als E-Mail-Anhang zu versenden? ❶

Mit Fotos eine Freude machen
Ein Ausdruck eines selbstgemachten Fotos eignet sich hervorragend als individuelles Geschenk. Daneben bieten Ihnen Fotodienstleister noch viele weitere Möglichkeiten, mit Ihren Fotos schöne Geschenke zu erstellen. Sei es ein Fotobuch vom letzten Urlaub, ein Fotokalender, der den Beschenkten mit Bildern durchs Jahr begleitet, oder lustige Fotogeschenke. Sehen Sie, wie einfach es ist, solche Fotogeschenke zu erstellen ❷.

Fotos teilen
Ihre Fotos müssen nicht nur auf Ihrem Computer verweilen. Durch die Möglichkeiten, die Ihnen das Internet und die sozialen Medien bieten, können Sie Ihre Bilder einer großen Öffentlichkeit präsentieren oder gezielt für Freunde und Bekannte freigeben, damit diese auch von weit entfernten Orten darauf zugreifen können ❸.

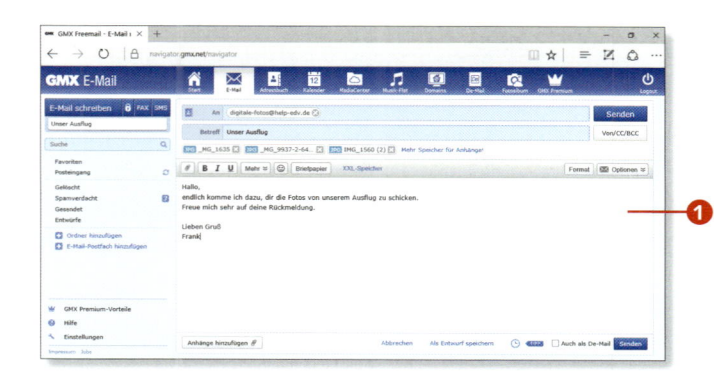

❶ Versenden Sie Ihre Fotos per E-Mail, zum Beispiel via *www.gmx.de*.

❷ Ein individuelles Glasschneidebrett, angefertigt mit Ihren Fotos

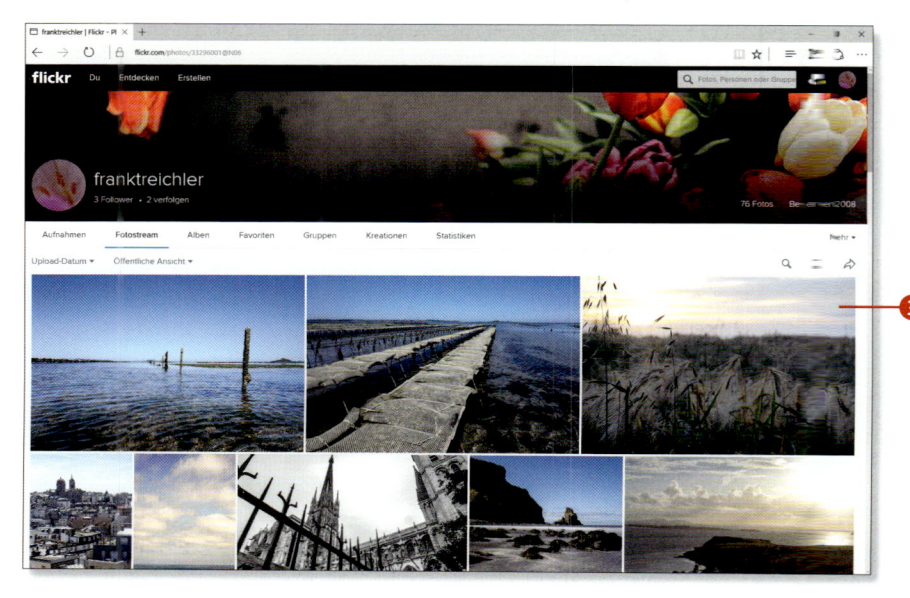

❸ Mit dem Dienst von Flickr können Sie Ihre Fotos Freunden und anderen Interessierten präsentieren.

135

Fotos per E-Mail versenden

Bilder lassen sich sehr gut als Anhang einer E-Mail versenden. Da aber eine Bilddatei recht groß sein kann, kommt es nicht selten zu Problemen, da der Datenbedarf des Bildes die Beschränkungen einer E-Mail überschreitet. Aus diesem Grund unterstützt Sie Windows 10 beim Versand von Bildern via E-Mail.

1 Explorer aufrufen

Öffnen Sie den Explorer durch einen Klick auf das Symbol für den Explorer in der Taskleiste. Es öffnet sich daraufhin das Explorer-Fenster.

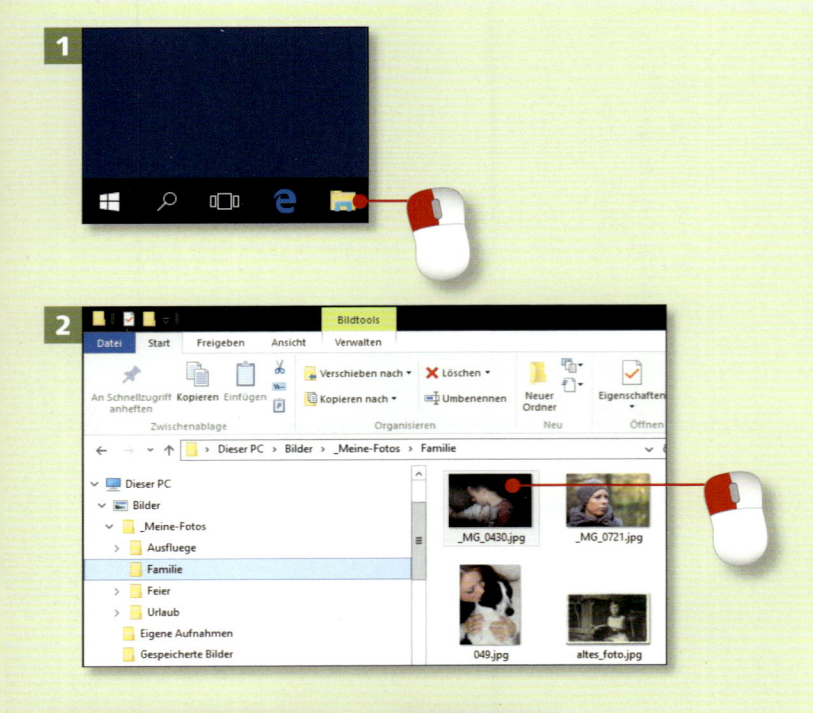

2 Bild wählen

Wechseln Sie durch einen einfachen Mausklick in den gewünschten Bilderordner, in dem sich das Bild befindet, das Sie verwenden wollen. Klicken Sie dieses Bild mit einem einfachen Mausklick an.

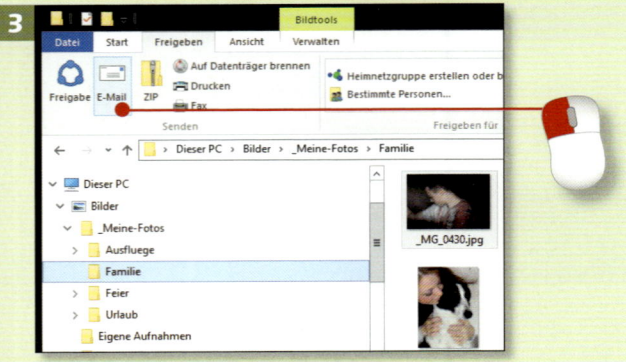

3 E-Mail-Versand aufrufen

Aktivieren Sie oben im Explorer-Fenster die Registerkarte **Freigeben**, und klicken Sie dort in der Gruppe **Senden** auf **E-Mail**.

> **E-Mail-Programm einrichten**
> Der gezeigte Versand per E-Mail setzt voraus, dass sich auf Ihrem Computer ein E-Mail-Programm von Windows befindet, zum Beispiel die **Mail**-App oder **Microsoft Outlook**.

Kapitel 6: Fotos verwenden

4 Größe bestimmen

Das im Beispiel ausgewählte Bild hat eine Größe von 5,92 MB. Das ist für einige E-Mail-Anbieter zu groß. Windows 10 versucht, die Datei für den E-Mail-Versand zu verkleinern, und schlägt nach dem gerade durchgeführten Klick eine **Bildgröße** vor. Die Option **Mittel** ist ausreichend ❶. Klicken Sie daher auf **Anfügen**.

5 E-Mail verfassen

Es wird Ihr lokales E-Mail-Programm gestartet, im Beispiel ist es Outlook. Tippen Sie in die Adresszeile die Adresse des Empfängers ein, vergeben Sie einen Betreff und schreiben Sie bei Bedarf einen netten Text im Nachrichtenfeld. Die Bilddatei hat Windows 10 bereits angehängt ❷.

6 E-Mail versenden

Klicken Sie schließlich auf **Senden**, um die E-Mail abzuschicken. Je nach Internetverbindung kann dieser Vorgang etwas länger dauern.

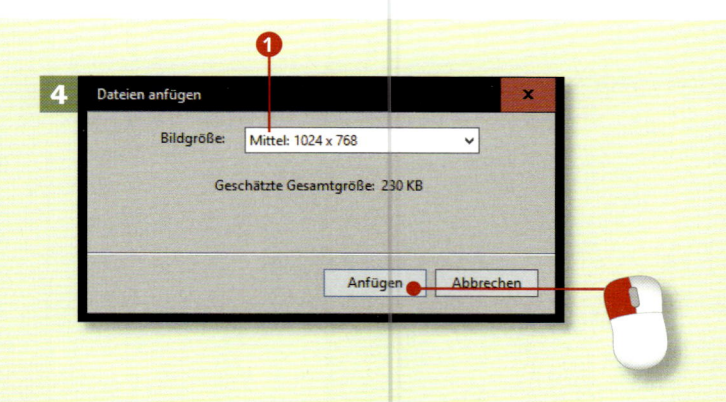

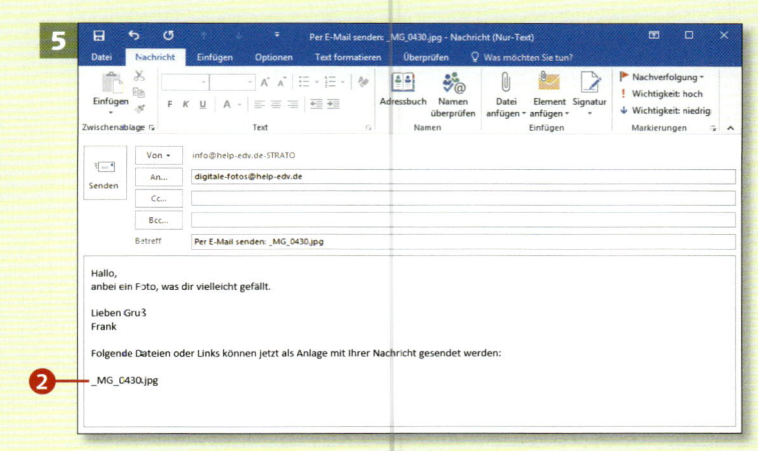

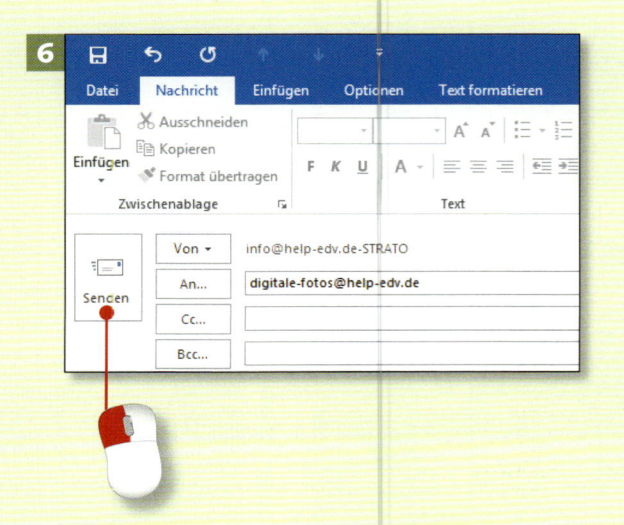

Foto online versenden

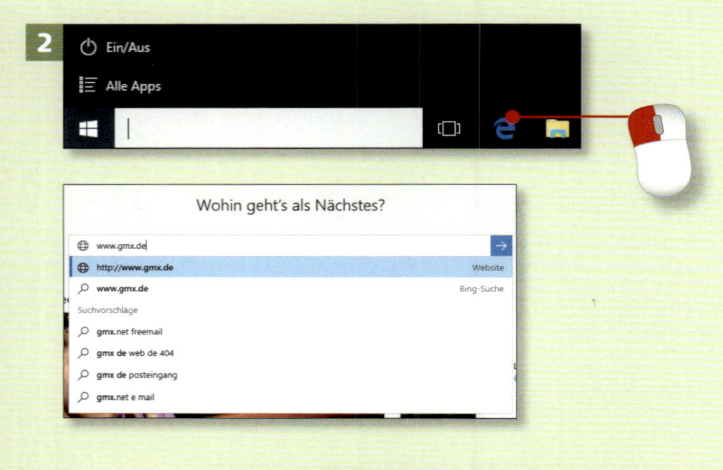

Der Versand per E-Mail setzt voraus, dass ein E-Mail-Programm auf Ihrem Rechner installiert ist. Aber auch der Versand über einen Online-Dienst ist möglich. Hier benötigen Sie lediglich die Mail-Adresse eines Online-Dienstes und einen Tarif, den es je nach Arbieter auch kostenlos gibt.

1 Bilder vorbereiten

Verkleinern Sie bei Bedarf die Fotos, die Sie versenden wollen. Lesen Sie hierzu die Anleitung »Größe ändern« ab Seite 89 beziehungsweise die Anleitung »Mehrere Bilder gleichzeitig verkleinern« ab Seite 92.

2 E-Mail-Anbieter aufrufen

Starten Sie Ihren Internetbrowser durch einen Klick auf das Symbol für Microsoft Edge. Geben Sie in der Adressleiste *www.gmx.de* beziehungsweise den Namen Ihres E-Mail-Anbieters an.

3 Einloggen

Da ich den kostenlosen Service von GMX nutze, habe ich im Beispiel meine GMX-E-Mail-Adresse sowie das dazugehörige Passwort unterhalb von **Freemail** eingegeben ❶. Mit einem Klick auf **Login** beginnt der Anmeldevorgang.

Kapitel 6: Fotos verwenden

4 E-Mail starten

Nach der Anmeldung bei GMX landen Sie auf einer Übersichtsseite, von der aus Sie die unterschiedlichen Dienste starten können. Klicken Sie hier im linken Bereich auf **E-Mail**, alternativ dazu können Sie auch im oberen Bereich auf das Symbol für **E-Mail** klicken ❷.

5 E-Mail verfassen

Im Bereich **E-Mail** angekommen, klicken Sie oben links auf **E-Mail schreiben**, um mit dem Verfassen Ihrer E-Mail zu beginnen.

6 Adresse und Betreff befüllen

Tragen Sie hinter **An** eine gültige E-Mail-Adresse ein, an die Sie die Bilder schicken wollen. Geben Sie anschließend einen aussagekräftigen **Betreff** ein. Im Beispiel habe ich »Meine Urlaubsfotos« geschrieben.

> **GMX richtig verlassen**
>
> Wenn Sie den Versand Ihrer E-Mails abgeschlossen haben und GMX verlassen wollen, sollten Sie unbedingt die Schaltfläche **Logout** benutzen. Nur hierüber melden Sie sich ordnungsgemäß ab. Sollten Sie diesen Weg nicht nutzen, wird Sie GMX beim nächsten Start darauf aufmerksam machen.

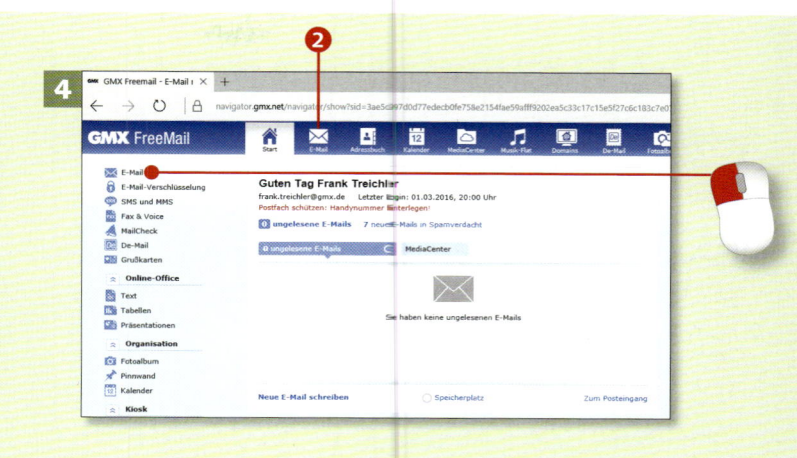

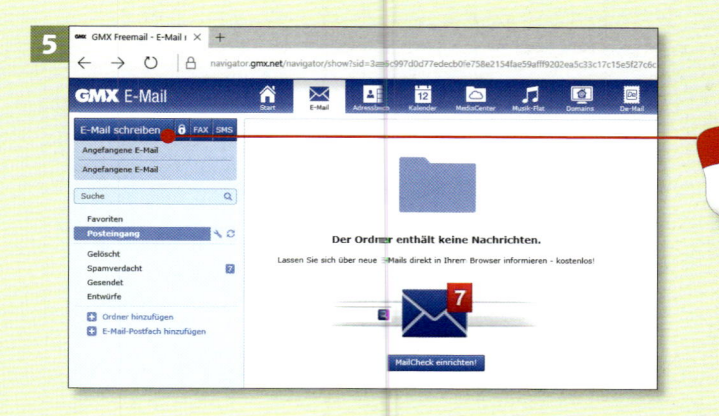

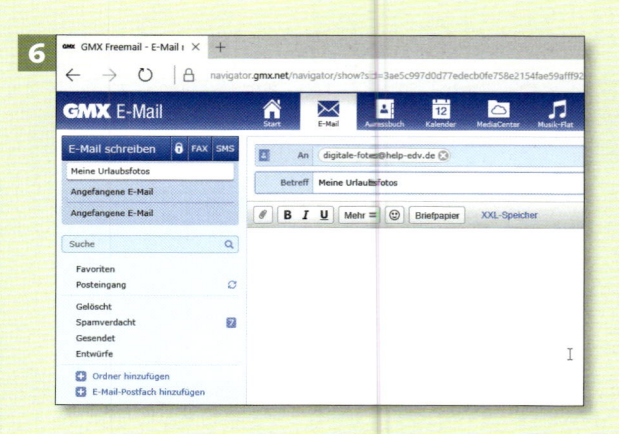

Foto online versenden (Forts.)

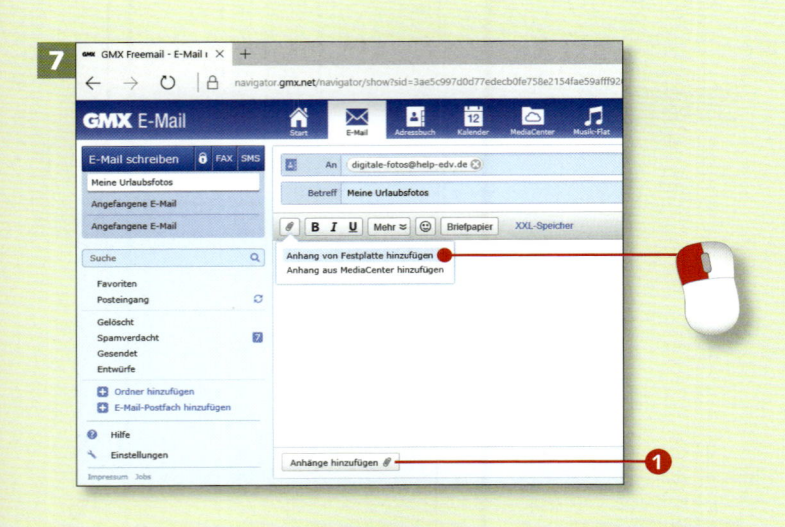

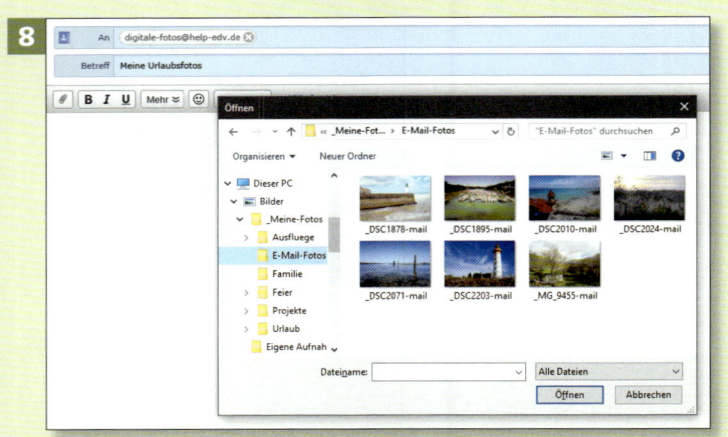

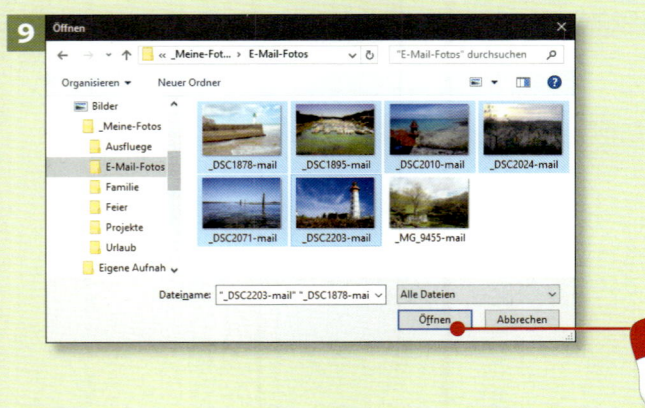

7 Anhang aufrufen

Führen Sie einen einfachen Mausklick auf das Symbol für **Anhänge hinzufügen** unterhalb der Betreffzeile aus, und klicken Sie dann auf **Anhang von Festplatte hinzufügen**. Im unteren Bereich des E-Mail-Fensters gibt es ebenfalls eine Schaltfläche **Anhänge hinzufügen** ❶, die Sie ebenso nutzen können.

8 Bildordner öffnen

Es erscheint das Dialogfeld **Öffnen**. Wechseln Sie hier zu dem Ordner, der die Fotos beinhaltet, die Sie versenden wollen. Im Beispielbild ist es der Ordner *E-Mail-Fotos*.

9 Bilder wählen

Klicken Sie auf das erste Bild, das Sie versenden wollen. Falls Sie weitere Bilder aus diesem Ordner versenden wollen, halten Sie die ⌈Strg⌉-Taste gedrückt und klicken Sie auf die gewünschten Bilder. Klicken Sie dann auf die Schaltfläche **Öffnen**.

> **Unterschiedliche Dialogfelder**
> Falls Sie nicht Microsoft Edge als Browser einsetzen, sondern Mozilla Firefox, ändert sich der Name des Dialogfeldes in Schritt 8. Dieser nennt sich in Mozilla Firefox **Dateien hochladen** und nicht **Öffnen** wie unter Microsoft Edge.

140

Kapitel 6: Fotos verwenden

10 Weitere Bilder anhängen

Durch den Klick auf die Schaltfläche **Öffnen** werden die ausgewählten Bilder unterhalb der Betreffzeile aufgelistet ❷. Sie könnten mit einem einfachen Klick auf das Symbol für **Anhänge hinzufügen** noch weitere Bilder, auch aus anderen Ordnern, anhängen.

11 E-Mail-Text verfassen

Schreiben Sie noch ein paar Zeilen in das große Textfenster ❸, eine Foto-E-Mail mit einem Begleittext wirkt immer freundlicher als eine Nachricht ohne Mitteilung.

12 Nachricht versenden

Wenn Sie die E-Mail fertiggestellt haben, klicken Sie auf die Schaltfläche **Senden**. Auch hier ist es egal, ob Sie die obere oder untere Schaltfläche anklicken ❹. Sie erhalten daraufhin eine Erfolgsmeldung (**E-Mail erfolgreich versandt**).

> **Angehängte Bilder entfernen**
> Wenn Sie Ihre Meinung ändern und einzelne oder Dateien doch nicht mitschicken möchten, entfernen Sie sie einfach wieder aus der E-Mail. Klicken Sie dafür auf das kleine X-Symbol neben dem jeweiligen Dateinamen ❺.

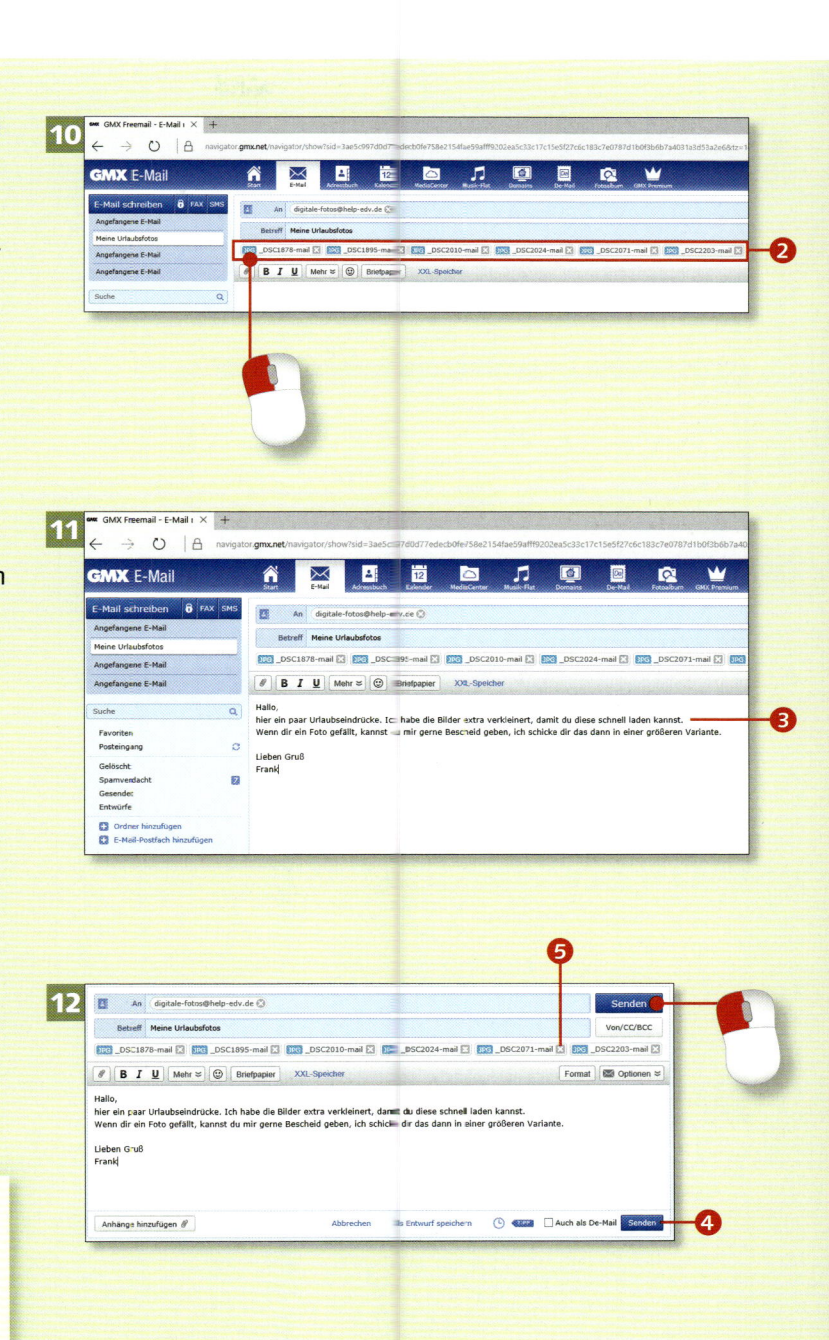

Ein Fotoprojekt vorbereiten

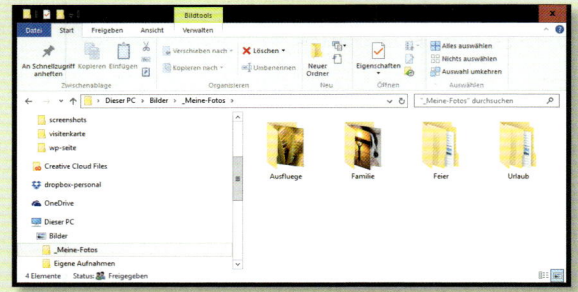

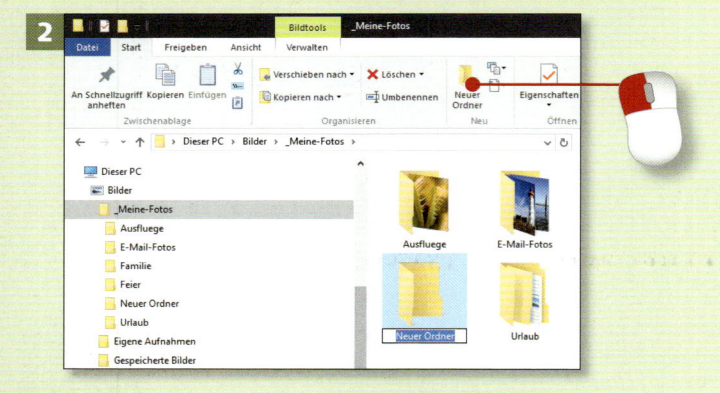

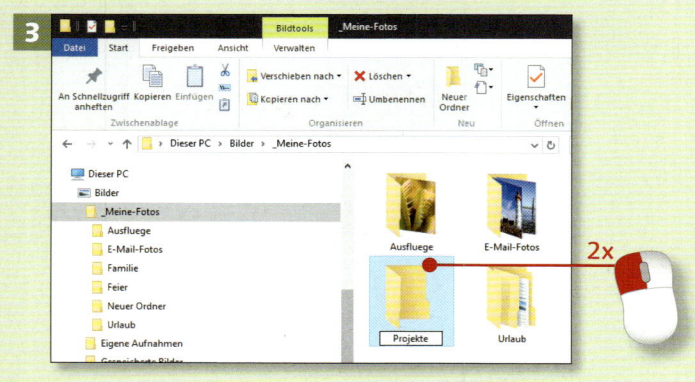

Ab Seite 145 können Sie nachlesen, wie Sie ein Fotobuch oder Fotogeschenke erstellen. Sammeln Sie die gewünschten Fotos vorab in einem speziellen Verzeichnis, damit Sie später schneller darauf zugreifen können.

1 Explorer öffnen

Öffnen Sie den Explorer, indem Sie auf das entsprechende Symbol im unteren Bereich des Bildschirms klicken. Wechseln Sie in Ihren Ordner *Bilder*. Im Beispiel ist es der Ordner *_Meine-Fotos*, der sich unterhalb des Ordners *Bilder* befindet.

2 Neuen Ordner anlegen

Klicken Sie im Explorer in der Registerkarte **Start** auf das Symbol für **Neuer Ordner**. Es wird ein neuer Ordner angelegt. Der Name des Ordners wird blau unterlegt und kann überschrieben werden.

3 Ordner umbenennen

Überschreiben Sie den Standardnamen **Neuer Ordner** mit einem eindeutigen Namen. Ich habe den Namen »Projekte« eingetippt. Drücken Sie nach der Eingabe die Taste ⏎. Führen Sie einen Doppelklick auf den neuen Ordner *Projekte* aus.

Kapitel 6: Fotos verwenden

4 Unterordner anlegen

Da Sie mehrere Projekte anlegen werden, sollten Sie unterhalb des Ordners *Projekte* weitere Unterordner anlegen. Klicken Sie dafür auf **Neuer Ordner** und benennen Sie den neuen Ordner. Im Beispiel lautet der Name »Fotobuch«.

5 Fotos auswählen

Wechseln Sie in den Bilderordner, in dem sich die Fotos befinden, die Sie für das Fotoprojekt benötigen. In meinem Beispiel wechsle ich in den Ordner *2015-Frankreich*, der sich im Ordner *Urlaub* innerhalb von *_Meine-Fotos* befindet.

6 Fotos markieren

Klicken Sie auf das betreffende Bild. Wollen Sie mehr als nur ein Bild auswählen, halten Sie die Strg-Taste gedrückt und klicken Sie auf die betreffenden Bilder. Die ausgewählten Bilder werden mit einem blauen Hintergrund versehen.

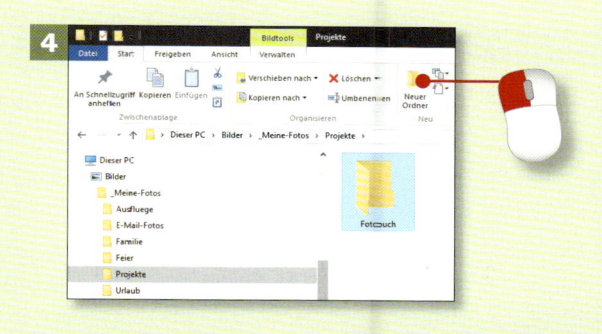

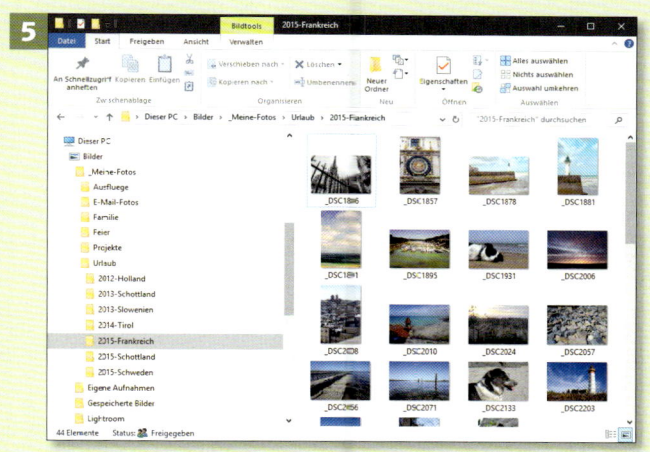

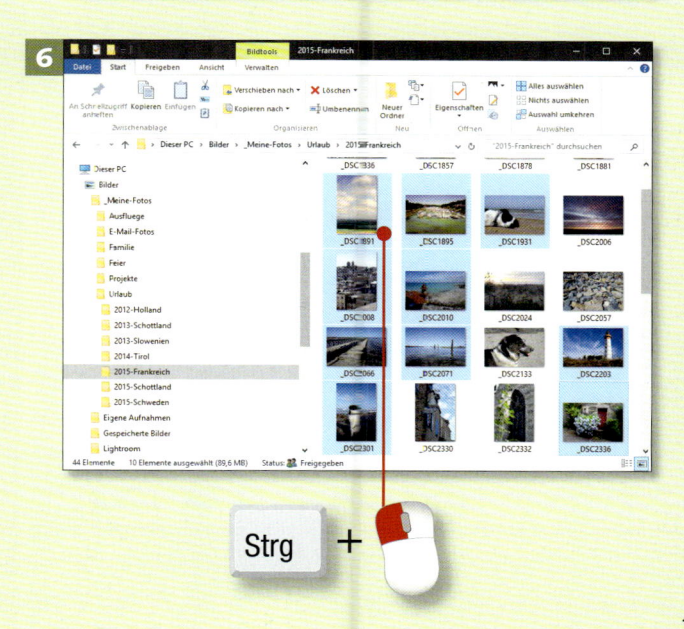

143

Ein Fotoprojekt vorbereiten (Forts.)

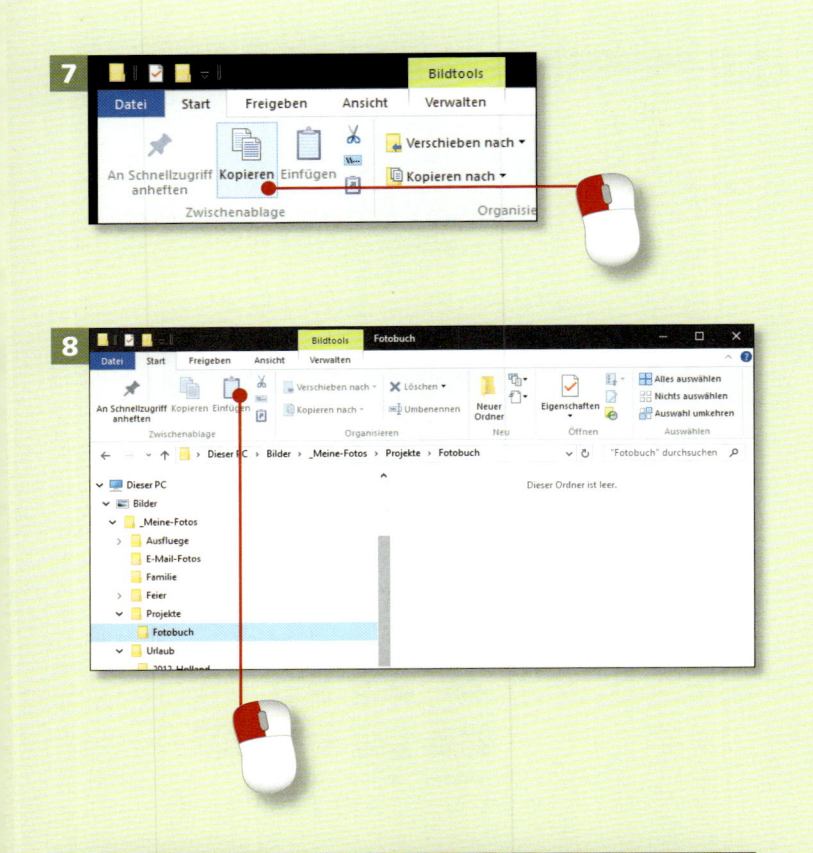

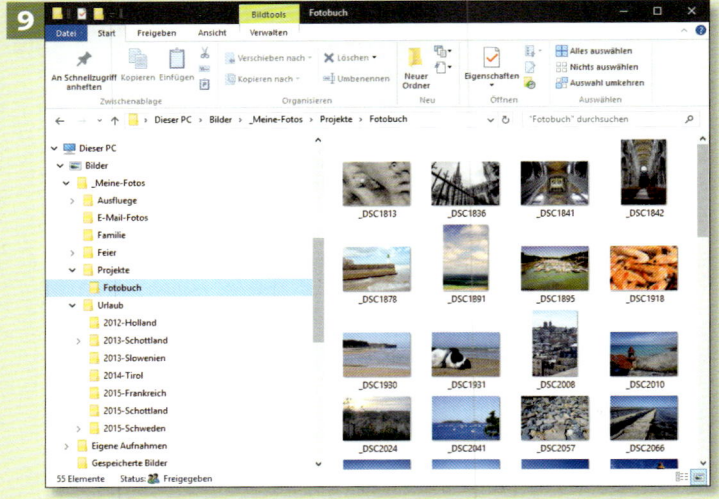

7 Fotos kopieren

Klicken Sie im oberen Bereich in der Registerkarte **Start** auf das Symbol für **Kopieren**. Ihre markierten Bilder werden dann in die sogenannte *Zwischenablage* kopiert. Alternativ können Sie auch die Taste [Strg] zusammen mit der Taste [C] drücken.

8 Projektordner befüllen

Wechseln Sie in Ihren Projektordner. Im Beispiel ist es der Ordner *Fotobuch*, der sich unterhalb von *Projekte* befindet. Klicken Sie dann auf das Symbol für **Einfügen**, das sich im oberen Bereich in der Registerkarte **Start** befindet. Alternativ können Sie die Tastenkombination [Strg]+[V] drücken.

9 Weitere Bilder hinzufügen

Falls Sie noch weitere Bilder benötigen, müssen Sie die Schritte 5 bis 8 dieser Anleitung wiederholen. Letztendlich haben Sie alle Fotos für Ihr Projekt in einem Ordner gesammelt. Nach Abschluss Ihres Fotoprojekts können Sie diesen Ordner wieder löschen.

Ein Fotobuch online erstellen

Mit einem Fotobuch können Sie sich und anderen eine große Freude machen. Die Erstellung eines Fotobuches erfolgt entweder mit Hilfe des Programms, das Sie kostenlos von den Fotobuchanbietern erhalten, oder auch online.

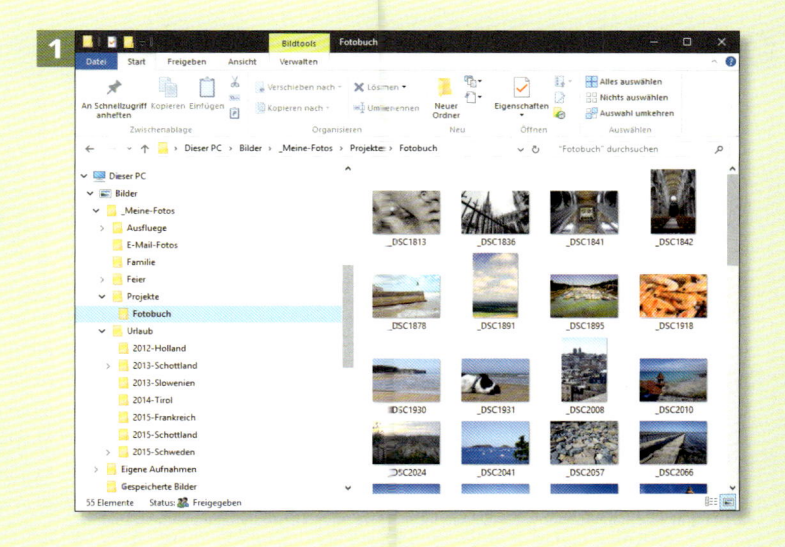

1 Bilder sammeln

Sammeln Sie in einem eigens dafür angelegten Ordner die Bilder, die Sie in Ihrem Fotobuch ablegen wollen, wie in der vorigen Anleitung beschrieben (Seite 142).

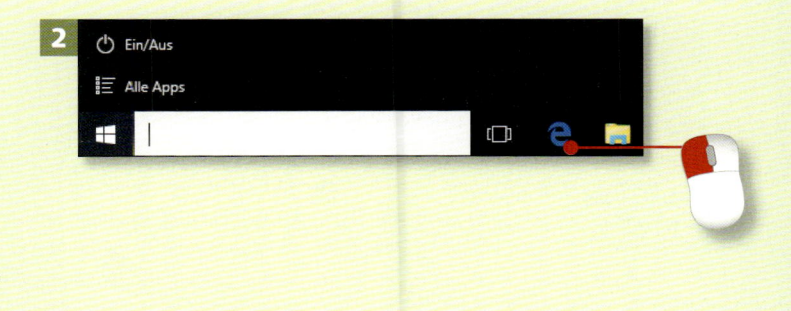

2 Browser aufrufen

Die Liste der Fotobuchanbieter ist recht groß. Viele Anbieter stellen nicht nur ein kostenloses Programm für die Fotobucherstellung zur Verfügung, sondern bieten auch die Erstellung über das Internet an. Starten Sie also Ihren Internetbrowser, zum Beispiel Microsoft Edge.

3 Zum Anbieter wechseln

Tippen Sie im Adressfeld Ihres Browsers die Adresse *www.posterxxl.de* ein und drücken Sie die Taste ⏎. Sie gelangen dann auf die Seite des Fotoanbieters PosterXXL.

Ein Fotobuch online erstellen (Forts.)

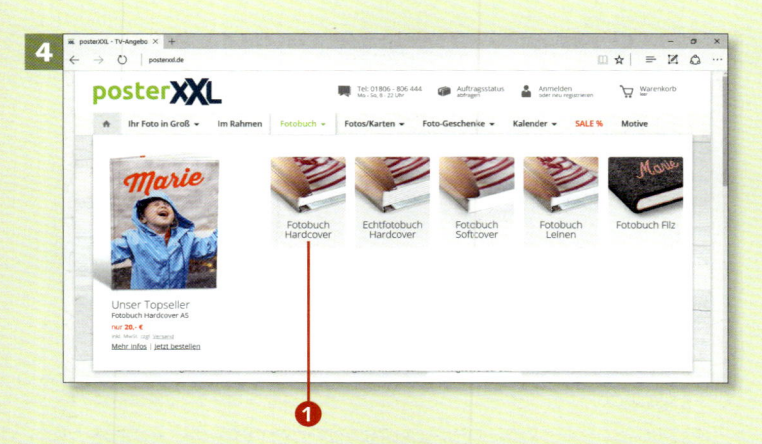

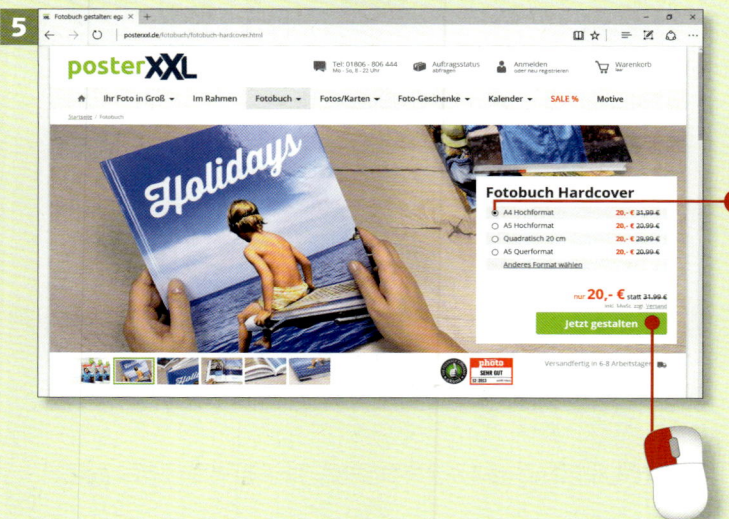

4 Fotobuch aufrufen

Auf der Seite von PosterXXL angekommen, zeigen Sie mit der Maus auf **Fotobuch**. Darunter erscheinen dann die verschiedenen Arten von erhältlichen Fotobüchern. Klicken Sie hier auf Ihr gewünschtes Format, zum Beispiel **Fotobuch Hardcover** ❶.

5 Größe bestimmen

Das Fotobuch gibt es in verschiedenen Größen. Die Standardgröße ist **A4 Hochformat**. Falls Sie ein anderes Format wünschen, klicken Sie auf den Kreis vor einem der anderen Formate ❷. Weitere Formate finden Sie durch einen Klick auf **Anderes Format wählen**. Klicken Sie dann auf **Jetzt gestalten**.

6 Erstellung wählen

Es erscheint die Frage, wie Sie Ihr Fotobuch erstellen wollen. Da Sie es direkt im Browser erstellen wollen, klicken Sie auf **Jetzt gestalten**, um den Erstellungsprozess zu starten.

Kapitel 6: Fotos verwenden

7 Bilder hinzufügen

Nun folgt die Erstellung Ihres Fotobuches. Hierfür benötigen Sie zuerst einmal Ihre Bilder. Klicken Sie dazu auf **Bilder hinzufügen** im unteren Bereich des Erstellungsfensters.

8 Bildquelle bestimmen

Sie haben die Möglichkeit, lokal gespeicherte Bilder (**Mein Computer**), aber auch Bilder, die auf Facebook oder in der Dropbox liegen, zu verwenden. Für unser Beispiel klicken Sie auf **Mein Computer**, um mit Ihren in Schritt 1 zusammengestellten Bildern weiterzuarbeiten.

9 Bilderordner aufrufen

Es erscheint das Dialogfeld **Öffnen**. Wechseln Sie hier in den Bilderordner, der Ihre Fotos für das Fotobuch beinhaltet. Im Beispiel ist das der Ordner *Fotobuch*, der sich im Ordner *Projekte* unterhalb von *_Meine-Fotos* befindet.

Anderes Aussehen?

Die Anbieter von Fotobüchern wechseln immer wieder einmal das Aussehen ihrer Internetseiten. Die grundsätzliche Bedienung wird aber in aller Regel beibehalten. Auch wenn Sie sich für einen anderen Fotobuchanbieter entscheiden, werden Sie sich mit Hilfe dieser Anleitung sicherlich zurechtfinden.

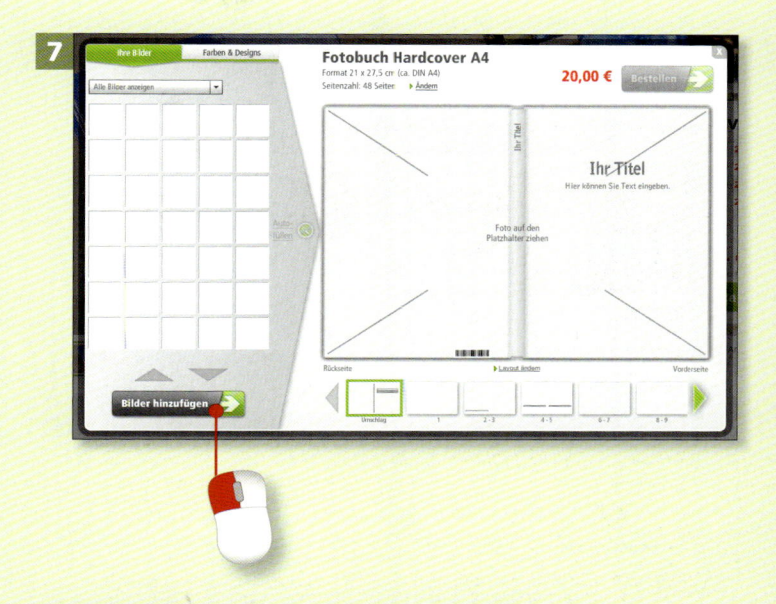

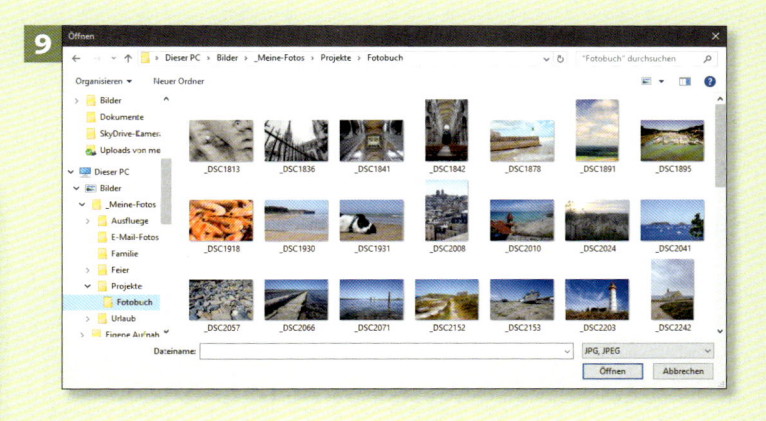

147

Ein Fotobuch online erstellen (Forts.)

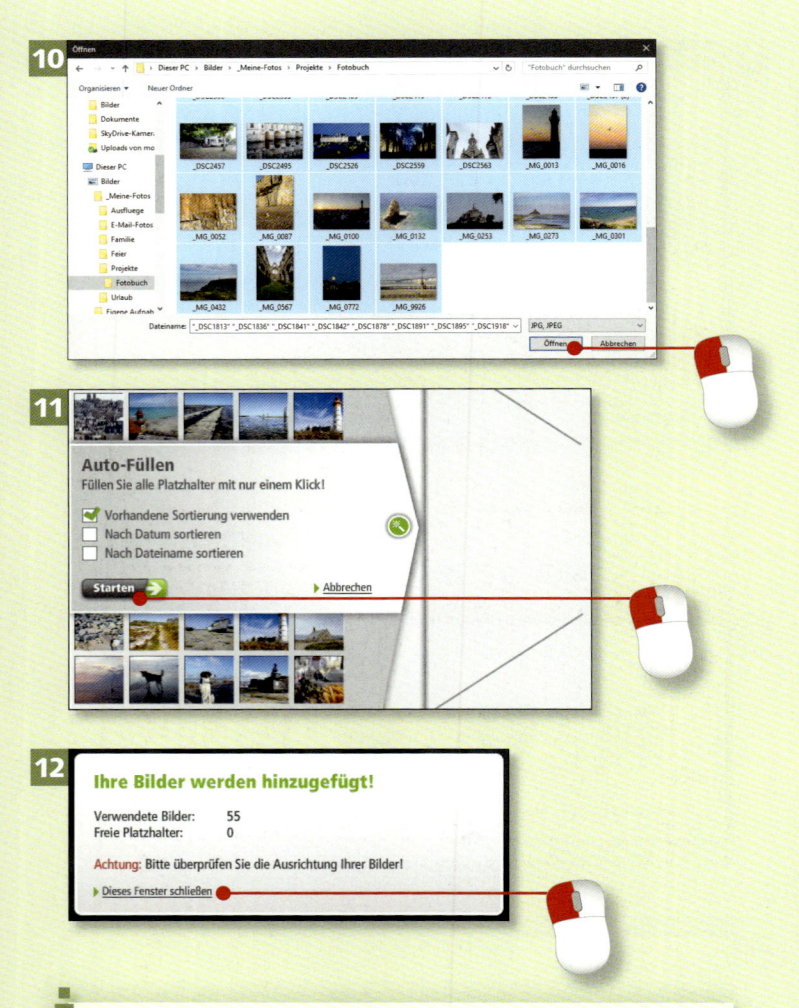

10 Bilder auswählen

Klicken Sie hier auf das erste Foto und scrollen Sie mit der Maus nach unten, bis Sie das letzte Bild im Ordner sehen. Halten Sie die ⇧-Taste gedrückt und klicken Sie auf das letzte Bild. Damit werden alle Bilder ausgewählt. Klicken Sie dann rechts unten auf **Öffnen**.

11 Buch befüllen

Nachdem alle Bilder hochgeladen wurden, erscheinen sie im linken Bereich **Ihre Bilder**. Gleichzeitig erscheint das Fenster **Auto-Füllen**. Klicken Sie hier auf **Starten**, um die Bilder automatisch im Buch ablegen zu lassen.

12 Erfolgsmeldung

Es erscheint eine Meldung, dass Ihre Bilder hinzugefügt werden. Nach dem erfolgreichen Einfügen können Sie dort ablesen, wie viele Bilder verwendet wurden und wie viele Platzhalter noch frei sind. Klicken Sie auf **Dieses Fenster schließen**.

Achten Sie auf die Ausrichtung!

In der Erfolgsmeldung von PosterXXL in Schritt 12 erscheint eine Warnmeldung, die Sie bittet, die Ausrichtung Ihrer Bilder zu überprüfen. Der Hintergrund ist, dass es durch die automatische Zuweisung der Bilder passieren kann, dass ein Bild im Hochformat in einen querformatigen Platzhalter abgelegt wird (und umgekehrt) und somit nur ein Ausschnitt des Bildes gedruckt wird.

Kapitel 6: Fotos verwenden

13 Bilder vergessen?

Eine sehr nützliche Funktion ist das Einblenden der Bilder, die im Buch noch nicht auftauchen. Klicken Sie hierfür auf das Klappmenü im linken Bereich **Ihre Bilder**. Wählen Sie dort **Nicht verwendete Bilder anzeigen**.

14 Buch durchblättern

Sie sehen nun Ihr erstelltes Fotobuch. Klicken Sie unterhalb der Buchseite auf ein Miniaturbild ❶, um die dazugehörige Buchseite angezeigt zu bekommen. Mit einem Klick auf den Pfeil, der sich neben den Miniaturbildern befindet ❷, können Sie durch die Miniaturbilder blättern und durch einen einfachen Klick die entsprechende Buchseite anzeigen. Schauen Sie sich an, ob die Bilder gut platziert wurden.

15 Bilder ändern oder hinzufügen

Durch die automatische Bildablage ergeben sich mitunter Buchseiten, die Ihnen nicht gefallen werden. In solch einem Fall können Sie aus den vorhandenen Bildern im linken Bereich ein Foto anklicken und mit gedrückter Maustaste auf ein Bild einer Buchseite ziehen. Dieses wird dann durch das neue Bild ersetzt.

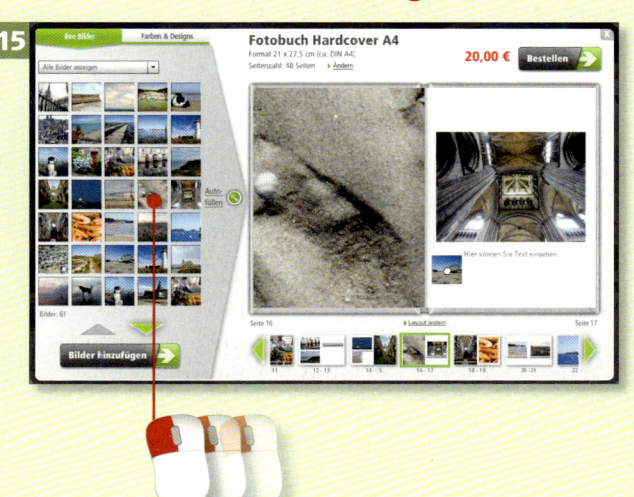

Ein Fotobuch online erstellen (Forts.)

16 Layout ändern

Unterhalb der Buchdoppelseite können Sie durch einen Klick auf **Layout ändern** eine andere Bildanordnung auswählen. Diese sogenannten *Layouts* sind unterteilt nach der Anzahl der auf einer Seite möglichen Bilder, zum Beispiel **3 bis 4 Fotos**. Wählen Sie ein Layout aus und klicken Sie auf die Schaltfläche **Diese Seite** ❶, damit sich die Änderung nur auf die aktuelle Seite Ihres Fotobuchs auswirkt.

17 Text hinzufügen

Einige Layouts haben bereits Platzhalter für einen Text ❸. Dies ist zum Beispiel auf dem Umschlag der Fall. Falls Sie den Text verwenden wollen, klicken Sie auf den Platzhalter und verfassen Ihren Text. Gleichzeitig öffnet sich das Fenster **Text formatieren** ❷, in dem Sie die Schriftart, -größe und -farbe festlegen können.

18 Buch bestellen

Wenn Sie alle gewünschten Bilder untergebracht und die Texte angepasst haben und das Buch insgesamt Ihren Vorstellungen entspricht, klicken Sie oben rechts auf **Bestellen**, um den Bestellvorgang zu starten.

Kapitel 6: Fotos verwenden

19 Warenkorb einsehen

Nach einer kurzen Zeit, die PosterXXL für das Hochladen Ihrer Fotos benötigt, gelangen Sie in den Warenkorb. Hier werden das bestellte Fotobuch und der Preis angezeigt ❹. Im unteren Bereich klicken Sie auf **Adress- und Bezahldaten**, um Ihre Daten einzugeben.

20 Bezahlart wählen

PosterXXL bietet Ihnen unterschiedliche Zahlungsarten an. Neben der Möglichkeit, den Betrag per Rechnung zu begleichen, können Sie auch mit Kreditkarte oder PayPal zahlen. Wenn Sie bereits Amazon-Kunde sind, können Sie hierfür auch Amazon Payments nutzen. Im Beispiel entscheide ich mich für die erste Option.

21 Kontaktdaten

Nach Auswahl der Zahlungsart müssen Sie Ihre E-Mail-Adresse und anschließend Ihre Rechnungsadresse eingeben. Schließen Sie dann durch einen Klick auf die Schaltfläche **Jetzt kaufen** den Bestellvorgang ab. Die Druckdatei wird hochgeladen, und schon nach wenigen Tagen halten Sie Ihr Fotobuch in den Händen.

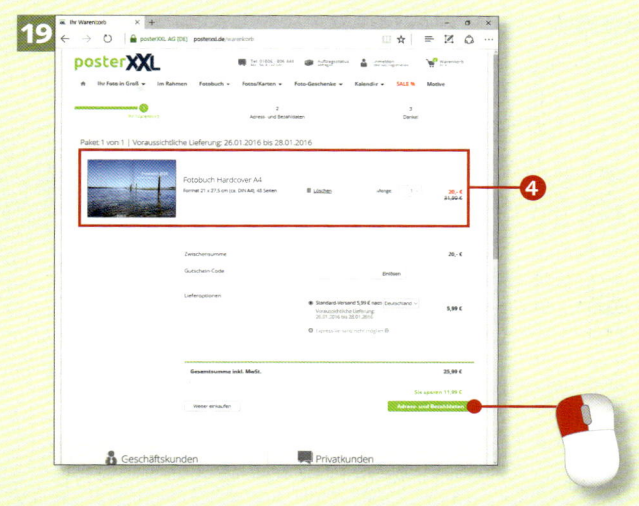

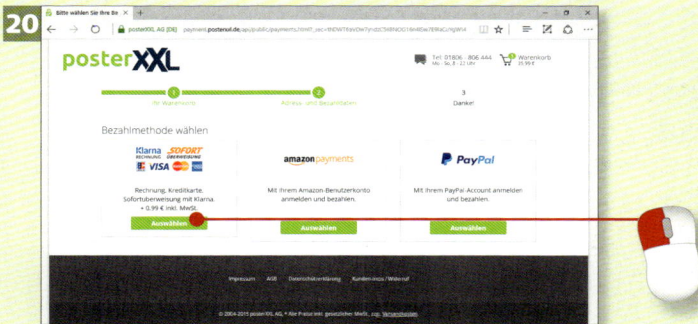

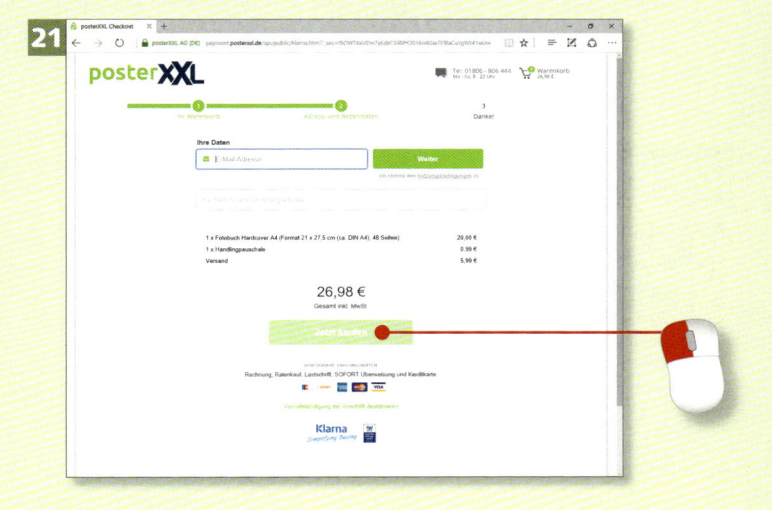

Einen Fotokalender gestalten

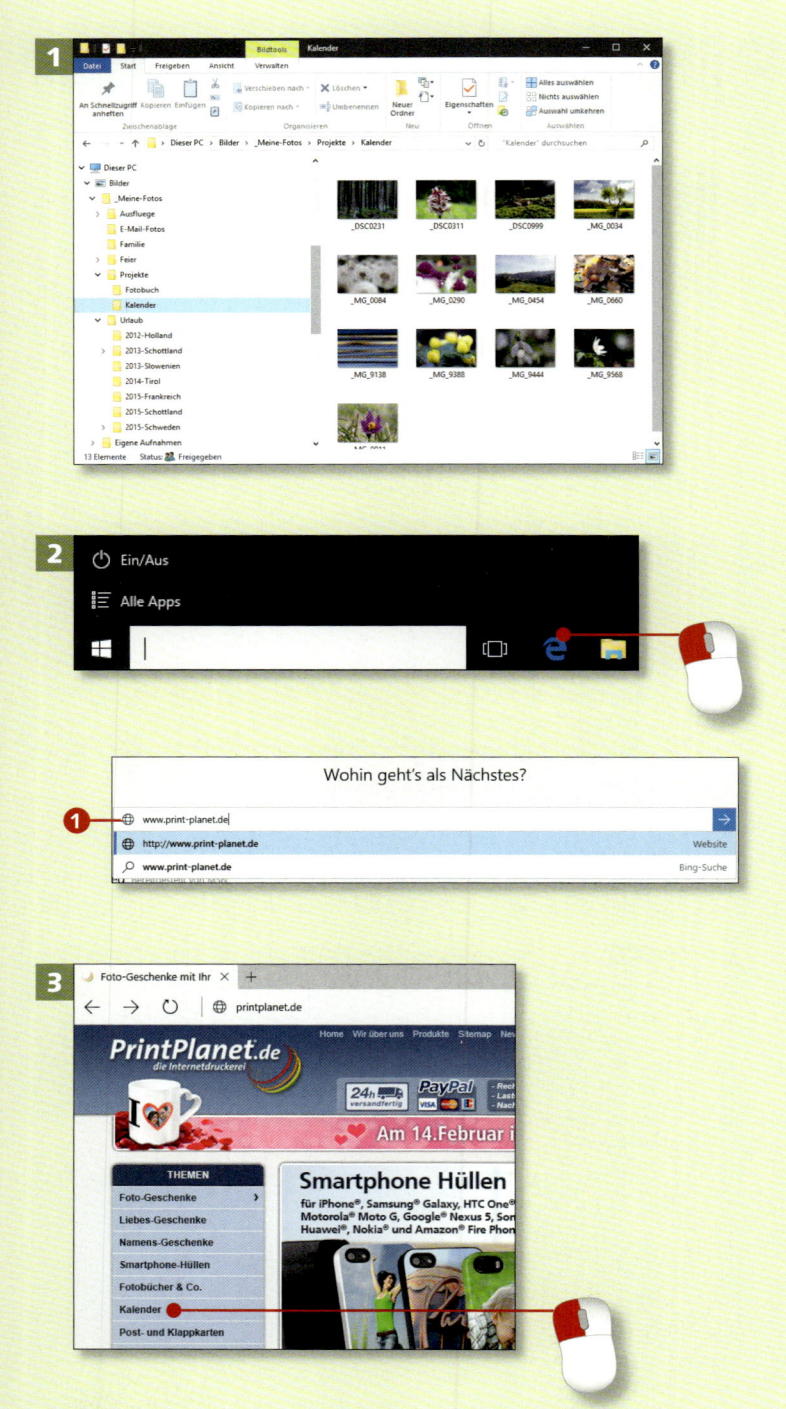

Ein Kalender mit Ihren eigenen Fotos führt Ihnen das ganze Jahr über Ihre besonderen Momente vor Augen. Gleichzeitig haben Sie ein sehr persönliches Geschenk zur Hand. Da Sie den Startmonat selbst festlegen können, ist die Kalendererstellung auch im laufenden Jahr kein Problem.

1 Bilder vorbereiten

Stellen Sie alle Bilder, die Sie für den Kalender benutzen wollen, in einem separaten Ordner zusammen (siehe dazu die Anleitung auf Seite 142). Für den Kalender in dieser Anleitung benötigen Sie insgesamt 13 Bilder, da neben den 12 Monatsblättern auch das Deckblatt ein Bild erhält.

2 Browser aufrufen

Rufen Sie Ihren Internetbrowser auf, indem Sie auf das Symbol für Microsoft Edge klicken. Tippen Sie in die Adressleiste des Browser-Fensters die Adresse *www.print-planet.de* ❶ ein und drücken Sie die ⏎-Taste.

3 Kalenderbereich aufrufen

Links auf der Webseite von Print-Planet werden die Fotoprodukte im Bereich **Themen** aufgelistet. Klicken Sie hier auf **Kalender**, um in den Kalenderbereich zu wechseln.

Kapitel 6: Fotos verwenden

4 Fotokalender wählen

Die Auswahl an verschiedenen Kalendern ist recht hoch. Klicken Sie auf **Foto-Kalender**. Dahinter verbirgt sich eine Auswahl verschiedener Kalender, die Sie mit Ihren eigenen Fotos gestalten können.

5 CD-Tischkalender aufrufen

Für unser Beispiel werden wir einen CD-Tischkalender gestalten. Hierbei handelt es sich um eine Art CD-Hülle, die im aufgeklappten Zustand aufgestellt werden kann. Sie beinhaltet 13 Fotos, von denen 12 ein Kalendarium besitzen. Im Bereich **Tischkalender** klicken Sie also auf **CD-Tischkalender**.

6 Infos zum CD-Tischkalender

Sie erhalten dann im rechten Bereich Informationen zum Tischkalender und können bei Bedarf auch ein Produktvideo abspielen lassen ❷. Um mit der Gestaltung zu beginnen, klicken Sie auf die Schaltfläche **Jetzt gestalten**.

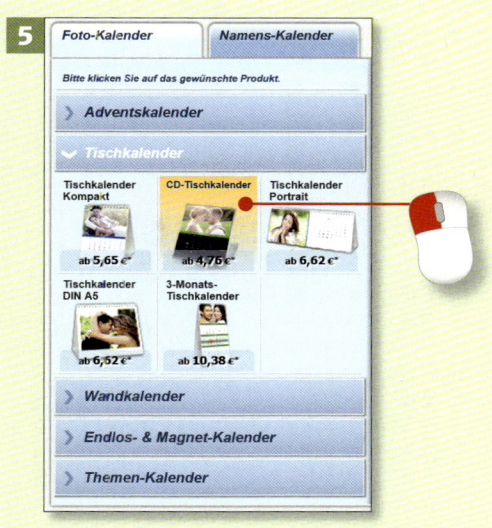

153

Einen Fotokalender gestalten (Forts.)

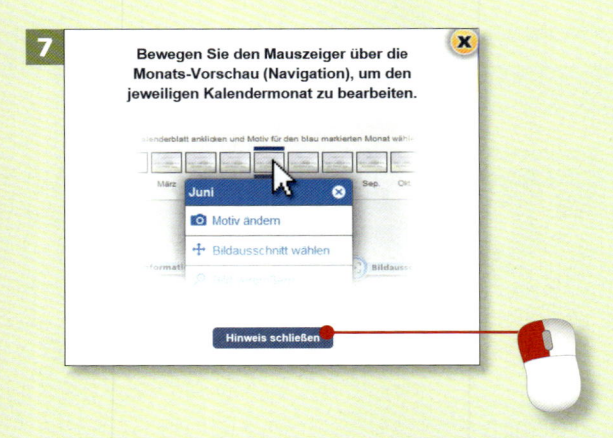

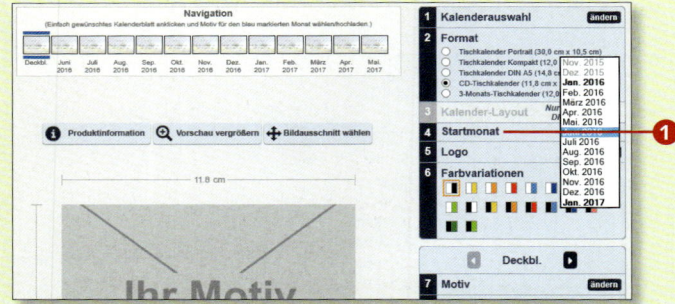

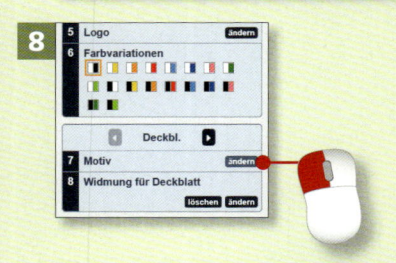

7 Startmonat festlegen

Es erscheint ein Hinweisfenster, das Sie durch einen Klick auf **Hinweis schließen** beenden können. Wählen Sie dann im rechten Bereich über das Klappmenü unter **Startmonat** den ersten Monat Ihres Kalenders aus ❶.

8 Bilder hochladen

Um Ihre Bilder in den Kalender zu bringen, müssen Sie sie zunächst hochladen. Klicken Sie dafür unter **Motiv** auf die Schaltfläche **ändern**.

9 Bilder hinzufügen

Es erscheint ein Fenster, in dem Sie Bilder für Ihren Kalender hinzufügen können. Klicken Sie hierfür auf die Schaltfläche **Eigenes Motiv hinzufügen**, und es erscheint das Dialogfeld **Öffnen**.

> **Mehrere Bilder pro Kalenderblatt**
>
> Die Verwendung von 13 Bilddateien ist nur exemplarisch für den Kalender, den ich Ihnen in dieser Anleitung vorstelle. Gerade bei größeren Kalenderformaten können auch mehrere Bilder pro Kalenderblatt ihren Reiz haben.

Kapitel 6: Fotos verwenden

10 Bilder auswählen

Wechseln Sie im Dialogfeld **Öffnen** zu dem Bildordner, den Sie in Schritt 1 dieser Anleitung angelegt haben. Klicken Sie dort auf das erste Bild, halten Sie dann die ⇧-Taste gedrückt und klicken Sie auf das letzte Bild. Klicken Sie dann auf **Öffnen**.

11 Upload starten

Damit Ihnen die ausgewählten Bilder für die Kalendererstellung zur Verfügung stehen, klicken Sie in der Übersicht **Eigene Motive** auf **Upload starten**. Falls Sie ein Bild vergessen haben, können Sie dieses durch einen Klick auf die Schaltfläche **weitere Motive hinzufügen** ❷ in die Übersicht aufnehmen.

12 Motiv ändern

Nach erfolgreichem Hochladen der Bilder gelangen Sie wieder in die Kalendererstellung. Klicken Sie hier im Bereich **Motiv** auf **ändern**. Sie sehen nun alle hochgeladenen Bilder. Durch einen Klick auf ein Bild aus der Übersicht ❸ wird dieses in das Kalenderblatt gesetzt.

155

Einen Fotokalender gestalten (Forts.)

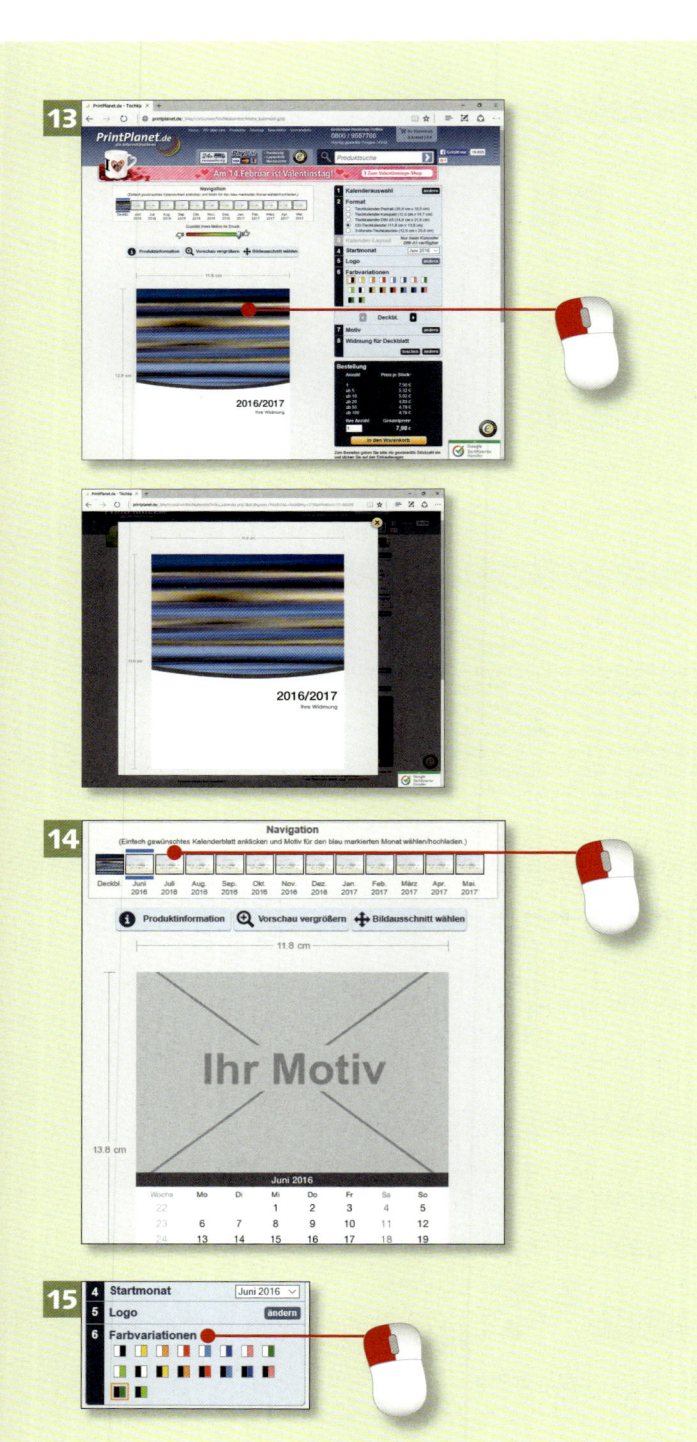

13 Kalenderblatt vergrößern

Wenn Sie die Maus über auf das Kalenderblatt bewegen, wird der Mauszeiger zu einem Hand-Symbol. Durch einen einfachen Klick sehen Sie das Kalenderblatt vergrößert.

14 Monate befüllen

Oberhalb des Kalenderblatts können Sie im Bereich **Navigation** auf den nächsten Monat klicken, damit das Kalenderblatt entsprechend wechselt. Gehen Sie nun für jeden Monat so vor wie in Schritt 12 beschrieben.

15 Kalender anpassen

Wenn alle Bilder untergebracht sind, können Sie noch die Farben für den Bereich unterhalb der Bilder festlegen. Klicken Sie hierfür auf die kleinen Farbfelder im Bereich **Farbvariationen**.

> **Farbwirkung beachten**
> Beachten Sie bei der Wahl einer Farbe auch ihre Wirkung. Es gibt grob betrachtet drei Farbgruppen: warme, kalte und neutrale Farben. Bei den warmen Farben handelt es sich um die Farben Rot, Orange und Gelb mit einer anregenden Wirkung. Blau, Violett und Purpur gehören zu den kalten Farben, die Ruhe aber auch Sterilität ausstrahlen können. Weiß und Schwarz wirken nach wie vor am neutralsten.

Kapitel 6: Fotos verwenden

16 Texte verfassen

Unterhalb der Bilder werden jeweils der Monat und das Jahr eingesetzt. Dies können Sie für jedes Kalenderblatt um weiteren Text erweitern. Klicken Sie dafür im Bereich **Bildunterschrift** auf **ändern** und schreiben Sie in das erscheinende Feld den Text Ihrer Wahl ❶.

17 Deckblatt mit Widmung

Wechseln Sie über den Bereich **Navigation** auf das Deckblatt. Dann können Sie auf der rechten Seite des Fensters unter **Widmung für Deckblatt** auf **ändern** klicken, um einen persönlichen Text einzugeben.

18 Bestellung aufgeben

Wenn Sie alle Änderungen vorgenommen haben, können Sie durch einen Klick auf die Schaltfläche **In den Warenkorb** die Bestellung starten. Sie sehen dann den bestellten Artikel. Nach einem Klick auf **Zur Kasse** ❷ werden Sie um persönliche Daten gebeten, und Ihr Kalender wird Ihnen einige Tage später zugestellt.

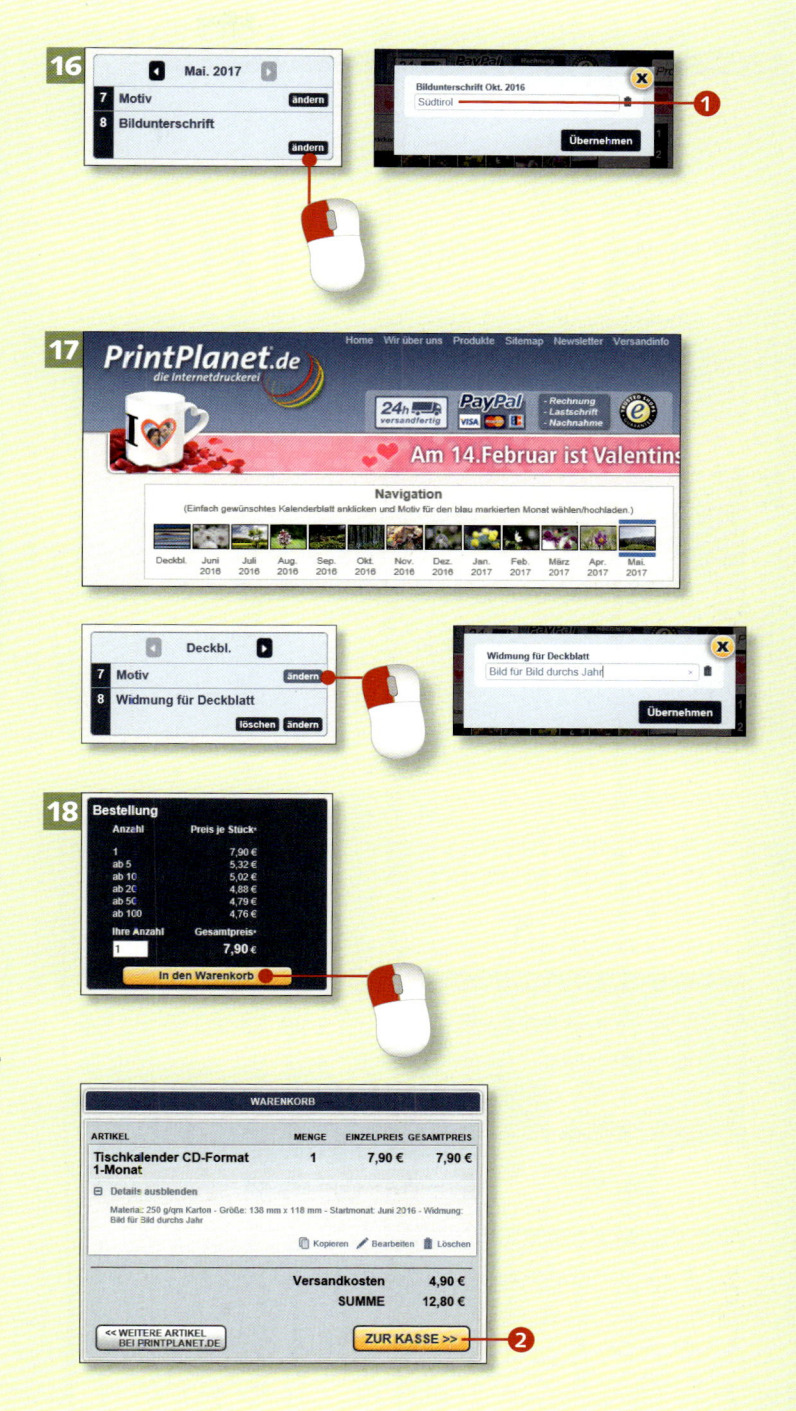

Fotogeschenke erstellen

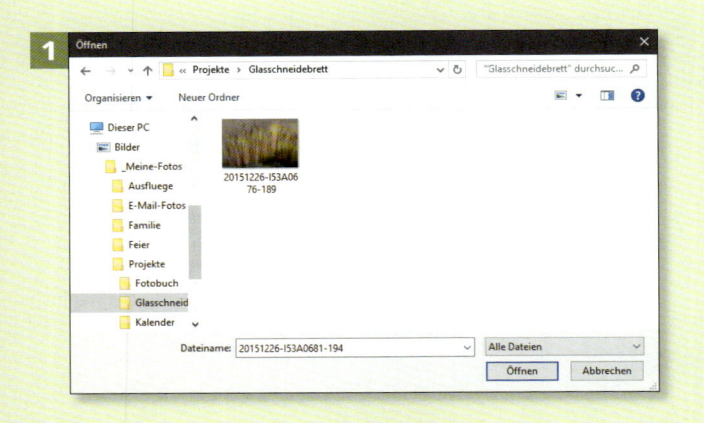

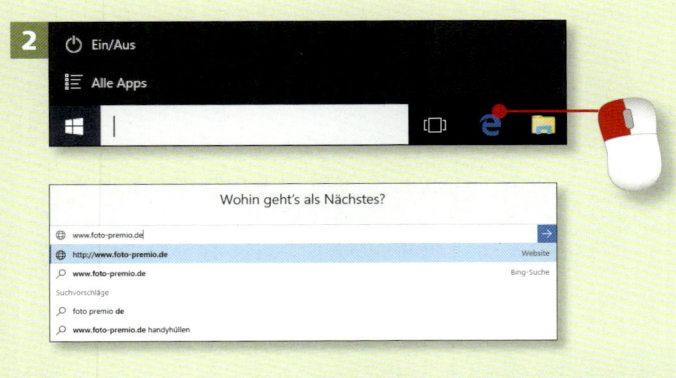

Neben üblichen Fotogeschenken wie Kalendern und Fotobüchern bieten viele Fotodienstleister unterschiedlichste Produkte an, die mit Ihren Fotos bedruckt werden können.

1 Foto vorbereiten

In dieser Anleitung möchte ich Ihnen die Erstellung eines individuell bedruckten Glasschneidebretts zeigen. Auch wenn hier nur ein Bild benötigt wird, sollten Sie, wie in der Anleitung »Ein Fotoprojekt vorbereiten« ab Seite 142 beschrieben, ein Foto bereitstellen. Dann finden Sie Ihr Bild später ganz schnell.

2 Anbieter aufrufen

Starten Sie Ihren Internetbrowser, indem Sie unten auf dem Windows-Desktop auf das Symbol für Microsoft Edge klicken. Geben Sie dann in der Adressleiste des Browser-Fensters die Adresse *www.foto-premio.de* ein.

3 Fotogeschenke aufrufen

Auf der Internetseite des Anbieters haben Sie die Möglichkeit, unterschiedlichste Fotoprodukte anfertigen zu lassen. Klicken Sie hier auf **Geschenke**, um in diese Produktrubrik zu gelangen.

Kapitel 6: Fotos verwenden

4 Artikelgruppe auswählen

Die Fotogeschenke sind in verschiedene Artikelgruppen unterteilt. Klicken Sie hier auf den blau unterlegten Bereich **Accessoires**, um sich die darin enthaltenen Produkte anzeigen zu lassen.

5 Geschenk auswählen

Schauen Sie sich die unterschiedlichen Geschenkideen an. Im Beispiel soll ein großes Glasschneidebrett erstellt werden. Klicken Sie dafür auf den blau unterlegten Bereich **Glasschneidebrett groß**, um mit der Erstellung des Fotogeschenks zu beginnen.

6 Art der Erstellung bestimmen

Bei Foto Premio können Sie entweder ein Programm herunterladen, um Ihren Artikel zu erstellen, oder Sie nehmen die Gestaltung einfach online direkt im Browser-Fenster vor. Klicken Sie also auf die Schaltfläche **Jetzt online gestalten**.

159

Fotogeschenke erstellen (Forts.)

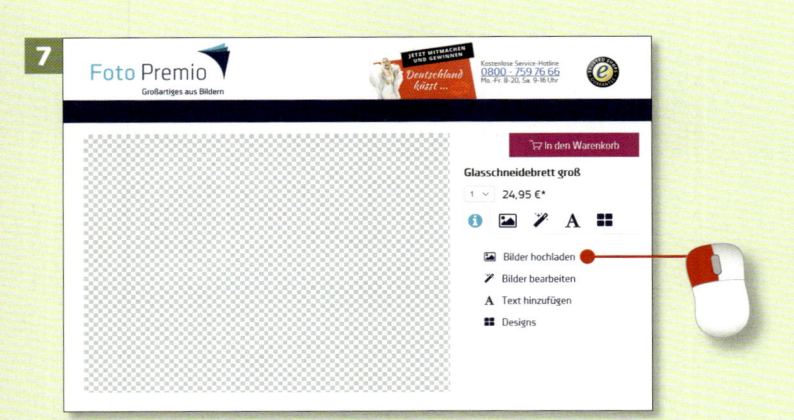

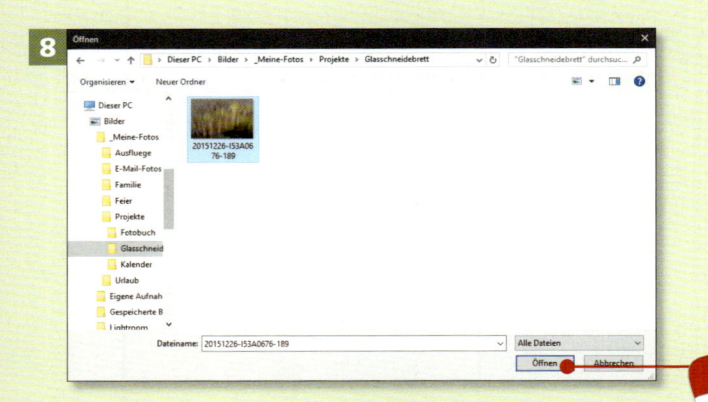

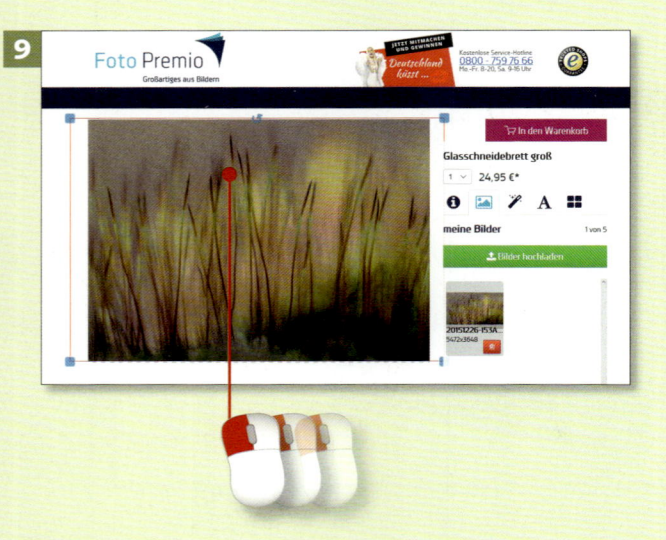

7 Bild hochladen

Sie sehen nun eine Fläche mit einem Schachbrettmuster. Diese stellt den bedruckbaren Bereich des Glasschneidebretts dar. Klicken Sie auf **Bilder hochladen**, um das in Schritt 1 bereitgestellte Bild hochzuladen.

8 Bild wählen

Es erscheint eine grün unterlegte Schaltfläche **Bilder hochladen**. Sobald Sie hierauf klicken, erscheint das Dialogfeld **Öffnen**. Wechseln Sie hier in den Bilderordner, den Sie in Schritt 1 dieser Anleitung angelegt haben. Wählen Sie das Bild aus und klicken Sie auf **Öffnen**.

9 Bild positionieren

Das Hochladen des Bildes kann ein wenig Zeit beanspruchen. Sobald Ihr Bild erscheint, können Sie es mit der Maus anklicken und mit gedrückter Maustaste verschieben.

> **Größe ändern?**
> Das Hochladen der Bilder zur Erstellung von Fotogeschenken dauert etwas länger, wenn Sie die Originaldatei verwenden. Verkleinern Sie Ihre Bilder vorab trotzdem nicht. Schlimmstenfalls eignen sie sich nach der Größenänderung nicht mehr für den gewünschten Fotoartikel.

Kapitel 6: Fotos verwenden

10 Aussehen ändern

Ihr Bild lässt sich auch jetzt noch nachbearbeiten, indem Sie auf das Zauberstab-Symbol klicken. Mit Hilfe dreier Regler ❶ können Sie jetzt **Helligkeit**, **Sättigung** und **Kontrast** des Bildes anpassen oder via gleichnamige Schaltfläche das Bild in Schwarzweiß umwandeln. Ein Klick auf die Schaltfläche **Original** widerruft alle Änderungen.

11 Text hinzufügen

Über einen Klick auf den Buchstaben **A** haben Sie die Möglichkeit, Texte zu verfassen ❷. Mit dem Regler unterhalb des Textfeldes können Sie mit gedrückter Maustaste die Schriftgröße ändern. Oberhalb des Textfeldes können Sie über das Klappmenü ❸ eine andere Schriftart zuweisen.

12 Text verschieben

Den erstellten Text können Sie anklicken. Er wird dann von einem Rahmen und vier Eckpunkten umgeben. Mit gedrückter Maustaste können Sie nun den Text verschieben.

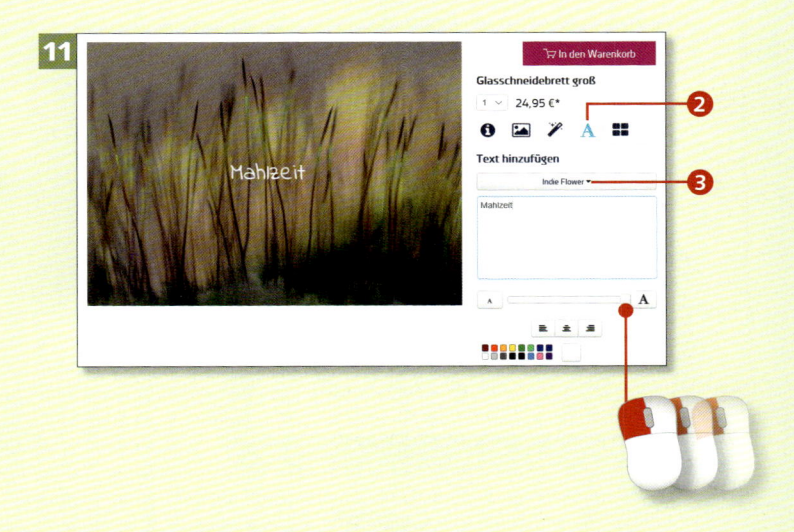

Fotogeschenke erstellen (Forts.)

13 Bild verzieren

Ganz rechts im Fenster können Sie Ihr Bild noch mit einem Design verzieren. Klicken Sie dafür auf das Symbol mit den vier Kästchen und wählen Sie eins der aufgelisteten Designs durch einen einfachen Klick aus.

14 In den Warenkorb

Wenn Sie mit Ihrem Geschenk zufrieden sind, klicken Sie auf die lilafarbene Schaltfläche **In den Warenkorb**. Das Produkt wird dann hochgeladen, und es erscheint kurz darauf die Frage, wie Sie weiter verfahren wollen. Klicken Sie hier auf **Zum Warenkorb** ❶.

15 Im Warenkorb

Sie gelangen dann in den Warenkorb, der Ihnen das bestellte Produkt und den Preis anzeigt. Durch einen Klick auf **Adresse eingeben** setzen Sie die Bestellung Schritt für Schritt fort. Falls Sie zuvor noch weitere Produkte bestellen möchten, klicken Sie unten links auf **Einkauf fortsetzen** ❷.

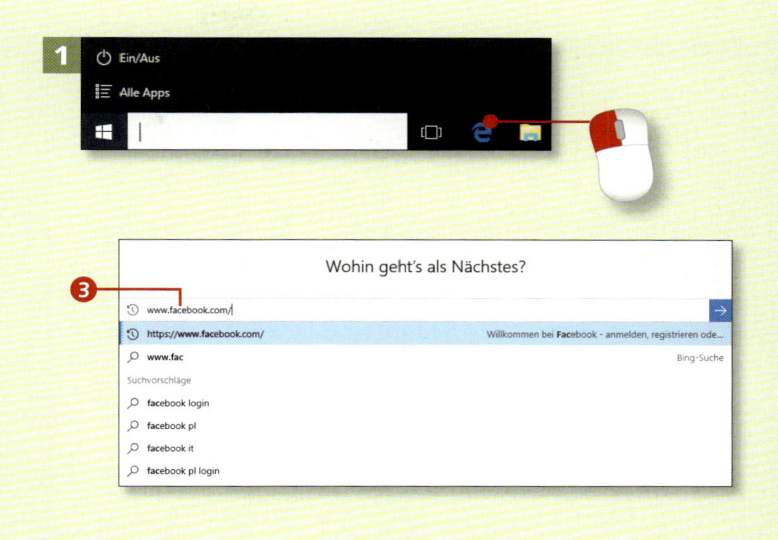

Fotos auf Facebook zeigen

Facebook hat sich in den letzten Jahren auch gerade als Foto-Plattform etabliert. Viele Privatpersonen und Firmen nutzen diese Möglichkeit, um Nachrichten, Informationen und Bilder zu präsentieren.

1 Facebook aufrufen

Um auf Facebook vertreten zu sein, müssen Sie ein Facebook-Konto besitzen. Starten Sie dafür Ihren Internetbrowser, indem Sie auf das Symbol für Microsoft Edge klicken. Geben Sie in der Adressleiste die Adresse *www.facebook.com* ein ❸.

2 Bei Facebook anmelden

Geben Sie Ihre E-Mail-Adresse und Ihr Passwort ein ❹, mit dem Sie sich bei Facebook registriert haben. Sollten Sie noch kein Facebook-Konto besitzen, können Sie dies mit einem Klick auf die Schaltfläche **Registrieren** ❺ nachholen.

3 Fotos einfügen

Oben sehen Sie nach der Anmeldung Ihr Profilbild und den Text **Was machst du gerade?** ❻. Darüber befindet sich eine Leiste mit den Schaltflächen **Status**, **Fotos/Videos** und **Fotoalbum erstellen**. Klicken Sie dort auf **Fotos/Videos**.

Fotos auf Facebook zeigen (Forts.)

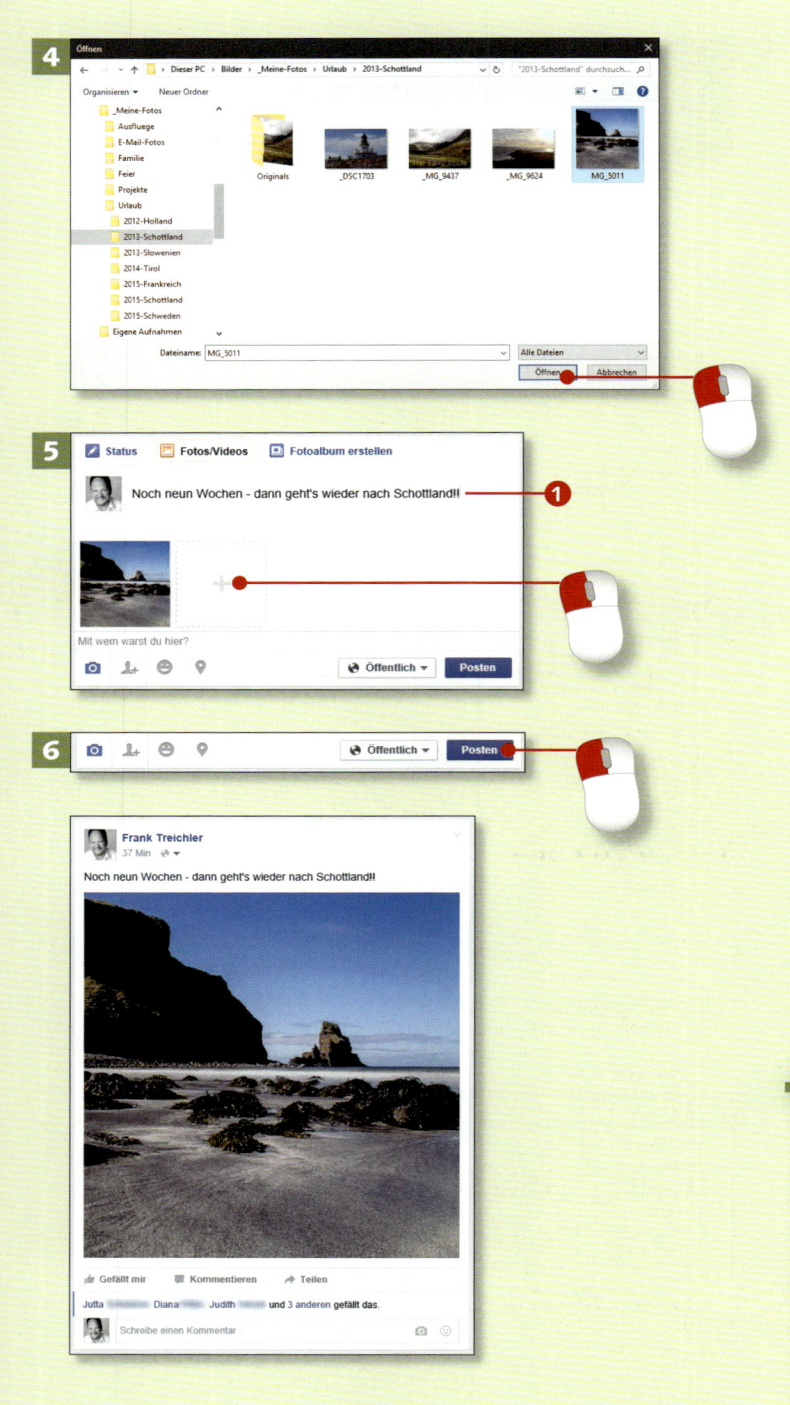

4 Foto auswählen

Sie gelangen in das Dialogfeld **Öffnen**. Wechseln Sie hier in den Ordner, in dem sich das Bild befindet, das Sie auf Facebook präsentieren wollen. Klicken Sie auf das Bild und anschließend auf **Öffnen**.

5 Etwas Text vielleicht?

Das Bild erscheint nun unterhalb Ihres Profilbildes. Sie können, wenn Sie wollen, noch einen begleitenden Text verfassen ❶ und durch einen Klick auf das Pluszeichen weitere Fotos hochladen.

6 Bild posten

Um das Bild der Öffentlichkeit zugänglich zu machen, müssen Sie auf die Schaltfläche **Posten** klicken. Ihr Beitrag, der sogenannte *Post*, wird dadurch veröffentlicht. Nun können Ihre Facebook-Freunde das Bild mit **Gefällt mir** markieren oder es kommentieren.

Zielgruppenauswahl

Mit der *Zielgruppenauswahl* legen Sie fest, wer Ihre Inhalte sehen darf. Standardmäßig steht die Zielgruppe auf **Öffentlich** – jeder Internetnutzer kann Ihre Inhalte sehen. Wenn Sie sich für die Zielgruppe **Freunde** entscheiden, können nur Ihre Facebook-Freunde die Inhalte sehen.

Eine Bildergalerie im Netz präsentieren

Umfasst Facebook Nachrichten, Informationen und Bilder, so liegt das Hauptaugenmerk von Flickr auf Fotos. Daher ist es nicht verwunderlich, dass viele professionelle Fotografen diese Plattform nutzen und ihre Fotografien hier präsentieren.

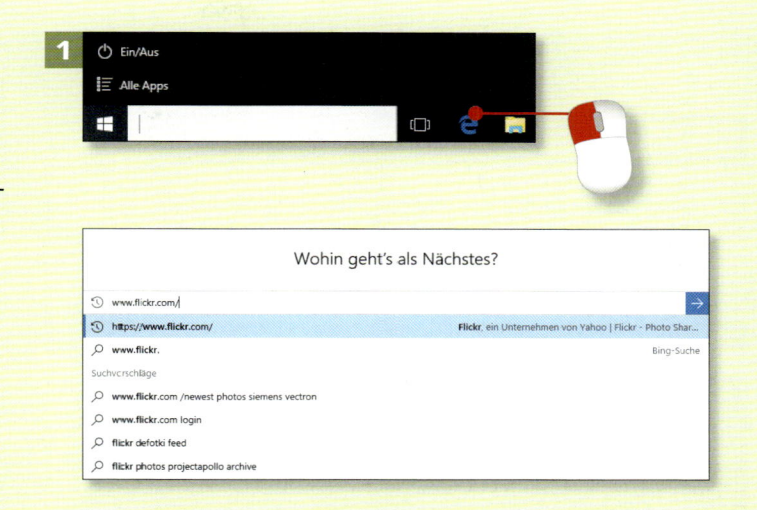

1 Flickr aufrufen

Starten Sie über einen Klick auf das Symbol für Microsoft Edge den Internetbrowser. Geben Sie in der Adressleiste *www.flickr.com* ein.

2 Bei Flickr anmelden

Auf der Seite von Flickr müssen Sie sich durch einen Klick auf die Schaltfläche **Anmelden** mit Ihren Anmeldedaten anmelden. Falls Sie noch kein Flickr-Konto besitzen, genügt ein einfacher Klick auf **Registrieren** ❷. Die Registrierung ist kostenlos und schnell durchgeführt.

3 Anmeldedaten eingeben

Nach dem Klick auf **Anmelden** erscheint ein Anmeldefenster. Geben Sie hier die E-Mail-Adresse und Ihr Passwort ein, mit dem Sie sich bei Flickr registriert haben.

Eine Bildergalerie im Netz präsentieren (Forts.)

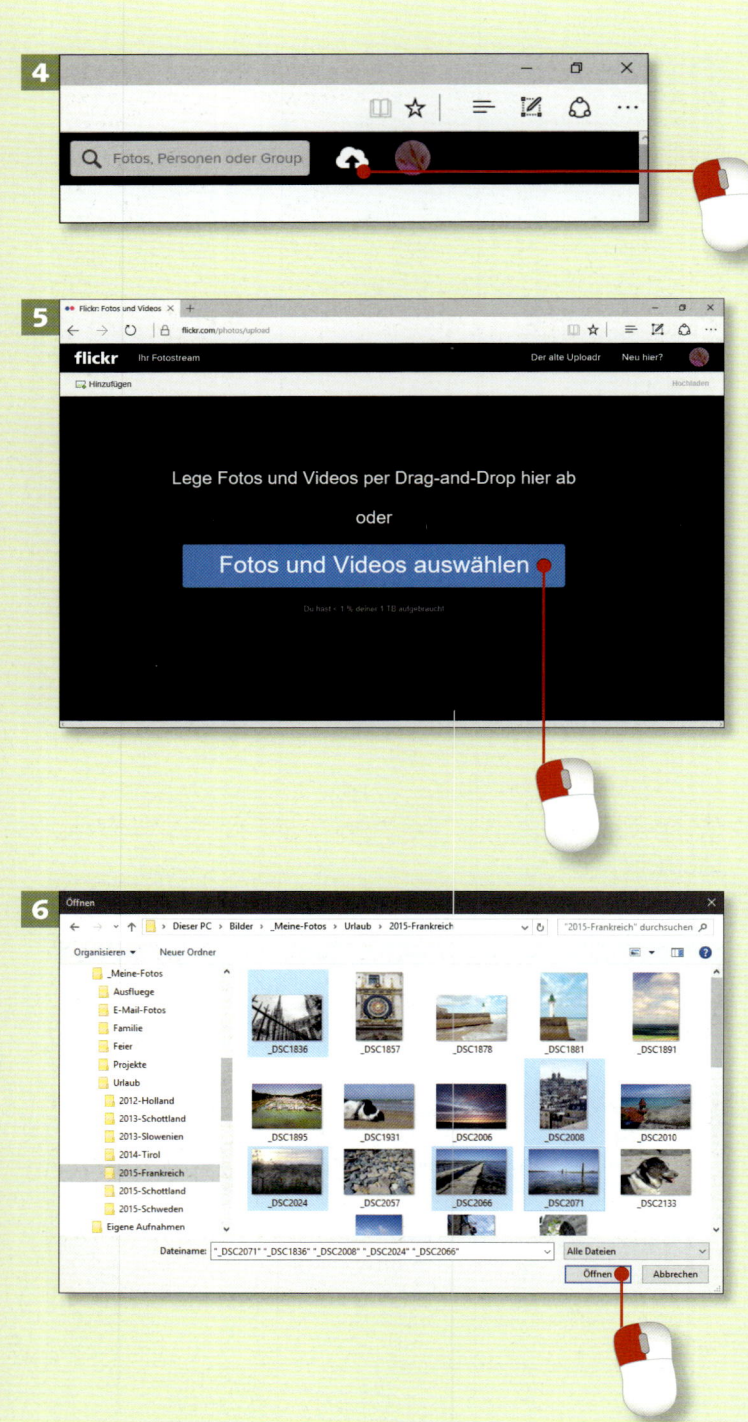

4 Bilder hochladen

Sie gelangen auf Ihre Flickr-Startseite und können zum Beispiel sehen, wer Ihre Bilder bewertet hat. Klicken Sie oben rechts im Fenster auf das Symbol für **Hochladen** (der Pfeil in der Wolke), um die Übertragung Ihrer Bilder zu Flickr zu starten.

5 Fotos auswählen

Durch den Klick auf das Symbol für **Hochladen** gelangen Sie zu einer neuen Webseite. Auf dieser starten Sie durch einen Klick auf die große, blau unterlegte Schaltfläche **Fotos und Videos auswählen** das Hochladen Ihrer Bilder.

6 Bilder markieren

Im daraufhin erscheinenden Dialogfeld **Öffnen** wechseln Sie zum Ordner, in dem sich die Bilder befinden, die Sie auf Flickr zeigen wollen. Klicken Sie auf das gewünschte Foto und bei Bedarf mit gedrückter Strg-Taste auf weitere Fotos, um sie der Auswahl hinzuzufügen. Klicken Sie dann auf **Öffnen**.

Kapitel 6: Fotos verwenden

7 Fotos bearbeiten

Ihre Bilder werden nacheinander hochgeladen und im Fenster **Ihr Fotostream** angezeigt. Sie können dort zum Beispiel auf den Dateinamen eines Bildes klicken und diesen abändern. Klicken Sie anschließend in der rechten oberen Ecke auf **Fotos hochladen**.

8 Hochladen bestätigen

Die Fotos in Ihrem Fotostream beinhalten möglicherweise *Tags* (Schlagworte). Klicken Sie hier auf **Hochladen**, falls Sie die Schlagworte nicht entfernen wollen.

9 Bilder betrachten

Nachdem alle Bilder hochgeladen sind, erscheint die Seite mit allen Ihren Bildern, dem sogenannten *Fotostream*. Durch einen Klick auf ein Foto wird es vergrößert angezeigt. Über einen Klick auf den Pfeil oben rechts können Sie andere dazu einladen – zum Beispiel per E-Mail –, sich Ihren Fotostream anzusehen.

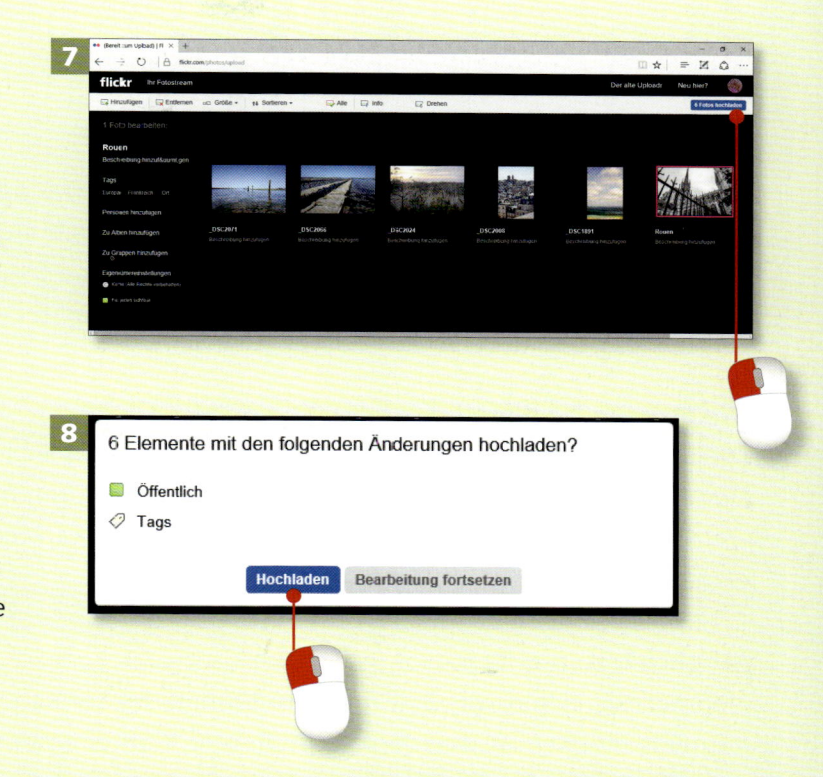

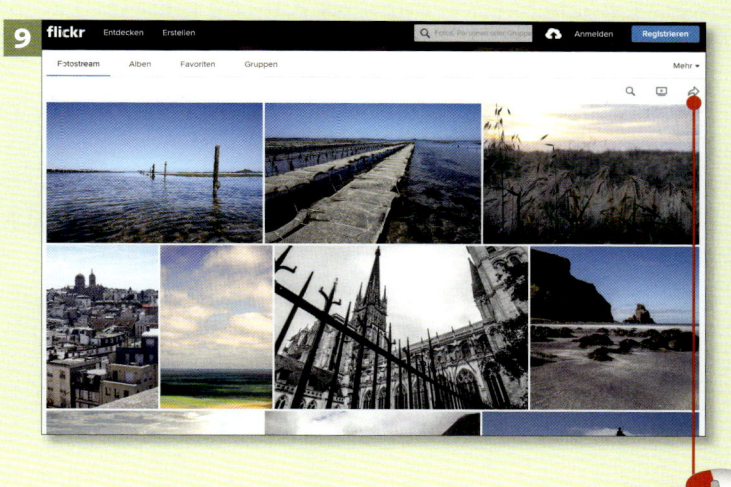

167

Kapitel 7
Tipps für bessere Fotos

Die modernen Digitalkameras holen auch unter schwierigen Aufnahmebedingungen noch das Beste für Ihre Fotos heraus. Doch Sie können sich nicht immer auf die Kameraautomatik verlassen – dann ist Ihre Kreativität gefragt. Lesen Sie in diesem Kapitel, wie Sie Ihre Kamera richtig einsetzen und ansprechende Fotos erstellen.

Die Kamera bedienen
Die Bedienung einer digitalen Kamera unterscheidet sich von Hersteller zu Hersteller. Dennoch gibt es grundlegende Begriffe, die Sie bei den meisten digitalen Kameras finden werden. Diese Begriffe werde ich Ihnen in diesem Kapitel erläutern, so dass Sie sicherer werden im Umgang mit der digitalen Fotografie ❶.

Möglichkeiten nutzen
Nehmen Sie sich etwas Zeit, um Ihre Kamera besser kennenzulernen. Was bei den meisten Kameras möglich ist, werden Sie in diesem Kapitel erfahren. Schauen Sie dann, wie Sie diese Möglichkeiten mit Ihrer Kamera umsetzen können, und probieren Sie einfach das eine oder andere aus. Sie werden überrascht sein, was alles in Ihrer Kamera steckt ❷.

Übung macht den Meister
Ich hoffe, ich kann Ihre Experimentierlust mit dem folgenden Kapitel wecken. Lesen Sie sich zuerst die einzelnen Anleitungen durch und gehen Sie dann mit Ihrer digitalen Kamera auf die Pirsch. Testen Sie verschiedene Einstellungen und Fototechniken und werden Sie kreativ ❸.

❶ Zwei ganz verschiedene Kameras, dennoch sind die Bezeichnungen teilweise identisch

❷ Lernen Sie die Optionen in Ihrem Kameramenü kennen und fertigen Sie Fotos mit verschiedenen Einstellungen an.

❸ Spielen Sie mit der Kamera und schaffen Sie interessante Perspektiven! Gehen Sie zum Beispiel auf die Knie oder legen Sie die Kamera auf den Boden.

Die richtige Bildqualität einstellen

Ein digitales Foto setzt sich aus farbigen Quadraten zusammen – den sogenannten Pixeln. Die Summe aller verwendeten Pixel ergibt die Bildauflösung. Diese wird in Megapixeln (MP = Millionen Pixel) ausgedrückt, zum Beispiel 16,1 MP. Sie können aber Ihre Kamera so einstellen, dass sie nicht alle möglichen Pixel verwendet, etwa um Speicherplatz zu sparen.

1 Ins Menü wechseln

Die verwendete Bildgröße können Sie über das Kameramenü ermitteln. Wechseln Sie dafür in das Menü, indem Sie auf der Kamerarückseite den entsprechenden Knopf drücken, der meist mit **MENU** beschriftet ist. Bei manchen Kameras gelangen Sie auch über eine Taste namens **SET** zu den Bildgrößen

2 Bildgröße einstellen

Die hier abgebildete Kamera bietet **12M** ❶ (Megapixel) als höchste Einstellung an – daneben ließen sich noch **8M**, **5M** oder **3M** einstellen. Sie wechseln zu einer anderen Bildgröße, indem Sie mit dem Wahlrad ❷ einen anderen Wert auswählen und diesen bestätigen – meist durch Drücken der **SET**-Taste.

++ Reizen Sie Ihre Kamera aus

Meine Empfehlung ist, nach Möglichkeit immer die größtmögliche Bildgröße einzustellen. Wäre es nicht schade, wenn Sie ein Bild als Poster ausdrucken wollen und dies aufgrund einer zu geringen Bildgröße scheitert? Verkleinern können Sie Bilder nachträglich in der Bildbearbeitung immer noch!

Kapitel 7: Tipps für bessere Fotos

3 Beispiel Bildgröße

Das Bild der Statuen habe ich einmal mit der Bildgröße **12M** und einmal mit der Einstellung **VGA** aufgenommen. Im Vergleich ist der rechte Ausschnitt (Bildgröße **VGA** ❹) deutlicher unschärfer als der Ausschnitt mit der Bildgröße **12M** (linker Ausschnitt ❸). Diese Einstellung ist damit kaum für einen Ausdruck in nennenswerter Größe geeignet, da das Bild einfach zu wenig Bildpunkte (Pixel) bietet. Allerdings benötigt es weniger Speicherplatz als das Bild mit der Auflösung von 12 Megapixeln.

4 Qualitätseinstellung prüfen

Neben der Bildgröße bieten viele Kameras die Möglichkeit, eine (Bild-)**Qualität** einzustellen. Hier haben Sie meist die Wahl zwischen den beiden Einstellungen **Normal** und **Fein**. Manche Hersteller verwenden auch die Bezeichnungen **Standard** und **Fein**. Gerade hochpreisige Kameras bieten bei der Qualität noch weitere Einstellungen an.

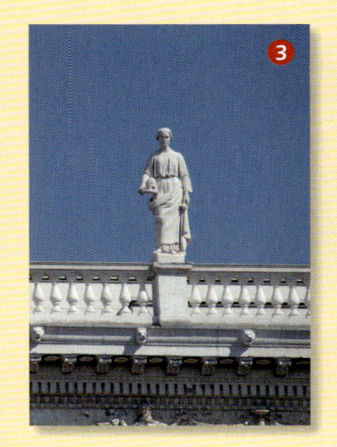

Die richtige Bildqualität einstellen (Forts.)

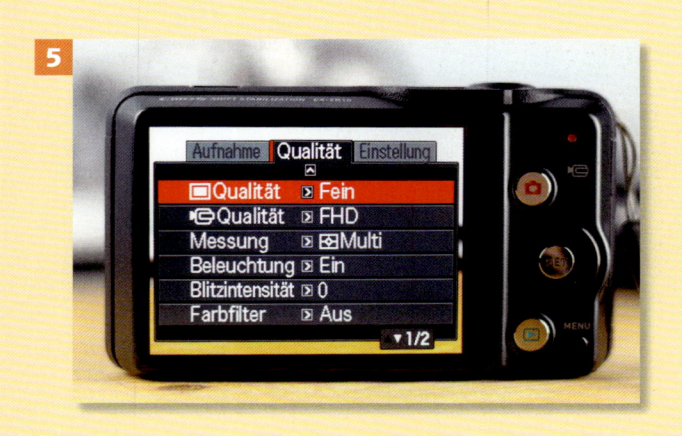

5 Komprimierung einstellen

Mit der Qualität können Sie beeinflussen, wie stark die Komprimierung ausgeführt werden soll. So steht die Qualität **Fein** für die Speicherung Ihres Fotos ohne Komprimierung – mit dem Nachteil, dass mehr Speicher benötigt wird. Die Qualität **Normal** führt eine sanfte Komprimierung durch, die zwar kaum zu sehen ist, aber dennoch eine niedrigere Dateigröße bewirkt.

6 Qualität festlegen

Wechseln Sie ins Kameramenü, indem Sie auf den Knopf **MENU** klicken. Suchen Sie in den Menüeinstellungen die Option **Qualität** und ändern Sie die Einstellung bei Bedarf. Bestätigen Sie Ihre Änderung durch Drücken der Taste **SET**. Beachten Sie, dass sich in den meisten Kameras die Qualität nicht nur für die Fotos, sondern auch für Videofilme einstellen lässt. Die Optionen für die Video-Qualität weichen von denen der Foto-Qualität ab. Wählen Sie also im Menü nicht versehentlich den falschen **Qualität**-Eintrag aus!

> **Qualität und Komprimierung**
>
> Für was steht die Qualität? Ihre Kamera speichert die Fotos im Dateiformat *JPEG*. Der große Vorteil dieses Dateiformats liegt in seiner sogenannten *Komprimierung*. Das bedeutet, dass unter anderem gleichfarbige, benachbarte Pixel zusammengefasst werden, so dass das Bild insgesamt weniger Speicher benötigt.

Motivprogramme nutzen

Die Möglichkeiten Ihrer Kamera sind mitunter sehr umfangreich und dadurch manchmal sicher auch verwirrend. Gut also, dass Ihre Kamera auch sogenannte Motivprogramme an Bord hat, die Ihnen das Leben leichter machen können.

1 Motivprogramme

Um die Kamera auf eine bestimmte Aufnahmesituation einzustellen, bieten Ihnen Ihre Kamera sogenannte *Motivprogramme* an. So können Sie zum Beispiel das Symbol eines Läufers wählen ❶, wenn Sie sich schnell bewegende Objekte fotografieren wollen. Wenn Sie das zum Motiv passende Programm wählen, werden Ihre Bilder in aller Regel besser werden.

2 Porträt-Modus

Das Porträt-Programm wird meist mit dem Symbol eines Kopfes angezeigt. Das Programm sorgt dafür, dass die Kamera nur einen kleinen Teil des Bildes scharf abbildet, während der Rest des Bildes in Unschärfe verläuft. Dies führt dann zum typischen Porträteffekt. Außerdem verstärkt die Kamera Hauttöne, um blasser Haut im Bild vorzubeugen.

Motivprogramme nutzen (Forts.)

3 Landschafts-Modus

Der Landschafts-Modus macht genau das Gegenteil vom Porträt-Modus. Er sorgt dafür, möglichst viele Bereiche des Bildes scharf abzubilden. Dieser Effekt ist in der Landschaftsfotografie erwünscht, um die Tiefe besser verdeutlichen zu können. Um farbenfrohe Landschaftsaufnahmen zu erhalten, werden zusätzlich die Farben Blau und Grün verstärkt (gesättigt).

4 Makro-Modus

Der Makro-Modus führt ebenso wie der Porträt-Modus dazu, dass das Hauptobjekt scharf und die restlichen Bereiche (Vorder- und Hintergrund) unscharf abgebildet werden. Allerdings versucht dieser Modus, Objekte, die sich auch sehr nah an der Kamera befinden, zu erfassen.

> **Eingeschränktes Menü in der Vollautomatik**
>
> In der Vollautomatik sowie in den Motivprogrammen nimmt Ihnen Ihre Kamera alle Einstellungen ab. Deshalb können Sie im Menü meist kaum selbst Änderungen vornehmen. Falls Sie also im Menü bestimmte Optionen vermissen, liegt es sicherlich daran, dass Sie gerade einen Automatik-Modus gewählt haben.

Kapitel 7: Tipps für bessere Fotos

5 Sport-Modus

Im Sport-Modus versucht die Kamera, eine möglichst kurze Belichtungszeit zu verwenden, um das Objekt »einzufrieren«. Daher eignet sich der Sport-Modus sehr gut für bewegte Objekte, und zwar nicht nur für Sportmotive, sondern auch alle anderen schnell bewegten Objekte, wie etwa Tiere und Kinder.

6 Weitere Motivprogramme

Nicht jede Kamera verfügt über ein Drehrad mit Motivprogrammen. Dann »verstecken« sich die Motivprogramme oft unter dem Oberbegriff **SCN** ❶ (Szenen-Modus) oder können nur über das Menü aufgerufen werden. Sie finden hier zum Beispiel auch spezielle Programme für das Fotografieren von Haustieren, Porträts bei Nacht oder Feuerwerk.

> **! Umschalten nicht vergessen!**
>
> Denken Sie daran, dass sich Ihre Kamera das zuletzt verwendete Motivprogramm merkt und beim nächsten Einschalten benutzt. Es ist also ratsam, dass Sie nach einer Serie von Landschaftsaufnahmen im Landschafts-Modus diesen auch wieder ausschalten.

175

Gegenlichtfotos verbessern

1

2

Unter einem Gegenlichtfoto versteht man ein Foto, das mit direktem Blick auf eine Lichtquelle aufgenommen wurde. Beachten Sie die folgenden Regeln für gelungene Gegenlichtfotos.

1 Nicht an der Sonne orientieren

Achten Sie darauf, dass sich die Sonne nicht in der Mitte Ihres Bildes befindet und direkt in die Kamera scheint. Damit würden Sie die Belichtungsmessung der Kamera negativ beeinflussen. Als Ergebnis hätten Sie einen hellen Punkt (die Sonne), während der Rest des Bildes zu dunkel wäre. Besser ist es, wenn die Sonne zumindest teilweise verdeckt und etwas außerhalb der Bildmitte platziert ist.

2 Stimmung schaffen

Das Foto des Hundes ist ein gutes Beispiel dafür, wie Sie Gegenlicht einsetzen können, um eine Stimmung zu vermitteln. Das obere Bild entstand bei einfachem, diffusem Tageslicht, das mehr oder weniger gleichmäßig aus allen Richtungen kam. Beim unteren Foto dagegen stand die Sonne im Rücken des Hundes. So setzt sich das Fell schön ab, und es scheint zu leuchten.

Kapitel 7: Tipps für bessere Fotos

3 Hauptobjekt zu dunkel

Auch wenn die Automatik Ihrer Kamera schon recht gut arbeitet, kommt es bei Gegenlichtfotos dennoch oft dazu, dass Ihr Motiv zu dunkel abgebildet wird, wie beim oberen Bild der jungen Frau. Sie sollten Ihr Motiv dann entweder von einer anderen Position aus fotografieren oder den Blitz Ihrer Kamera verwenden, wie es im unteren Bild zu sehen ist.

4 Lichtverhältnisse nutzen

Nicht immer ist der Blitz eine geeignete Lösung bei Gegenlicht, etwa wenn das Motiv zu weit entfernt ist. Außerdem verändert der Blitz die Lichtstimmung, was nicht immer gewünscht ist. Es kann dann auch zu sehr schönen Ergebnissen führen, wenn Sie sich mit den Lichtverhältnissen einfach zufriedengeben und es sogar in Kauf nehmen, dass Ihr Hauptmotiv sehr dunkel gezeigt wird. Die Stimmung dieses Sonnenuntergangsbildes hier etwa wäre durch einen starken Blitz zunichtegemacht worden!

Gegenlichtfotos verbessern (Forts.)

5 Standort wechseln

Oft reicht es auch schon, wenn Sie nur einen Schritt zur Seite gehen. Sie verhindern damit, dass sich die Sonne störend auf Ihr Bild auswirkt. Nutzen Sie auch Blätter oder Wände, um das Sonnenlicht von Ihrem Motiv abzuhalten. Es kann auch helfen, wenn Sie Ihre Hand über das Objektiv halten, um das einfallende Licht etwas zu vermindern.

6 Mit dem Licht spielen

Vielleicht ergibt sich auch die Gelegenheit, Ihr Motiv mit der Lichtquelle verschmelzen zu lassen. Ein schönes Beispiel ist dieses Bild einer einzelnen Pusteblume, die vor der Sonne platziert wurde. Achten Sie hierbei darauf, dass Sie die Sonne nicht direkt anvisieren, da die unterschiedlichen Helligkeiten zu einem zu dunklen Bild führen würden.

Das digitale Negativ

Das RAW-Format ist ein spezielles Dateiformat, das nicht komprimiert oder von der Kamera bearbeitet wird. Eine Nachbearbeitung mit speziellen Programmen ist aber *immer* nötig. Dies ist der Grund dafür, dass Fotos im *RAW*-Format gerne als *digitale Negative* bezeichnet werden. Der Vorteil bei *RAW*-Dateien ist, dass Sie diese ohne Datenverluste bearbeiten können.

Kapitel 7: Tipps für bessere Fotos

7 Blendenflecken

Bei der Erstellung von Gegenlichtfotos können sogenannte *Blendenflecke* auftauchen ❶. Diese werden durch seitlich oder von oben einfallendes Licht verursacht und können sich störend auf ein Foto auswirken. Je nach Kamera können Sie eine sogenannte *Streulichtblende* verwenden, die das Licht abblockt. Oder Sie halten einfach Ihre Hand von schräg oben vor das Objektiv. Sie können auch die Position ändern und im Falle der Sonne manchmal sogar einfach warten, bis die Lichtquelle verschwunden ist.

8 Das RAW-Format nutzen

Falls Ihre Kamera das sogenannte *RAW-Format* unterstützt, empfiehlt es sich, dieses zu aktivieren. Die Dateien werden dann zwar größer als wenn Sie das JPEG-Format nutzen, aber die anschließende Bearbeitung von Fotos, die zum Beispiel bei schwierigen Lichtbedingungen aufgenommen wurden, ist weitaus erfolgversprechender. Nachteil: Fotos im RAW-Format müssen Sie immer nachbearbeiten.

Das Motiv gekonnt platzieren

1

Haben Sie sich auch schon gefragt, worin der Reiz mancher Bilder besteht und warum andere Bilder trotz des gleichen Inhalts langweilig wirken? Das liegt meist an der richtigen Platzierung des Hauptmotivs!

1 Raus aus der Mitte

Die einfachste Methode, um einem Bild Spannung einzuhauchen, besteht darin, das Hauptmotiv seitlich zu platzieren. Leider versucht Ihre Kamera aber grundsätzlich, in der Mitte scharfzustellen. Wenn sich Ihr Hauptmotiv also nicht in der Mitte befindet, wird es mitunter unscharf.

2

2 Scharfstellen und schwenken

Um Ihre in der Mitte scharfstellende Kamera auszutricksen, tun Sie Folgendes: Visieren Sie Ihr Hauptmotiv so an, dass es in der Mitte des Bildes steht, und drücken Sie den Auslöser leicht nach unten, bis die Kamera scharfstellt. Drücken Sie den Auslöser aber noch nicht durch! Ziehen Sie die Kamera nun etwas nach links oder nach rechts – eben so weit, dass Ihr Hauptmotiv aus der Mitte herauskommt. Ihr Hauptmotiv bleibt weiterhin scharf. Drücken Sie dann den Auslöser ganz durch und machen Sie Ihr Bild.

Kapitel 7: Tipps für bessere Fotos

3 Drittelregel anwenden

Die gerade erläuterte Methode, ein Hauptmotiv aus der Mitte zu nehmen, basiert auf der sogenannten *Drittelregel*. Dabei wird die Bildfläche in neun gleichgroße Rechtecke aufgeteilt. Die Kreuzungen der Rechtecke ❶ bestimmen dann die Position des Hauptmotivs. Schauen Sie sich das Gänseblümchen im Bild an. Es befindet sich genau an einem der Kreuzungspunkte der Rechtecklinien. Im Vergleich dazu wirkt das untere Bild, bei dem das Gänseblümchen genau mittig platziert ist, viel langweiliger. Die Drittelregel verhilft Ihnen also zu spannenderen Fotos!

4 Das Auge leiten

Führen Sie den Betrachter Ihrer Fotos durch Ihre Bilder. Nutzen Sie dafür Linien, wie etwa einen Weg, eine Kette mit Wassertropfen, einen Bachlauf etc. Achten Sie darauf, dass Sie wichtige Informationen, wie den Beginn der Brücke im Beispielbild nicht abschneiden. Auch beim Fotografieren von Bachläufen oder Wasserfällen sollten Sie darauf achten, dass der Betrachter den Beginn des Wasserlaufs sieht.

Das Motiv gekonnt platzieren (Forts.)

5 Wege nutzen

Beim Fotografieren von Gebäuden, wie zum Beispiel einem Schloss oder dem Inneren einer Kirche, sollten Sie Ihr Bild so gestalten, dass der Blick des Betrachters den Weg zum Eingang entlanggeht. Im Beispielbild etwa wandern Sie mit den Augen durch den Gang, bis Sie zum Altar gelangen. Wäre der Weg nicht mittig platziert, wäre diese Blickführung zerstört und würde möglicherweise den Betrachter irritieren. Hinzu kommt noch die interessante Aufnahmeposition. Ich hatte hier die Kamera auf einem Stativ auf den Boden gestellt und schräg nach oben fotografiert.

6 Schlüssellocherlebnis

Versuchen Sie, Ihre Motive einzurahmen. Das ist vor allem bei Landschaftsfotos ein einfaches Mittel, um ein Bild interessanter zu gestalten. Nutzen Sie zum Beispiel einen ins Bild ragenden Ast oder fotografieren Sie durch einen Torbogen o. Ä.

Kapitel 7: Tipps für bessere Fotos

7 Gehen Sie auf die Knie

Oft wirken Bilder langweilig, wenn sie aus einer normalen Position aufgenommen werden, also aus Augenhöhe des Fotografen, so wie das Bild des Frosches oben. Interessanter wird ein Foto, wenn Sie Ihren Blickwinkel verändern. Insbesondere wenn Ihre Kamera mit einem Klappdisplay ausgestattet ist, ist es noch einfacher, die Perspektive zu wechseln. Im unteren Bild des Frosches kann der Betrachter viel besser Kontakt aufnehmen, weil er sich mit dem Frosch auf Augenhöhe befindet.

8 Ungewöhnliche Perspektiven

Das In-die-Knie-gehen gilt nicht nur für Blumen und Tiere, die Sie nicht nur von oben fotografieren sollten, sondern auch für andere Motive, zum Beispiel bei einer Stadtbesichtigung. Schaffen Sie dadurch für den Betrachter neue und interessante Blickwinkel.

++ Sauber bleiben

Ich habe in meiner Kameratasche immer mindestens eine Plastiktüte dabei. Wenn ich für ein Foto auf die Knie gehen muss, und der Untergrund ist matschig (so wie es bei dem Froschfoto der Fall war), lege ich mir die Tüte unter die Knie, um meine Hose nicht zu verschmutzen.

Bildeffekte direkt aus in der Kamera

Mit der digitalen Bildbearbeitung haben Sie viele Möglichkeiten, Ihre Bilder zu verändern. Viele Kameras bieten aber auch schon eine interne Bildbearbeitung an.

1 Panorama erstellen

Mit einem Panorama können Sie noch mehr von einer Landschaft zeigen. Viele Kameras besitzen bereits eine Funktion für automatische Panoramen ❶. Diese setzt die Einzelbilder nicht nur zusammen, sondern gleicht auch noch die Lichtverhältnisse an.

2 Funktion aufrufen

Der Ablauf ist bei allen Kameras in der Regel ähnlich: Stellen Sie die Panoramafunktion ein. Sie sehen dann meist eine Leiste mit einem Pfeil, der die Aufnahmerichtung anzeigt. Drücken Sie den Auslöser und bewegen Sie die Kamera in Pfeilrichtung. Versuchen Sie, die Kamera ruhig und auf einer Höhe zu bewegen. Direkt im Anschluss werden die Bilder zusammengesetzt.

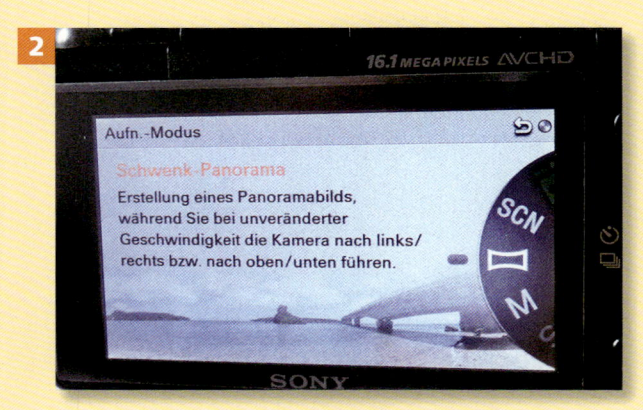

++ Hochformat für Panoramafotos
Schauen Sie in der Bedienungsanleitung Ihrer Kamera nach, ob Sie Panoramen auch im Hochformat erstellen können. Dadurch erhalten Sie mehr Bildinformationen für das Zusammensetzen des Panoramas.

Kapitel 7: Tipps für bessere Fotos

3 Schwarzweiß

Mit diesem Effekt wird Ihr Foto in Schwarzweiß aufgenommen. Auch wenn es sich hierbei um einen sehr schönen Effekt handelt, würde ich Ihnen davon abraten, denn die nachträgliche Schwarzweißumwandlung ist problemlos zu bewerkstelligen. Aus einem einmal aufgenommenen Schwarzweißfoto bekommen Sie jedoch kein Farbfoto mehr. Wie Sie Ihre Bilder nachträglich in ein Schwarzweißbild umwandeln, erfahren Sie in der Anleitung »Ein Bild mit Filtern aufwerten« auf Seite 72.

4 Sepia-Effekt

Neben dem Schwarzweißeffekt bieten viele Kameras auch andere Fotofilter an, um zum Beispiel den sehr beliebten Sepia-Effekt zu erhalten. Damit lassen Sie ein Foto aussehen, als sei es vor vielen Jahren aufgenommen, Sie lassen es also altern. Ähnlich wie beim Schwarzweißeffekt gilt, dass Sie diesen Effekt besser später am Computer mit einem Farbfoto umsetzen sollten.

> **Umschalten nicht vergessen!**
> Denken Sie unbedingt daran, den Schwarzweißmodus nach der Benutzung wieder zu deaktivieren. Sonst fotografieren Sie beim nächsten Fotoausflug aus Versehen »farblos«!

Bildeffekte direkt aus in der Kamera (Forts.)

5 HDR: hoher Kontrastumfang

Unter einem HDR-Foto versteht man die Kombination von mehreren Fotos der gleichen Szene mit unterschiedlichen Helligkeiten. Das Ergebnis dieser Kombination ist ein Bild, auf dem Sie überall Details sehen können. Dafür brauchen Sie normalerweise ein Spezialprogramm.

6 HDR erstellen

Da dieser Effekt mittlerweile sehr beliebt ist, wird auch er von vielen Kameras bereits bei der Aufnahme umgesetzt. Dafür nimmt die Kamera automatisch mehrere Bilder mit verschiedenen Belichtungen auf und fasst diese in einem Bild zusammen.

> **Übertriebenen Effekt vermeiden**
> Schauen Sie in der Bedienungsanleitung Ihrer Kamera nach, ob sie diesen Effekt unterstützt und wie er aktiviert wird. Leider lässt sich die Stärke des Effekts oft nicht anpassen, so dass nicht selten unnatürliche Fotos entstehen. Falls Sie Interesse am HDR-Effekt haben, sollten Sie die Anschaffung eines dafür geeigneten Programms in Erwägung ziehen und die HDR-Umsetzung später am Computer vornehmen.

Kapitel 7: Tipps für bessere Fotos

7 Miniaturwelt

Der sogenannte *Liliput-Effekt* ist sehr beliebt. Er verwandelt Ihr Foto in eine Miniaturwelt. Hierfür eignen sich vor allem Bilder, die Sie aus einer erhöhten Position aufnehmen. Nach der Aufnahme werden die äußeren Bereiche weichgezeichnet und die Sättigung angehoben. Nur der mittlere Bereich wird scharf abgebildet. So entsteht der Eindruck, dass das Abgebildete sehr klein sei.

8 Nur eine Farbe

Der sogenannte *Colour-Key-Effekt* wird wohl nicht von jeder Kamera unterstützt. Er besteht aus einem Schwarzweißfotos, in dem aber eine festgelegte Farbe erhalten bleibt. Im Bildbeispiel ist es die Farbe Rot. Die Bananen und der Tisch werden in Schwarzweiß dargestellt, während der Apfel farbig bleibt.

++

Die Automatik und ihre Grenzen

Wie Sie im Bild mit dem Apfel sehen können, wurden auch einige Stellen in Schwarzweiß umgewandelt, die eigentlich rot sein sollten. Hier empfiehlt es sich, die Szene ein weiteres Mal ohne den Effekt zu fotografieren und die Farbe später über die Bildbearbeitung am PC zu entfernen. Schauen Sie sich dazu die Anleitung »Mehrere Farben behandeln« ab Seite 66 an.

Kapitel 8
Fotofehler vermeiden

Die Möglichkeiten, die durch die nachträgliche Bildbearbeitung am Computer gegeben sind, verleiten möglicherweise dazu, beim Fotografieren einige Dinge außer Acht zu lassen. Doch es gibt leider Fotofehler, die selbst durch eine Nachbearbeitung nicht mehr behoben werden können. Beachten Sie also ein paar einfache Techniken und sorgen Sie so für bessere Bildergebnisse.

Mit Bedacht fotografieren
Versuchen Sie, nicht einfach draufloszuknipsen. Überlegen Sie vor der Aufnahme, was Ihnen an einer Szene wichtig ist, und picken Sie sich auch einmal kleine Bereiche heraus. Sie schaffen so Fotos, die das Interesse des Betrachters wecken und Ihnen auch in Zukunft noch gefallen werden ❶.

Hilfsmittel einsetzen
Ihre Kamera bietet Ihnen viele Hilfsmittel an. So kann eine Aufnahme über den Sucher erfolgversprechender sein, als wenn Sie das Kameradisplay nutzen. Auch der kamerainterne Blitz leistet gute Dienste, wenn einmal nicht genug Licht zur Verfügung steht. Schauen Sie sich auf den folgenden Seiten an, wie Ihre Kamera Sie unterstützen kann ❷.

Bewahren Sie Haltung
Wenn Sie keinen sicheren Stand haben, kommt es bei einer Aufnahme sehr schnell zu verwackelten Bildern. Aber neben der Standfestigkeit gibt es noch ein paar andere Dinge zu beachten, damit Sie mit Ihrer Fotoausbeute zufrieden sind. Lesen Sie daher alles zum Thema Kamerahaltung in diesem Kapitel ❸.

1. Schauen Sie sich eine Szene etwas länger an und überlegen Sie sich, wie Sie sie am besten fotografisch einfangen können.

2. Mit dem kamerainternen Blitz können Sie auch bei schlechten Lichtverhältnissen noch gute Ergebnisse erzielen.

3. Verwenden Sie wenn möglich den Sucher Ihrer Kamera, um Verwacklungen vorzubeugen.

Nur das Wesentliche fotografieren

Die Redewendung »Man sieht den Wald vor lauter Bäumen nicht« gilt auch für die Fotografie. Mit ein paar kleinen Tricks können Sie den Betrachter Ihrer Fotos ganz schnell zum wichtigen Motivteil leiten.

1 Näher ran!

Schauen Sie sich das obere Foto an: Die schönen Orchideen auf der Wiese gehen im Bild regelrecht unter. Picken Sie sich lieber eine einzelne Blume heraus. Gehen Sie dafür näher an das Objekt heran, und wählen Sie das Motivprogramm **Makro** (mehr dazu in der Anleitung »Motivprogramme nutzen« auf Seite 173).

2 Nichts abschneiden

Vermeiden Sie abgeschnittene Elemente in Ihren Bildern. Im oberen Bild etwa ist der untere Teil auf den ersten Blick nicht einmal als Straße erkennbar. Verändern Sie Ihre Position, indem Sie sich etwas von der Szene entfernen, oder zoomen Sie, bis die Straße im Ganzen zu erkennen ist, so wie im unteren Bild zu sehen. Auf diese Weise kann das Auge des Betrachters dem Straßenverlauf folgen, und das ganze Bild wirkt angenehmer.

Kapitel 8: Fotofehler vermeiden

3 Personen fotografieren

Gleiches gilt übrigens auch für das Fotografieren von Personen: Zeigen Sie die Person in ihrer Umgebung, aber achten Sie darauf, das Bild nicht ungünstig abzuschneiden, etwa zu knapp an den Gelenken. Nehmen Sie zum Beispiel auch die Umgebung mit ins Bild, um den Porträtierten in einen Bezugsrahmen zu setzen. Oder aber Sie konzentrieren sich auf das Gesicht und erstellen ein formatfüllendes Kopfporträt.

4 Auf störende Elemente achten

Sie haben in der Anleitung »Fotos motivgerecht zuschneiden« auf Seite 53 gesehen, dass Sie störende Elemente nachträglich entfernen oder ausblenden können. Noch besser aber ist es natürlich, wenn Sie schon beim Fotografieren darauf achten, dass nur die für Ihr Bild wesentlichen Motivteile auf dem Foto landen. Im Bild der slowenischen Kirche etwa (oben) ist der Teil eines Bootes im Vordergrund ins Bild geraten. Mit einem Wechsel vom Hoch- zum Querformat (unten) ist das störende Boot verschwunden.

Verwackelte Bilder vermeiden

Die mitunter wichtigste Voraussetzung für gute Bilder ist Licht. Ist es zu dunkel, muss Ihre Kamera darauf reagieren und die Belichtungszeit verlängern. Damit aber steigt das Risiko von verwackelten Fotos.

1 Bildstabilisator einschalten

Prüfen Sie, ob Ihre Kamera über einen Bildstabilisator verfügt, und schalten Sie ihn gegebenenfalls ein. Dies erledigen Sie in der Regel im Kameramenü oder – wie in der Abbildung zu sehen – über eine Taste ❶. Dieser Stabilisator gleicht die Bewegung der Kamera bei der Aufnahme so gut wie möglich aus.

2 Serienaufnahme verwenden

Nehmen Sie viele Fotos hintereinander auf. Später am Rechner können Sie schauen, welches Bild die wenigsten Verwacklungen aufweist. Nutzen Sie dafür den Modus **Reihenaufnahme** oder **Serienaufnahme** in Ihrer Kamera. Die Serienaufnahme eignet sich auch hervorragend für das Fotografieren von Menschen. So können Sie Fotos, auf denen zum Beispiel einer der Porträtierten die Augen geschlossen hat, einfach aussortieren.

Kapitel 8: Fotofehler vermeiden

3 Sport-Modus aktivieren

Wollen Sie bewegte Objekte bei wenig Licht fotografieren, sollten Sie den **Sport**-Modus Ihrer Kamera aktivieren (siehe auch Seite 175). Dann nimmt die Kamera Einstellungen vor, um die Bewegung scharf einzufrieren.

4 Stativ verwenden

Mit einem Stativ können Sie auch längere Belichtungszeiten verwenden, die sich aufgrund schlechter Lichtverhältnisse ergeben. Schrauben Sie hierfür das Stativ in die Unterseite Ihrer Kamera. Für eine leichte Kompaktkamera reicht oft ein kleines, leichtes und gut transportables Stativ aus.

5 Ersatz für ein Stativ

Sollten Sie kein Stativ zur Hand haben, können Sie sich auch eine Mauer, einen Tisch o. Ä. suchen, wo Sie die Kamera ablegen können. Oder Sie stellen die Kamera zum Fotografieren von Pflanzen auf dem Boden ab. Sinnvoll ist hier die Verwendung des Selbstauslösers. Die verzögerte Auslösung bewirkt, dass das Wackeln der Kamera bis zur Aufnahme abgeklungen ist.

Verwackelte Bilder vermeiden (Forts.)

6 Den ISO-Wert erhöhen

Der Bildsensor in der Kamera reagiert auf Licht, das durch das Objektiv einfällt. Ist die Lichtausbeute sehr gering, dauert es länger, bis der Sensor ausreichend mit Licht versorgt wird. Diese Lichtempfindlichkeit beschreibt der sogenannte *ISO-Wert*. Je höher der ISO-Wert, desto empfindlicher reagiert der Sensor. Erhöhen Sie also den ISO-Wert, wenn Ihre Bilder in dunklen Umgebungen verwackeln oder unscharf werden. Die meisten Kameras haben dafür einen eigenen Knopf ❶.

7 Blitz einschalten

Wenn Ihre Kamera über einen Blitz verfügt, können Sie ihn in dunklen Räumen einschalten ❷. Allerdings passiert es dann sehr leicht, dass Ihr Hauptmotiv überstrahlt, das heißt sehr hell wird, während die anderen Bereiche zu dunkel ausfallen. Daher lässt sich in vielen Kameras die Blitzleistung regulieren. Werfen Sie dazu gegebenenfalls einen Blick in die Bedienungsanleitung Ihrer Kamera. Um die Blitzleistung abzuschwächen, können Sie auch ein Papiertaschentuch oder ein Stück Papier vor den Blitz halten ❸. Der Blitz wird dadurch abgeschwächt beziehungsweise nach oben geleitet und von der Decke reflektiert.

Kapitel 8: Fotofehler vermeiden

8 Zoomen: die Brennweite ändern

Die meisten Kameras zeigen den Zoom mit den Abkürzungen **W** und **T** an, wobei **W** für *Weitwinkel* und **T** für *Tele* steht. Je mehr Sie mit dem Zoom im Weitwinkelbereich bleiben, desto mehr Licht gelangt in Ihre Kamera. Im Gegensatz dazu nimmt die Lichtaufnahme ab, sobald Sie sich mehr in den Telebereich bewegen, wenn Sie Ihr Motiv also heranzoomen. Die Gefahr des Verwackelns nimmt dabei zu.

9 Andere Lichtquelle nutzen

Versuchen Sie wenn möglich auf den Blitz zu verzichten und ziehen Sie andere Lichtquellen heran. Das kann eine Straßenbeleuchtung oder in Innenräumen eine Stehlampe sein. Solche Lichter führen meist zu harmonischeren Fotos, als dies mit einem Blitz möglich wäre.

> **! Rauschen: das Lichtproblem**
>
> Um eine zu geringe Lichtmenge auszugleichen, bietet sich die Erhöhung des ISO-Wertes an. Dabei erzeugt der Sensor allerdings mehr Fehlinformationen als bei niedrigen ISO-Werten – man spricht hier vom *Rauschen*. Dies äußert sich entweder durch verwischte Bildbereiche oder durch farbige Pixelfehler im Bild.

Schiefe Linien vermeiden

Gerade beim Fotografieren von Landschaften passiert es schnell, dass der Horizont im Bild nicht ganz gerade verläuft.

1 Am Horizont orientieren

Orientieren Sie sich bereits beim Fotografieren an vorhandenen Linien, wie etwa dem Horizont. Platzieren Sie wichtige Objekte nicht zu dicht am Rand, damit beim eventuellen Geraderichten am Computer genügend Spielraum vorhanden ist.

2 Gitternetzlinien

Schauen Sie auch in der Bedienungsanleitung Ihrer Kamera nach, ob sich im Display Gitternetzlinien ❶ einblenden lassen. Diese sind beim Fotografieren sehr hilfreich, da Sie die Gitterlinien parallel zu einer Linie im Motiv ausrichten können.

3 Stürzende Linien

Stürzende Linien sind vor allem bei Gebäuden ein Problem. Diese werden durch kurze Brennweiten (geringer Zoom) und einen Aufnahmestandort unterhalb des Gebäudes begünstigt. Daher empfiehlt es sich, eine etwas weiter entfernte Position einzunehmen.

Nie wieder Rote-Augen-Fotos

Das Blitzlicht in der Kamera kann zu einem unschönen Problem führen: Die Augen der fotografierten Person werden rot.

1 Funktion aktivieren

Viele Kameras bieten eine Funktion zur Reduktion roter Augen an. Dabei wird vor der eigentlichen Blitzauslösung ein sehr kurzer Vorblitz ausgeschickt. Dieser bereitet das Auge auf den kommenden Hauptblitz vor, und das kann den Effekt abschwächen oder gar nicht erst auftreten lassen.

2 Zwei Fotos hintereinander

Falls Ihre Kamera keine Rote-Augen-Reduktion hat, so können Sie sie simulieren, indem Sie zwei Blitzbilder direkt hintereinander machen. So kann sich die Iris schon beim ersten Bild verkleinern, und das zweite Bild wird dann möglicherweise ohne rote Augen entstehen.

3 Blitzleistung reduzieren

Viele Kameras bieten an, die Stärke des Blitzes zu reduzieren ❷. Durch Drehen am Drehrad kann hier die Blitzleistung reduziert (Motiv wird dunkler), aber auch angehoben werden (Motiv wird heller).

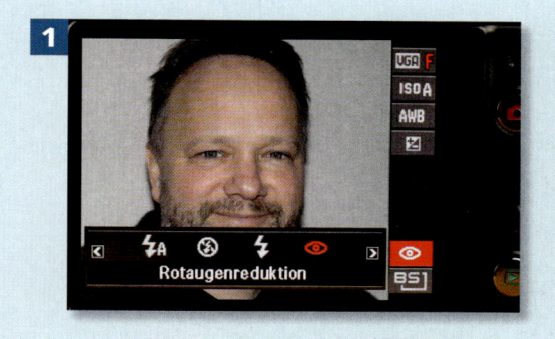

Die Kamera richtig halten

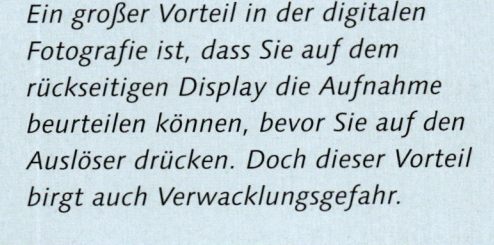

Ein großer Vorteil in der digitalen Fotografie ist, dass Sie auf dem rückseitigen Display die Aufnahme beurteilen können, bevor Sie auf den Auslöser drücken. Doch dieser Vorteil birgt auch Verwacklungsgefahr.

1 Sucher verwenden

Besitzt Ihre Kamera einen Sucher? Durch diesen können Sie den Aufbau eines Fotos meist besser beurteilen, da die Anzeige von Displays zum Beispiel bei Sonnenschein schlechter zu erkennen ist als das Bild im Sucher. Ein weiterer Vorteil des Suchers: Dadurch dass die Kamera direkt am Gesicht anliegt, winkeln Sie die Arme an und stützen so Ihre Kamera. Die Gefahr verwackelter Aufnahmen sinkt.

2 Ausgestreckter Arm

Wenn Sie mit dem Display fotografieren müssen, versuchen Sie, die Kamera mit beiden Händen festzuhalten, und strecken Sie wenn möglich nicht den Arm ganz aus, sondern lassen ihn etwas angewinkelt. Durch die angewinkelte Armhaltung umgehen Sie ein wenig die Hebelwirkung, die sich bei einem lang gestreckten Arm vergrößert, sobald Sie auf den Auslöser drücken.

Kapitel 8: Fotofehler vermeiden

3 Haltung bei Hochformatfotos

Bei Aufnahmen von Bildern im Hochformat stützen Sie die Kamera von unten mit einer Hand ab. So können Sie diese etwas stabilisieren. Auch hier sollten Sie darauf achten, die Arme anzuwinkeln, um die Stabilität zu erhöhen.

4 Nichts verdecken

Achten Sie vor allem bei kleineren Kameras darauf, dass Sie nicht aus Versehen den Kamerablitz oder sogar einen Teil des Objektivs mit Ihrem Finger verdecken. Würde der verdeckte Blitz auslösen, wäre sein Nutzen dahin.

Sucher unscharf?

Wenn Ihre Kamera einen Sucher besitzt und Sie den Eindruck haben, dass Sie nur unscharf hindurchsehen, liegt das womöglich an einer verstellten Dioptrieneinstellung am Sucher. Diese ist dafür gedacht, dass Brillenträger auch ohne Brille ein scharfes Bild durch den Sucher sehen. Die Dioptrieneinstellung befindet sich meist als Drehrad direkt am Sucher.

Glossar

Amazon Payments		Amazon Payments ist ein Bezahldienst, den Kunden des Onlinehändlers Amazon nutzen können. Der Bezahlvorgang wird dabei über die bei Amazon hinterlegten Kontodaten abgewickelt. Diese Art der Bezahlung wird von vielen Anbietern (etwa PosterXXL) angeboten.
AWB		AWB ist die Abkürzung für *Auto White Balance*, was für *automatischen Weißabgleich* steht. Ist dieser in einer digitalen Kamera eingestellt, sucht die Kamera automatisch nach weißen Bereichen im Foto, um die Farbe entsprechend anzupassen.
Belichtungszeit	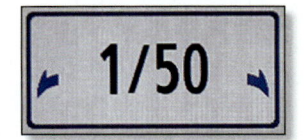	Die Belichtungszeit beschreibt die Dauer des Lichteinfalls in das Objektiv der Kamera. Sie wird in Sekunden angegeben. So entspricht 1/200 s einer zweihundertstel Sekunde und der Wert 3 einer Belichtungszeit von drei Sekunden. Grundsätzlich ermittelt die Kamera die Belichtungszeit automatisch. Viele Kameras lassen diesen Wert aber auch manuell vorgeben – dies wird im Modus **Blendenautomatik** erreicht, der meist das Kürzel **Tv** oder **S** trägt.
Blende		Die Blende ist ein Bestandteil des Objektivs und regelt den Lichteinfall. Wie viel Licht durch das Objektiv auf den Sensor gelangt, wird durch die Blendenzahl festgelegt.
Blendenzahl		Die Blendenzahl ist die Maßeinheit, die die Öffnungsweite der Blende bestimmt. Sie wird mit einem kleinen **f** bezeichnet. Etwas irreführend ist, dass die Blende umso weiter geöffnet ist, je niedriger die Blendenzahl ist. So ist eine Blende bei der Blendenzahl f4 weiter geöffnet, als dies bei Blendenzahl f22 der Fall ist. Die Blendenzahl wird beim Fotografieren grundsätzlich automatisch durch die Kamera berechnet, kann aber bei vielen Kameras auch manuell vorgegeben werden.

Glossar

Browser		Browser ist die englische Bezeichnung für ein Programm, mit dem Sie Internetseiten öffnen können. Frei übersetzt bedeutet *to browse* so viel wie durchstöbern. Bekannte Browser sind zum Beispiel Google Chrome, Microsoft Edge und Mozilla Firefox.
CD		CD steht für Compact Disc und bezeichnet einen Datenträger. Mit dem Kürzel *CD-R* oder *CD-RW* werden beschreibbare CDs bezeichnet. Diese können über einen CD-Brenner mit Daten bespielt werden. Auf eine CD passen 700 MB und damit weitaus weniger als auf eine DVD-R oder DVD-RW.
Desktop	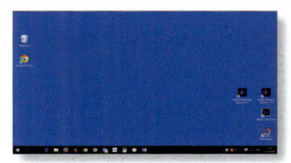	Der Desktop ist vergleichbar mit einem Schreibtisch, auf dem alle Arbeitsgeräte bereitliegen. Er erscheint, wenn Sie Ihren Rechner hochfahren, und beinhaltet standardmäßig Symbole, die nach einem Doppelklick ein Programm ausführen. Solche Symbole werden meist als sogenannte *Verknüpfung* auf dem Desktop abgelegt. Sie erleichtern den Start von Programmen.
Dialogfelder	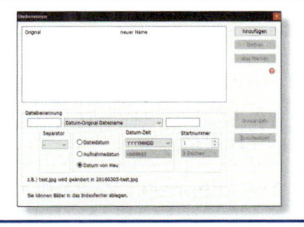	Dialogfelder begegnen Ihnen in allen Programmen. Gemeint sind damit Fenster, die Eingaben von Ihnen benötigen. So wird beim Aufruf der Funktion Drucken das dazugehörige Dialogfeld geöffnet, in dem Sie etwa festlegen, wie viele Exemplare Sie drucken möchten.
DNG		DNG ist ein Dateiformat, das erfunden wurde, um das RAW-Format zu standardisieren. DNG ist die Abkürzung von *digital negative* (digitales Negativ). Einige Kameras bieten das DNG-Format bereits an. Es hat die Eigenschaften von RAW-Dateien und lässt sich mit geeigneten Programmen weitaus besser bearbeiten, als dies bei JPG-Dateien der Fall ist.

Glossar

Dropbox — Die Dropbox ist ein sogenannter Onlinespeicher, das heißt ein Speicherplatz, der nicht auf Ihrem Rechner, sondern auf einem unter Umständen weit entfernten Computer zur Verfügung gestellt wird. Sie können solch einen Speicherplatz kostenlos in Anspruch nehmen, müssen aber dafür eine Registrierung auf *www.dropbox.com* vornehmen. Um zusätzlichen Speicherplatz nutzen zu können, müssen Sie einen kostenpflichtigen Tarif wählen.

Download — Download ist Englisch und steht für »Herunterladen«. Darunter versteht man die Übertragung von Dateien eines fernen Rechners auf den eigenen Rechner. So können Sie zum Beispiel ein Programm zur Fotobucherstellung bei einem Fotobuchanbieter über das Internet herunterladen, also einen Download vornehmen.

DVD — Eine DVD ist ein Datenträger, der im Vergleich zu einer CD mindestens 4,7 GB an Daten aufnehmen kann. Bei den Typen *DVD-R* oder *DVD-RW* handelt es sich um beschreibbare Datenträger, die mit Hilfe eines DVD-Brenners mit Daten beschrieben werden können.

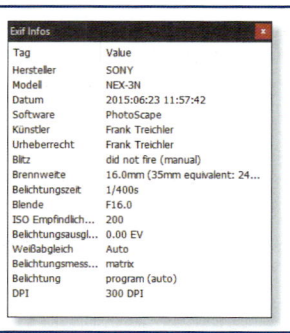

EXIF — EXIF ist die Abkürzung für *Exchangeable Image File Format* (austauschbares Bilddateiformat). Es umfasst Daten, die in einer Bilddatei aus einer Digitalkamera hinterlegt sind. Typische EXIF-Daten sind das Kameramodell, der Name des Objektivs, die verwendete Blendenzahl und die Belichtungszeit etc.

Explorer — Der Explorer unter Windows 10 ist der Verwalter Ihrer Daten und wird auch gerne als *Dateimanager* betitelt. Über den Explorer können Sie Dateien kopieren, ausschneiden, umbenennen und löschen.

Glossar

GB		GB ist die Abkürzung für Gigabyte. Ein GB entspricht ca. 1000 Megabyte (MB).
Histogramm	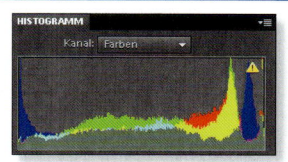	Das Histogramm zeigt die Verteilung der hellen und dunklen Bildbereiche an. Im linken Bereich des Histogramms befinden sich die Tiefen (dunkle Farben) und im rechten Bereich die Lichter (helle Farben). Ein Histogramm, das zur Mitte ansteigt und links und rechts sanft abfällt, ergibt meist ein stimmiges Foto.
IPTC	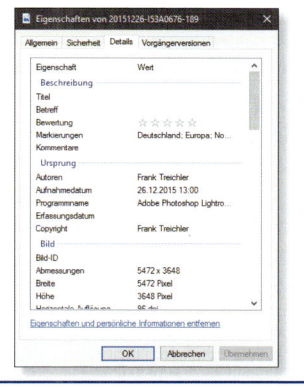	IPTC ist die Abkürzung für den *International Press Telecommunications Council*, der dieses Format ins Leben gerufen hat. Es dient dazu, Bildinformationen in der Bilddatei einer digitalen Kamera zu hinterlegen. Dies können der Name des Fotografen sein, Ortsangaben oder auch Stichwörter.
kB		kB ist die Abkürzung für Kilobyte. Circa 1000 KB entsprechen einem Megabyte (MB).
Klappmenü		Ein Klappmenü (auch *Pulldown-Menü* genannt) kommt in vielen Bereichen von Programmen vor. Grundsätzlich haben diese Menüs einen kleinen Pfeil, der durch Klick eine Liste mit Möglichkeiten aufklappt. Ein einfacher Mausklick auf einen Listeneintrag führt zu dessen Anwendung.

Glossar

MB		MB ist die Abkürzung für Megabyte. Ein Megabyte entspricht ca. 1000 Kilobyte (kB).
Microsoft Edge		Microsoft Edge ist der Browser, der mit Windows 10 den bisherigen Internet Explorer abgelöst hat.
Microsoft Outlook	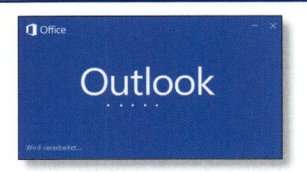	Microsoft Outlook ist ein kostenpflichtiges Programm zum Versenden von E-Mails und Pflegen von Terminen und Kontakten. Es hat den Vorteil, dass es E-Mails lokal verwaltet, also auf Ihrem eigenen Rechner.
Mozilla Firefox		Mozilla Firefox ist ein sehr beliebter Browser, der aufgrund vieler Erweiterungen eine große Fangemeinde hat.
Online		Der Begriff »online« bedeutet zum einen, dass Sie mit dem Internet verbunden sind, und zum anderen, dass eine bestimmte Aufgabe im Internet zu erledigen ist. So lassen sich zum Beispiel Fotobücher online, also im Internet, erstellen.
Pixel	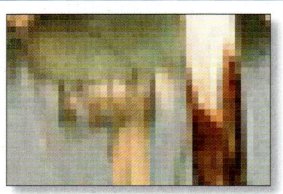	Ein Pixel ist das kleinste Element in einem digitalen Foto. Die Anzahl der Pixel ist abhängig vom verwendeten Sensor und wird meist auf der Kamera angegeben. So besitzt eine Kamera mit dem Aufdruck **17 MP** einen Sensor mit 17 Millionen Pixeln. Der Begriff Pixel ist die Kombination von *picture* (Bild) und *element* (Element) und kann mit Bildpunkt übersetzt werden.

Glossar

PayPal		PayPal ist ein Bezahldienst, mit dem Sie Rechnungen im Internet begleichen können, ohne dass der Empfänger Informationen über Ihre Kontodaten erhält. Voraussetzung hierfür ist, dass Sie sich auf der Seite *www.paypal.de* anmelden und dort Ihre Kontodaten hinterlegen.
Rauschen		Rauschen entsteht u. a. bei Aufnahmen in der Dunkelheit oder bei der Erhöhung des ISO-Wertes. Auch bei Langzeitaufnahmen steigt das Risiko dieses Sensorproblems. Es lässt sich bei der Bildbearbeitung teilweise recht gut entfernen.
RAW	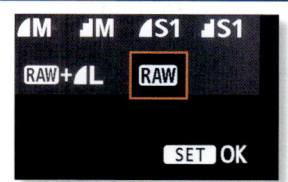	Beim RAW-Format handelt es sich um ein nicht standardisiertes Dateiformat. Der englische Begriff bedeutet übersetzt »roh«. Gemeint ist damit, dass die Kamera RAW-Dateien ohne kamerainterne Bearbeitung auf der Speicherkarte sichert. Oft wird bei einem RAW-Foto auch von einem *digitalen Negativ* gesprochen, da die eigentliche Entwicklung mit speziellen Programmen, den sogenannten *RAW-Konvertern,* durchgeführt wird.
Registerkarte		Der Begriff Registerkarte betitelt beispielsweise im Explorer von Windows 10 den oberen Bereich. So gibt es hier etwa die Registerkarte **Start**, die in verschiedene Gruppen, zum Beispiel **Zwischenablage**, **Organisieren** etc., unterteilt ist. Diese Art der Darstellung wird bereits seit Längerem in den Programmen von Microsoft Office (Word, Excel, PowerPoint etc.) angewendet.
Sensor		Der Sensor ist der Bauteil innerhalb einer digitalen Kamera, der den Film aus alten analogen Kameras ersetzt. Er ist in sogenannte *Pixel* unterteilt, die das einfallende Licht in eine elektrische Spannung und anschließend in digitale Signale umwandeln.

Glossar

Software — Der Begriff Software steht für Programme, die Sie auf Ihrem Rechner installiert haben beziehungsweise installieren können. Die Software kann sich auf einem Datenträger (etwa einer CD) befinden oder muss über das Internet heruntergeladen werden (über einen sogenannten *Download*).

Tastenkombination — Durch gleichzeitiges Drücken von mindestens zwei Tasten können Sie Befehle ausführen. Die gedrückten Tasten werden als Tastenkombination bezeichnet. So können Sie z. B. durch Drücken der Windows-Taste und der Taste D zum Desktop wechseln.

Upload — Mit Upload bezeichnet man den Vorgang, eigene Dateien auf einen anderen Rechner zu übertragen. So nehmen Sie einen Upload vor, wenn Sie zum Beispiel einen Fotokalender im Internet gestalten. Damit Sie Ihre Fotos für die Gestaltung des Kalenders nutzen können, müssen Sie diese auf den Rechner des Fotodienstleisters hochladen (uploaden).

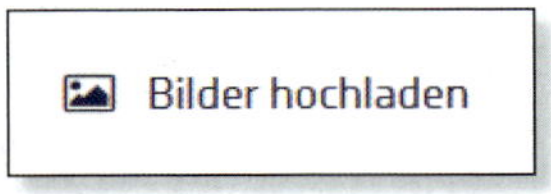

USB — USB ist eine Art der Verbindung von Geräten mit Ihrem Rechner.

Verknüpfungen — Verknüpfungen finden Sie vor allem auf dem Desktop. Sie benötigen wenig Speicherplatz und starten bei einem Doppelklick das verknüpfte Programm oder die Datei. Sie erkennen Verknüpfungen meist an dem kleinen Pfeilsymbol.

Glossar

Vollautomatik

Die Vollautomatik ist ein Aufnahmemodus einer digitalen Kamera. Dieser versucht, ein Foto automatisch an die vorherrschenden Lichtverhältnisse anzupassen. Er verändert Belichtungszeit, Blendenzahl und ISO-Wert, um ein harmonisches Bild zu erhalten. Bei starken Lichtunterschieden (sehr helle und sehr dunkle Bereiche in einem Bild) kann die Automatik versagen.

Weißabgleich

Der Weißabgleich wird benötigt, damit sich die Kamera an unterschiedlich farbiges Licht anpassen kann. Die meisten Kameras verwenden einen automatischen Weißabgleich (**AWB**), der versucht, weiße Flächen in einem Bild zu finden. Ist das nicht der Fall, wird die hellste Stelle im Bild herangezogen. Dabei kann es zu Farbverschiebungen kommen. In der Bildbearbeitung kann man den Weißabgleich anpassen.

Stichwortverzeichnis

A

Abfotografieren 133
Aktion wählen 12, 15, 128
Album
 anlegen 36
 automatisches 39
 bearbeiten 38
 Bilder hinzufügen 37
 eigenes anlegen 40
 neues erstellen 40
 speichern 41
 Titel ändern 38
 Titelbild ändern 39
Albumseite 106
Amazon Payments 200
Anschluss Kamera an
 Computer 12
Arbeitsschritt
 rückgängig machen 77
 wiederherstellen 77
Auf Datenträger brennen 124
Auflösung 116
Ausschneiden 17
Auswerfen 25, 129
Automatische Korrektur 49
AWB 200

B

Belichtungszeit 200
Benutzerkontensteuerung 82
Bildbearbeitung
 abbrechen 49
 Änderungen widerrufen 77
 ausrichten 58
 Autokorrektur 49
 beenden 52
 Bilder zuschneiden 53

Collage 106
Effekte 73, 96
Farben verändern 60, 62
Filter 72, 97
Größe ändern 89
Helligkeit ändern 67
Hintergrund unscharf 74
Kontrast ändern 68
mehrere gleichzeitig 92
Optionen 52
PhotoScape 85
Programm aus dem
 Internet laden 80
schärfen 87
Schritt zurück 57
starten 49, 51
Text 99
Vergleichen 61
vorher/nachher 61
weichzeichnen 74
Bildeigenschaften 35
Bilder
 abfotografieren 133
 Album anlegen 36, 38, 40
 als Hintergrund
  verwenden 43, 44
 auf CD/DVD brennen 124
 auf Computer über-
  tragen 12, 15
 auf Facebook zeigen 163
 Auflösung 116
 auf USB-Stick kopieren 128
 automatisch korrigieren 49
 Bearbeitung abbrechen 49
 Bearbeitung starten 49, 51
 bei Flickr zeigen 165
 benennen 22
 Beschriftung 99
 betrachten 30, 84
 Collage erstellen 106

Dateigröße 93
Diashow zeigen 42
drehen 34
drucken 112
drucken über Internet 120
dunkler machen 67
Effekte einsetzen 73, 96
Eigenschaften betrachten 35
EXIF-Daten einsehen 35
Farben verändern 60, 62
Farbton 62
Filter einsetzen 72
Fotobuch erstellen 145
Fotogeschenk erstellen 158
Fotokalender gestalten 152
Fotoprojekt vorbereiten 142
für Übertragung auswählen 13
gerade ausrichten 58
Größe ändern 89
heller machen 67
Hintergrund unscharf 74
im Internet präsentieren 165
immer in Fotos-App öffnen 32
importieren 12, 15
in bestimmten Ordner übertragen 13
in der Fotos-App öffnen 31
in E-Mail versenden 136
in Ordnern sortieren 10, 16
in voller Größe anzeigen 33
Kalender gestalten 152
Kopie erstellen 91
Kopie speichern 48
Makel entfernen 56
mehrere bearbeiten 92
mehrere drucken 115
mehrere in einem Bild 106
mehrere speichern 93
mehrere umbenennen 95
mit Text versehen 99

Stichwortverzeichnis

online verschicken 138
Qualität reduzieren 90
Randabdunklung 73
Randaufhellung 73
retuschieren 56, 70
rote Augen entfernen 70
sammeln für Fotoprojekt 142
Sammlung in Fotos-App 33
scannen 130
schärfen 87
Schwarzweiß 72
Seitenverhältnis schützen 54
sichern 24
speichern 48
speichern als 91
Sprechblasen 102
Temperatur 60
Vignette hinzufügen 73
von der Kamera löschen 26, 27
von der Speicherkarte kopieren 12, 15
vorher/nachher vergleichen 61
weichzeichnen 74
Weißabgleich 60
zuschneiden 53
Bildergalerie 165
Bilderordner 10
Bildformat
  JPEG 172, 178
  RAW 179
Bildgröße 171
Bildqualität 170
Bildrauschen → Rauschen
Bildschirmanpassung 44
Bildschirmfoto 109
Bildstabilisator 192
Blende 200
Blendenflecke 179
Blendenzahl 200

Blitz 194
  Gegenlicht 177
  Leistung reduzieren 197
  Rote Augen 197
Brennen 124
Brennweite ändern 195
Browser 201
  aufrufen 80
  öffnen 80

C

CD 201
  brennen 124
CD-Tischkalender 153
CEWE 120
Collage 106
  Bildausschnitt anpassen 107
  Größe einstellen 106
  speichern 108
  Vorlage ändern 108
  Vorlage auswählen 106
Colour Key 66, 187
Computer
  Hintergrundbild ändern 43, 44
  USB-Eingang 129

D

Dateibrowser → Explorer
Dateien
  anzeigen → *Explorer*
  ausschneiden 17
  benennen 22
  betrachten 30
  einfügen 17, 21
  einzelne markieren 19
  Größe betrachten 93
  in der Fotos-App öffnen 31

  in Ordnern sortieren 10
  kopieren 20
  markieren 19
  mehrere markieren 19
  sichern 24
  speichern 48
  umbenennen 22
  verschieben 16, 17
  von der Kamera löschen 26, 27
  zusammenhängende markieren 19
Dateiinfo 35
Dateimanager → Explorer
Dateiname 22
  Sonderzeichen 17
Desktop 201
Dialogfelder 201
Diashow
  im Explorer starten 42
  zeigen 42
Digitales Negativ 178
Dioptrieneinstellung 199
DNG 201
Download 202
Downloads-Ordner 81
Drittelregel 55, 181
Dropbox 202
Drucken
  an Größe anpassen 116
  Auflösung 116
  Bild an Rahmen anpassen 113
  CEWE 120
  Drucker auswählen 113
  Explorer 112
  Fotogröße 115
  Fotos-App 114
  Fotos automatisch drehen 118
  im Drogeriemarkt 123
  Internet 120
  mehrere Kopien 115

Stichwortverzeichnis

mehrere Seiten 119
PhotoScape 117
Seite ausfüllen 116
Durchsichtiger Text 101
DVD 202
   brennen 124

E

Effekte 73, 96
   Colour Key 66, 187
   HDR 186
   in der Kamera 184
   Miniaturwelt 187
   nur eine Farbe 187
   Panorama 184
   Schwarzweiß 185
   Sepia 185
   Sprechblasen 102
Einscannen → Scannen
E-Mail 136, 138
   Anhang mit Bild 136
   Bildgröße 137
Erweitern → Verbessern
EXIF-Daten 202
Explorer 202
   Ansicht 21
   Auf Datenträger brennen 124
   CD/DVD brennen 124
   Diashow starten 42
   drucken 112
   E-Mail 136
   schneller starten 11
   starten 10
Externe Festplatte
   auswerfen 25
   Dateien sichern 24
   mit Computer verbinden 24

USB-Verbindung 24
vom Computer trennen 25

F

Facebook 163
   anmelden 163
   Zielgruppenauswahl 164
Farben 65
   einzelne bearbeiten 64
   mehrere verändern 66
   nur eine 187
   Sepia 185
   verändern 60, 62
   verfremden 63
   Wirkung 156
Farbiger Text 101
Farbton 62
Farbverstärkung 65, 66
Fehlerquellen beim Fotografieren 190
   Abschneiden 190, 191
   Abstand 190
   Kamerahaltung 198
   rote Augen 197
   schiefe Linien 196
   störende Elemente 191
   Verwacklung 192
Festplatte, externe 24
Filter 72, 97
   aktivieren 72
   Schwarzweiß 72
   zurücksetzen 97
Flickr 165
   anmelden 165
   Fotostream 167
Fotoalbum → Fotobuch

Fotobuch
   Bildausrichtung 148
   Layout ändern 150
   online erstellen 145
   Text hinzufügen 150
Foto-CD 124
Fotodienstleister
   CEWE 120
   Foto Premio 158
   PosterXXL 145
   PrintPlanet 152
Fotogeschenk 158
Fotografieren
   Bildqualität 170
   Bildstabilisator 192
   Blitz 194
   Fehlerquellen 190
   Gegenlicht 176
   HDR 186
   ISO-Wert 194
   Miniaturwelt 187
   Motiv platzieren 180
   Motivprogramme nutzen 173
   Panorama 184
   Perspektive 183
   rote Augen 197
   scharfstellen und schwenken 180
   Schwarzweiß 185
   Sepia 185
   Serienaufnahme 192
   Stativ 193
   Stativersatz 193
   Zoomen 195
Fotokalender 152
   CD-Tischkalender 153
   Deckblatt 157
   mehrere Bilder 154

Stichwortverzeichnis

Startmonat festlegen 154
Texte einfügen 157
Foto-Mail 136
Foto Premio 158
Fotoprojekt 142
   Fotobuch 145
   Fotogeschenk 158
   Fotokalender 152
Fotos → Bilder
Fotos-App 30
   Album 36, 38, 40
   als Standard festlegen 32
   Änderungen widerrufen 77
   Ausrichten 58
   Autokorrektur 49
   Bildbearbeitung abbrechen 49
   Bildbearbeitung beenden 52
   Bildbearbeitungsoptionen 52
   Bildbearbeitung starten 49, 51
   Bilder betrachten 30
   Bilder drehen 34
   Bildersammlung 33
   Bilder speichern 48
   Dateiinfo 35
   Diashow 42
   drucken 114
   Effekte 73
   Farben verändern 60, 62
   Farbton 62
   Farbverstärkung 65, 66
   Filter 72
   Helle Flächen 69
   Helligkeit 67
   immer für Bildanzeige nutzen 32
   im Startmenü öffnen 32
   Kontrast 68
   Licht 67
   Retuschieren 56

Rote Augen 70
Schatten 69
schließen 31
Schritt zurück 57, 77
Selektiver Fokus 74
starten 32
Symbol mit drei Punkten 48
Tastaturbedienung 31
Temperatur 60
Verbessern 50
Vergleichen 61
Vignette 73
Vollbildansicht 33
vorher/nachher vergleichen 61
Weichzeichnen 75
Wiederholen 77

G

GB 203
Gegenlichtfotos 176
   Blendenflecke 179
   blitzen 177
   Sonne 176
   Standort 178
   Stimmung 176, 177

H

HDR 186
Helle Flächen 69
Helligkeit 67
Hintergrundbild ändern 43, 44
Hintergrund unscharf 74
Histogramm 203
Horizont 196
Horizont ausrichten 58

I

Internet
   Ausdrucke bestellen 120
   Bildergalerie 165
   Facebook 163
   Flickr 165
IPTC 203
ISO-Wert 194
   Rauschen 195

J

JPEG 178
   Komprimierung 172

K

Kalender → Fotokalender
Kamera
   an den Computer anschließen 12
   Bilder auf Computer übertragen 12, 15
   Bilder löschen 26, 27
   Bildgröße 170
   Bildqualität 170
   Bildstabilisator 192
   Blitz 194
   Brennweite ändern 195
   Effekte 184
   Gitternetzlinien 196
   Haltung 198
   ISO-Wert 194
   Komprimierung 172
   Qualitätseinstellung 171
   rote Augen 197
   Serienaufnahme 192

Stichwortverzeichnis

Stativ 193
Stativersatz 193
Sucher 198
USB-Kabel 12
USB-Verbindung 12
verbinden 12
Zoomen 195
Kartenlesegerät 15
kB 203
Klappmenü 203
Komprimierung 172
Kontrast 68
Kopie speichern 48

L

Landschafts-Modus 133, 174
Licht 67
Liliput-Effekt → Miniaturwelt
Linien 181
   Horizont 196
   schiefe 196
   stürzende 196

M

Makro-Modus 174
MB 204
Mehrere Seiten drucken 119
Microsoft Outlook 204
Miniaturwelt 187
Motiv platzieren 180
   Drittelregel 55, 181
   Linien 181
   Perspektive 183
   Rahmeneffekt 182
   Schlüsselloch 182

Motivprogramme 173
   Landschafts-Modus 133, 174
   Makro-Modus 174
   Porträt-Modus 173
   Sport-Modus 175, 193
   Szenen-Modus 175
Mozilla Firefox 204

N

Neuer Ordner 10
   umbenennen 11

O

Online 204
Ordner
   anlegen 10
   Ansicht ändern 21
   Bilder 10
   Darstellungsart ändern 21
   Downloads 81
   für Bildübertragung
      auswählen 13
   Inhalt anzeigen 19
   neuen anlegen 10
   öffnen 11, 21
   richtig benennen 18
   umbenennen 23
   Unterordner anlegen 143
   verlassen 11
   wechseln 21
Ordnerstruktur 18
   aufbauen 10
Originalbild 86

P

Panorama 184
PayPal 205
Perspektive 183
PhotoScape 80, 82
   Albumseite 106
   aus dem Internet laden 80
   Betrachter 84
   Betrag 88
   Bildbearbeitung starten 85
   Bilder betrachten 84
   Bild öffnen 87
   Bildschirmfoto 109
   Collage 106
   drucken 117
   Effekte 96
   Filter 97
   herunterladen 80
   installieren 80
   mehrere Bilder bearbeiten 92
   mehrere Seiten drucken 119
   Objekt 102
   Ordner öffnen 84
   Originalbild erhalten 86
   Radius 88
   Reiter 85
   rücksetzen 85
   schärfen 87
   Schritt zurück 85
   speichern 86
   speichern als 91
   Sprache einstellen 83
   Sprechblasen 102
   Stapelverarbeitung 92
   Text 99
   Vollbild betrachten 84

Stichwortverzeichnis

vorher/nachher vergleichen 88
Vorschau 88
Pixel 170, 172, 204
Porträt-Modus 173
PosterXXL 145
PrintPlanet 152
Programmanzeige → Taskleiste

R

Randabdunklung → Vignette
Randaufhellung → Vignette
Rauschen 195, 205
 ISO-Wert 195
RAW 178, 205
Registerkarte 205
Retusche 56, 70
Rote Augen 70, 197
 bei Tieren 71

S

Sammlung 33
Scannen 130
 abfotografieren 133
 Bild speichern 132
 Vorschau 131
Scanner-App 130
Schärfen 87
Scharfstellen außerhalb der
 Bildmitte 180
Schatten 69
Schiefe Bilder geraderücken 58
Schnellstartleiste → Taskleiste
Schwarzweiß 185
 eine Farbe erhalten 66, 187
 Sepia 185

Schwarzweißfilter 72
SCN → Szenenmodus
SD-Karte → Speicherkarte
Selektiver Fokus 74
Sensor 205
Sepia 185
Serienaufnahme 192
Sicherung 24
 externe Festplatte 24
Software 206
Sonderzeichen 17
Sonne 176
Speicherkarte
 Aktion wählen 15
 Bilder kopieren 15
 Bilder löschen 26, 27
 formatieren 27
 wählen 15
Speichern 48
 gescanntes Bild 132
 mehrere Bilder 93
 Ordner festlegen 94
Speichern als 91
Sport-Modus 175, 193
Sprechblasen 102
 Aussehen ändern 105
 drehen 104
 vergrößern 103
 verschieben 103
Stapelverarbeitung 92
Startmenü 32
Stativ 193
 Ersatz 193
Störendes Element
 beim Fotografieren
  beachten 191
 Bild zuschneiden 53
 entfernen 56

Sucher 198
 Dioptrieneinstellung 199
 unscharf 199
Szenen-Modus 175

T

Taskleiste 11
Tastenkombination 206
Temperatur 60
 ändern 61
Text 99
 durchsichtiger 101
 Fotobuch 150
 Fotokalender 157
 Schriftgröße anpassen 100
 Sprechblasen 102
 transparenter 101
 verschieben 100
Tieraugen 71
Transparenter Text 101

U

Untere Taskleiste (Bildschirm) →
 Taskleiste
Unterordner 143
Upload 206
USB 206
USB-Eingang 129
USB-Kabel 12
USB-Stick 123, 128
 Aktion auswählen 128
 auswerfen 129
USB-Verbindung 12
 Aktion wählen 12
 externe Festplatte 24

Stichwortverzeichnis

V

Verbessern 50
Vergleichen 61
Verknüpfungen 206
Verzeichnis → Ordner
Vignette 73
Vollautomatik 207
Vollbildansicht 33
Vorher/nachher 61, 88
Vorschau 88

W

Weichzeichnen 74
Weißabgleich 60, 207
Windows Explorer → Explorer
Windows-Fax und -Scan 130
Windows-Schaltfläche 10

Z

Zoomen 195
Zuschneiden 53
   Bildausschnitt verschieben 54
   Drittelregel 55
   Seitenverhältnis schützen 54
Zwischenablage 24

Mareile Heiting

Computer
Der verständliche Einstieg

Begeben Sie sich mit Mareile Heiting auf vertrauten Fuß mit Ihrem ersten Computer! Schritt für Schritt und mit zahlreichen Abbildungen zeigt Sie Ihnen, wie Sie damit sicher im Internet surfen, E-Mails versenden, Briefe ausdrucken und Fotos bearbeiten – ganz ohne Fachchinesisch. So macht der Computer Spaß!

343 Seiten, in Farbe, 19,90 Euro
ISBN 978-3-8421-0184-5
www.vierfarben.de/3949

Robert Klaßen

Windows 10
Die Anleitung in Bildern

Bedienen Sie Windows 10 ganz mühelos. Windows-Experte Robert Klaßen zeigt Ihnen alle wichtigen Funktionen Bild für Bild. Folgen Sie einfach den Anleitungen, und surfen Sie im Internet, schreiben Sie Texte oder E-Mails, passen Sie den Desktop an und vieles andere mehr. So leicht kann Windows sein!

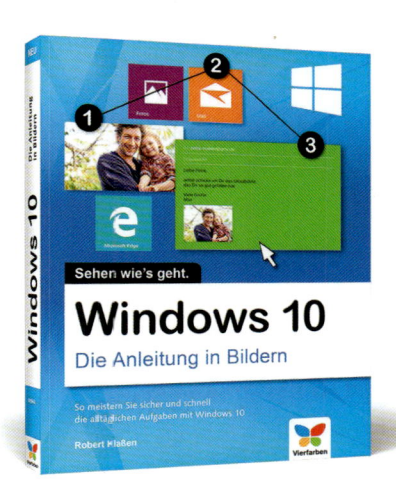

364 Seiten, in Farbe, 9,90 Euro
ISBN 978-3-8421-0158-6
www.vierfarben.de/3820

Vierfarben

Frank Treichler

CEWE Fotobuch
Die verständliche Anleitung

Wecken Sie schöne Erinnerungen mit einem selbst gestalteten Fotobuch von CEWE! Diese verständliche Einführung zeigt Ihnen den Weg vom digitalen Bild zum fertigen Buch. Folgen Sie einfach den Schritt-Anleitungen, und lassen Sie sich von den Gestaltungsideen des Autors inspirieren.

256 Seiten, in Farbe, 12,90 Euro
ISBN 978-3-8421-0168-5
www.vierfarben.de/3865

Jacqueline Esen

Digitale Fotografie
Grundlagen und Fotopraxis

In diesem Foto-Bestseller finden Sie alles Wissenswerte besonders verständlich und umfassend beschrieben – von den Grundlagen der Fototechnik bis zur Bildbearbeitung und Präsentation Ihrer Bilder. Mit den Profitipps der Autorin werden Sie schnell zum Könner!

316 Seiten, in Farbe, 14,90 Euro
ISBN 978-3-8421-0153-1
www.vierfarben.de/3784

Das gesamte Buchprogramm: www.vierfarben.de